高等学校法学规划教材

合同法学

Contract Law

宋秉斌 编著

知识产权出版社
Intellectual Property Publishing House

图书在版编目(CIP)数据

合同法学/宋秉斌编著. —北京:知识产

权出版社,2015.6

(高等学校法学规划教材)

ISBN 978 - 7 - 5130 - 3329 - 9

Ⅰ. ①合…　Ⅱ. ①宋…　Ⅲ. ①合同法—法的理论—中国　Ⅳ. ①D923.61

中国版本图书馆 CIP 数据核字(2015)第 016942 号

责任编辑:李燕芬

装帧设计:薛　磊　　　　　　　　　责任出版:刘译文

合同法学

宋秉斌　编著

出版发行:**知识产权出版社**有限责任公司	网　　址:http://www.ipph.cn
社　　址:北京市海淀区马甸南村 1 号	邮　　编:100088
责编电话:010 - 82000860 转 8173	责编邮箱:nancylee688@163.com
发行电话:010 - 82000860 转 8101/8102	发行传真:010 - 82000893/82005070/82000270
印　　刷:三河市国英印务有限公司	经　　销:各大网上书店、新华书店及相关专业书店
开　　本:787mm×1092mm　1/16	印　　张:18.25
版　　次:2015 年 6 月第 1 版	印　　次:2015 年 6 月第 1 次印刷
字　　数:260 千字	定　　价:48.00 元

ISBN 978 - 7 - 5130 - 3329 - 9

前　言

　　合同法是市场经济的基本法,是现代各国民事法律制度的重要组成部分。它主要调整财产流转关系,规制交易行为,是国家在现代经济发展时期依法维护经济秩序的重要法律。

　　为适应现代经济社会发展对各类专业人才知识结构的要求,作者编著出版了此教材。本教材的编著出版是作者长年从事大学合同法教学经验的总结和科研成果的结晶。其中参考吸收了近期我国合同法学界研究的新成果,反映了最新合同法律、法规的内容。主要供大学本、专科学生使用,也可作为广大合同法学研究工作者和实际经济工作者学习、研究合同法的重要参考资料。

　　在本教材的编写过程中,作者坚持以中国特色社会主义理论为指导,从合同法的教学和司法实际出发,系统而有重点地阐释了合同的订立、合同的效力、合同的履行、合同的变更和转让、合同的终止、合同的违反和救济、转移财产的合同、完成工作成果的合同、提供劳务的合同、技术合同等方面的法律制度。语言表述深入浅出、通俗易懂,内容充实、重点突出,既具有一定的理论性,也具有较强的应用性,每章末还附有典型案例分析和思考题,便于学习运用。

由于编写时间仓促,加之作者的水平有限,书中的缺点和错误在所难免,欢迎广大读者批评指正。

作　者

2015 年 5 月

目 录

第一章

合同法概述

第一节　合同的概念、特征和分类

一、合同的概念

合同又叫契约或称协议。

合同的一般定义，是指两个或两个以上的当事人之间为了实现一定的目的，明确相互间权利义务关系的协议。

值得注意的是，在不同的法律部门都有"合同"这一概念，如劳动法、行政法、民法。我们这里学习的合同，指的是民法意义上的合同。

《中华人民共和国合同法》（以下简称《合同法》）第 2 条第 1 款规定，"本法所称合同是平等主体的自然人、法人、其他组织之间设立、变更、终止民事权利义务关系的协议。"第 2 款还规定"婚姻、收养、监护等有关身份关系的协议,适用其他法律的规定。"

这一条既给合同下了定义,也对我国合同法的调整范围做了规定。

二、合同的特征

(一)合同是一种民事法律行为

1. 合同是一种能够引起法律后果的法律行为

合同是具有法律意义的行为,会在当事人之间形成法律上的权利义务关系。至于一般的协议,如两人关于共进午餐的协议,数人关于从事某种社交活动的协议,不会引起一定的法律后果,不会在当事人之间形成法律上的权利义务关系,因此不是所指合同。

2. 合同确立的是当事人之间的民事法律关系

任何民事法律行为都有其特定的目的,合同的目的就在于设立、变更和终止民事权利义务关系

所谓设立民事权利义务关系,是指合同依法成立后,即在当事人之间原始地发生一定的民事权利义务关系;所谓变更民事权利义务关系,是指当事人通过成立合同,使他们之间原有的民事权利义务关系发生变化,形成新的民事权利义务关系;所谓终止民事权利义务关系,是指当事人通过成立合同,使他们之间原有的民事权利义务关系消灭。

3. 合同确立的主要是当事人之间民事法律关系中的财产关系

民事法律关系包括财产关系和人身关系两个方面。由于婚姻、收养、监护等有关身份关系的协议有其特殊性,故《合同法》规定,不适用合同法而适用其他法律的规定。如适龄男女之间的婚姻协议是身份合同,适用《中华人民共和国婚姻法》的规定;收养协议,适用《中华人民共和国收养法》的规定;监护适用《中华人民共和国民法通则》(以下简称《民法通则》)的规定。

总之,合同法所说的合同,是民事合同,是关于财产关系的民事合同。有关身份关系的合同虽然也是民事合同,但适用其他法律的规定,不由合同法

调整。

另外,《民法通则》也规定了民事合同,《民法通则》与《合同法》规定不一致的,依照特别法优先适用的规则,优先适用《合同法》。

合同是民事法律行为的一种,民法上关于民事法律行为的一般规定,如民事法律行为的有效要件、民事行为的无效和撤销的规定等都可适用于合同。

(二) 合同是双方或多方当事人意思表示一致的法律行为

1. 合同的主体必须是两方或两方以上,而不是单方的法律行为

合同主体非常广泛,包括自然人、法人和其他组织自然人是指基于自然规律出生的人,包括中国人、外国人和无国籍人。法人是与自然人相对应的民事权利义务主体,是具有民事权利能力和民事行为能力,依法独立享有民事权利和承担民事义务的组织。其他组织是指依法成立,有一定的组织机构和财产,但是不具备法人资格的各种实体。如合伙组织、企业法人依法设立的分支机构和一些事业单位,科技型社会团体开办的非法人企业等。

2. 合同必须是当事人之间意思表示一致的协议

所谓意思表示,是行为人将其希望发生某种法律效果的内心意愿以一定的方式表达于外部的行为。一个完整的意思表示可以分为三个部分:目的意思、效果意思和表示行为。目的意思是指明法律行为具体内容的意思要素,是意思表示据以成立的基础;效果意思是指当事人出于某种动机而希望发生一定法律效果的意愿。效果意思表达出来就是表示意思;当事人将其内在的目的意思和效果意思表示于外部的行为就是表示行为。

所谓意思表示一致,指当事人各方作出的意思表示在内容上相互吻合。合意是合同成立的一个标志。

(三) 合同当事人的法律地位平等

合同是平等主体之间的协议。平等主体是指主体之间法律地位平等,都具有独立的人格,相互之间不存在依附关系、领导与被领导关系。

三、合同的分类

（一）双务合同和单务合同

依双方当事人是否互负义务,合同可分为双务合同和单务合同。

1. 双务合同

双务合同是当事人双方互负义务的合同,当事人双方相互承担对待给付义务。

在双务合同中,当事人双方均承担合同义务,并且双方的义务具有对应关系,一方的义务就是对方的权利。因此,从另一个角度来看,双务合同就是当事人双方互享债权的合同。双务合同是合同的主要形态,合同法上规定的合同多数是双务合同,典型的双务合同如买卖、租赁、借贷、运输以及财产保险等合同。

2. 单务合同

单务合同是指只有一方当事人承担义务的合同,只有一方当事人承担给付义务。

在单务合同中,当事人双方不存在对待给付义务,一方仅承担义务而不享有权利,另一方则相反。单务合同有两种情况:一种是只有单方承担义务,如借用合同。借用人负有按约定使用并按期返还借用物的义务,出借人不负合同义务。另一种情况是一方承担合同的主要义务,另一方只承担附属义务,双方义务不存在对待给付关系,如附义务的赠与合同。赠与人交付赠与财产的义务与对方的附属义务不存在对价关系。

区分二者的主要意义在于:

第一,是否适用合同履行抗辩权。合同履行抗辩权的成立以合同双方存在对待给付关系为前提。只有双务合同中存在对待给付关系。双务合同两个义务的履行是有顺序的,顺序是一种利益关系。履行顺序不仅仅是一种时间的顺序,还往往是一种条件关系,即一方的履行是另一方履行的条件。甲、乙同时履行,这就产生《合同法》第66条规定的同时履行抗辩权;甲先履行,乙后履行,乙可以产生第67条规定的后履行抗辩权,甲可以产生第68条、第69条规定的不安抗辩权。而单务合同是一方履行义务,因而不存在履行顺序的问题,因而单务合同是不能成立履行抗辩权的。

第二,风险承担不同。在双务合同中,双方的权利义务互相依存,互为条件,如果一方当事人由于可以免责的事由导致不能履行合同义务,发生风险负担问题,其具体标准因合同类型的不同而异;而单务合同中,如果一方因不可抗力导致不能履行义务,风险一律由债务人承担。

第三,因一方过错所致合同不能履行的后果不同。在双务合同中,如果非违约方已履行合同,可以要求违约方履行合同或者承担其他违约责任,条件具备时还可以解除合同;而单务合同中不发生上述后果。

(二) 有偿合同和无偿合同

根据当事人取得权利有无代价(对价),可以将合同区分为有偿合同和无偿合同。

1. 有偿合同

有偿合同,是指当事人一方享有合同规定的权益,需向对方当事人偿付相应代价的合同。

有偿合同是商品交换最典型的法律形式,是交易关系,是双方财产的交换,是对价的交换。实践中常见的买卖、租赁、运输、承揽等合同都是有偿合同。

2. 无偿合同

无偿合同是指当事人一方向对方给予某种利益,对方取得该利益时不支付任何代价的合同。

无偿合同不是典型的交易形式,无偿合同不是财产的交换,是一方付出财产或者付出劳务。实践中主要有赠与合同、无偿借用合同、无偿保管合同。

有偿合同一般都是双务合同。无偿合同不一定就是单务合同,在无偿合同中一方不支付对价但也要承担义务,如无偿借用他人物品,借用人负有正当使用和按期返还的义务。单务合同也未必是无偿合同。

区分二者的主要意义在于:

第一,确定合同性质。有些合同只能是有偿合同,不可能是无偿的,如买卖、租赁合同,有些合同则相反,如赠与合同;如果有偿变无偿(或反之),就会使合同性质发生根本变化;也有些合同既可以是有偿的也可以是无偿的,如保管合同和委托合同;如果有偿变无偿(或反之),不会使合同性质发生改变。

第二,生效条件不同。法律一般把有偿合同规定为诺成合同,因为双方都负担义务,所以,双方两个诺言取得一致的情况下,双务合同成立。在一般情况下,双务合同除了要经过批准、登记、附生效条件的以外,成立时生效。而单务合同,因为一方要付出财产或者劳务,但没有获得对价,因此,法律在一般情况下,把无偿合同规定为实践合同,或者规定为有任意撤销权的诺成合同。其意义在于给无偿付出的一方以反悔权,以鼓励人们的无偿行为、助人行为。对于实践合同,当事人交付标的物或者开始履行的时候,才开始成立或者生效。给无偿合同的债务人(付出财产、劳务的一方)通过不交付标的物、通过不履行合同来行使反悔权。对于有任意撤销权的诺成合同(如赠与合同),赠与人(债务人)的反悔权是通过通知对方撤销来体现的,在赠与的财产权利转移之前,赠与人可以任意撤销赠与合同(《合同法》第 186 条第 1 款)。

第三,对当事人的行为能力要求不同。有偿合同甲、乙双方都有债务人的身份,都要付出,因此,对于有偿合同的债务人,他的意思能力要符合法律一般的要求,订立有偿合同的当事人原则上应具有完全责任能力,限制行为能力人非经其法定代理人同意,不能订立超出其行为能力范围的有偿合同。而对于一些纯获利益的无偿合同,债权人的行为能力是无关紧要的,限制行为能力人甚至无行为能力人也具有缔约能力。

第四,当事人的注意义务程度不同。对于有偿合同来讲,因为存在着对价关系,当事人所承担的注意义务相对来讲比较重。如有偿保管合同的保管人因其过失造成保管物灭失的应负全部赔偿责任。而对于无偿合同,因为没有获得对价,因此,债务人原则上只承担较低程度的注意义务,无偿合同的债务人轻过失免责(《合同法》第 189 条、第 374 条、第 406 条)。如在无偿保管合同中,保管人因其过失造成保管物灭失的,应酌情减轻责任。

第五,善意取得的作用不同。善意取得制度,这在我国法律中是客观存在的。相对人只能通过有偿合同善意取得，不能通过无偿合同善意取得。《民法通则》第 89 条规定，共同共有人对共有财产享有共同的权利，承担共同的义务。在共同共有存续期间，部分共有人擅自处分共有财产的，一般认定无效。但第三人善意、有偿取得该项财产的，应当维护第三人的合法权益；对其他共有人的损失，由擅自处分共有财产的人赔偿。此规定就强调了善意取得必须有偿取得。

（三）要式合同和不要式合同

以合同的成立是否需采取特定的形式为标准，合同可分为要式合同和不要式合同。

1．要式合同

要式合同，是指法律规定合同具备特定的形式才能成立或者有效的合同。

要式这个"要"字是指要件，缺了它不行。比如，支票或者其他票据，上边的格式是中国人民银行规定的，这种格式不能改变，否则就取不出钱，格式是个要件，是不允许变的。书面形式的合同不等于绝对要式合同，因为《合同法》规定，法律规定要采用书面形式的，当事人没有采用，合同照样可以生效。比如，通过行为，一方履行，另一方受领，行为可以排除法定的书面形式（《合同法》第 36 条、第 37 条）。也就是说，对于《合同法》规定的书面形式，它不是绝对要件，可以通过行为排除。

2．不要式合同

法律不要求采取特定形式的合同叫做不要式合同。

根据合同自由原则，当事人有权选择合同的形式，故合同以不要式为常态，但对于一些重要的交易，如不动产的买卖，法律常规定当事人应当采取特定的形式（如登记）订立合同。

区分二者的主要意义在于：二者成立、生效要件不同。

（四）有名合同和无名合同

根据法律是否赋予特定名称并设有规范，合同可分为有名合同和无名合同。

1．有名合同

有名合同，又称为典型合同，是指法律对某类合同赋予名称并为其设定具体规范的合同。

我国《合同法》分则规定的 15 类合同就是有名合同。

2. 无名合同

无名合同,又称为非典型合同,是指法律尚未确立一定的名称和具体规则的合同。如旅游合同等。

根据合同自由规则,在不违反强行法及公序良俗的前提下,允许当事人订立任何内容的合同。因此,当事人订立法律未规定的非典型合同是允许的。同时,随着社会的发展和交易关系的日益复杂,无名合同也是社会现实的需要。无名合同经过一定的发展阶段,法律适时地加以规范,就转化为有名合同。

区分二者的主要意义在于:

有名合同和无名合同分类的意义主要在于两者适用的法律规则不同。有名合同应直接适用合同法的规定。对无名合同首先应当适用合同法的一般规则,若无名合同涉及其他有名合同的内容,应当比照类似的有名合同规则,同时参照合同的目的及当事人的意思加以处理。

《合同法》第 124 条规定,本法分则或者其他法律没有明文规定的合同,适用本法总则的规定,并可以参照本法分则或者其他法律最相类似的规定。

（五）束己合同和涉他合同

根据订约人是否仅为自己设定权利义务为标准可分为束己合同和涉他合同。

1. 束己合同

束己合同是指严格遵循合同相对性原则,当事人为自己设定并承受权利义务,第三人不能向合同当事人主张权利,当事人也不得向第三人主张权利的合同。束己合同是合同的常态。

2. 涉他合同

涉他合同是指突破了合同的相对性原则,合同当事人在合同中为第三人设定了权利或约定了义务的合同。

狭义的涉他合同又可以分为两种:一是为第三人设定债权的合同;二是为第三人设定债务的合同。为第三人设定债权的合同(为第三人利益的合同),如人身保险合同,可以以第三人为受益人。为第三人设定债务的合同(由第三人履行的合同），要经第三人同意，否则第三人不承担债务。原理是，当事人可以为自己设定债务，不能为第三人设定债务。

广义的涉他合同，还包括第三人代为履行和第三人代为受领的合同（《合同法》第 64 条、第 65 条）。第三人代为履行，第三人并不是合同的债务人。因此，第三人不履行合同，债权人只能起诉合同相对人，不能起诉第三人（代为履行人）。第三人代为受领，第三人不是债权人，合同债务人不向第三人履行，第三人无权作为原告起诉，只能由合同债权人起诉。

区分二者的主要意义在于：两者的缔约目的和效力范围不同，从而当事人的权利和责任不同。

（六）格式合同和非格式合同

以合同中是否存在格式条款为标准，合同可分为格式合同和非格式合同。

1. 格式合同

格式合同是以格式条款为基础的合同。"格式条款是当事人为了重复使用而预先拟定，并在订立合同时未与对方协商的条款。"（《合同法》第 39 条第 2 款）。格式条款的运用，可以降低交易成本。格式合同中也可能存在非格式条款，格式合同中经常有一些空白条款由当事人填写，如保险合同就是如此。当事人填写的条款就是非格式条款。

法律对格式条款有三个特别规定：

（1）规定了提供格式合同一方当事人的特别义务。根据《合同法》第 39 条第 1 款规定，提供格式合同的当事人应承担下列义务：

① 提供格式条款的一方应该按照公平原则来确定当事人的权利与义务。因为格式条款是一方当事人事先拟定、事先设计的，而且相对人不能更改（如飞机票上的格式条款），相对人的合同自由受到了限制。这样，法律要求格式条款提供人按照公平原则来设计合同的条款。

② 提供格式条款的一方有提示义务。所谓提示义务，就是格式条款制作人对于免责条款要向相对人提示，使对方注意到免责条款。提示义务包括一般提示义务和特殊提示义务。免责条款是免除或者限制自己责任的条款。

在格式合同中,提供格式合同的一方往往规定免除或者限制格式合同使用人本应负的义务或责任,实际上就是对消费者权利的一种限制或剥夺。所以,提供格式合同的当事人应当提请消费者注意此类条款,而且提请注意应当采取合理的方式。

所谓一般提示义务,就是以社会一般人的认识水平为判断标准确定提示的程度。如免责条款用黑体字、大号字,或者在免责条款下面用横线标注等。

特殊提示义务,是指对因老、弱、病、残而认知事物受到影响的人要尽特殊提示义务。特殊提示义务,要求格式合同提供人明确地向对方指出免责条款。

③ 说明义务。提供格式条款的当事人应当按照对方要求说明免除或者限制责任的条款。

(2) 不得违反《合同法》的禁止性规定。《合同法》第 40 条规定:"格式条款具有本法第五十二条和第五十三条规定情形的,或者提供格式条款的一方免除其责任、加重对方责任、排除对方主要权利的,该条款无效。"

① 违反《合同法》第 52 条的规定无效。第 52 条是关于合同无效事由的规定,当然适用于免责条款。根据《合同法》第 52 条规定,下列情形下合同无效:一方以欺诈、胁迫的手段订立合同,损害国家利益的;恶意串通,损害国家、集体或者第三人利益的;以合法形式掩盖非法目的的;损害社会公共利益的;违反法律、行政法规定的强制性规定的。

② 违反《合同法》第 53 条的规定无效。第 53 条是关于免责条款无效事由的规定。第 53 条既适用于以格式条款形式出现的免责条款,也适用于以非格式条款出现的免责条款。根据第 53 条的规定,合同中的下列免责条款无效:其一,造成对方人身伤害的;其二,因故意或者重大过失造成对方财产损失的。

③ 利用格式化免责条款加重对方责任、排除对方主要权利的无效。

有的学者对《合同法》第 40 条后半段分解为三种情况:其一,免除自己责任的无效;其二,加重对方责任的无效;其三,排除对方主要权利的无效。这是由于立法不严谨导致的理解错误。因为,免除自己责任的条款并非一概无效(参见《合同法》第 39 条),利用格式化的免责条款加重对方责任、排除对方主要权利的,该条款才无效。

（3）确立了格式条款解释规则。对格式条款的理解如果发生争议,要做不利于制作人的解释。

《合同法》第 41 条规定,对格式条款的理解发生争议的,应当按照通常理解予以解释。对格式条款有两种以上解释的,应当作出不利于提供格式条款一方的解释。格式条款与非格式条款不一致的,应当采用非格式条款。

① 通常理解是以一般人的正常理解为衡量标准。通常理解是格式条款解释的第一步。

② 对格式条款有两种以上解释的,应当作出不利于提供格式条款一方的解释。

③ 格式条款与非格式条款不一致的,应当采用非格式条款。

2. 非格式合同

非格式合同是当事人自由协商一致订立的合同。

非格式合同未采用事先拟定的固定条款,也就是说没有格式条款。

非格式合同是合同的常态。

（七）诺成合同和实践合同

从合同成立条件的角度(是否以交付标的物为要件),可把合同分为诺成合同和实践合同。

1. 诺成合同

所谓诺成合同,是指缔约当事人双方意思表示一致为充分成立条件的合同。即一旦当事人双方意思表示一致,合同即告成立,而不依赖标的物的交付。

2. 实践合同

实践合同,是指除当事人意思表示一致外,还需交付标的物才能成立的合同。在这种合同中,仅有当事人的合意,合同尚不能成立,还必须有一方实际交付标的物或者为其他给付,合同关系才能成立。

实践中,大多数合同为诺成合同,实践合同只限于法律规定的少数合同,如保管合同,自然人之间的借款合同。

区分二者的主要意义在于:

二者成立的要件不同。诺成合同自当事人意思表示一致时即告成立,而实践合同除需当事人达成合意外,尚需交付标的物或者为其他给付,合同关系才能成立和生效。因此,在前者,交付标的物或者为其他给付是当事人的合同义务,违反该义务就产生违约责任;而在后者,交付标的物或者为其他给付是先合同义务,违反该义务不产生违约责任,可构成缔约过失责任。

(八) 主合同和从合同

根据合同相互间的主从关系,可以把合同分成主合同和从合同。

这种分类方法与上述的分类方法不同。上述分类的合同,均可以独立存在,如诺成合同与实践合同可以各自独立存在。而主合同与从合同不能各自独立存在,因为只有两个合同胶结在一起,才有主从之分。没有主合同,就没有从合同,反之亦然。

1. 主合同

在关联合同中,不依赖其他合同的存在即可独立存在的合同叫主合同。

2. 从合同

在关联合同中,以其他合同的存在为前提而存在的合同叫从合同。如借款合同与保证合同(抵押合同)间,前者为主合同,后者为从合同。

区分二者的主要意义在于:

两者在效力上的关联性和从合同的从属性,主合同的效力决定了从合同的效力。从合同不能独立存在,必须以主合同的成立为其成立和生效的前提;主合同转让,从合同不能单独存在;主合同终止,从合同也随之终止。根据《中华人民共和国担保法》(以下简称《担保法》)第 5 条第 1 款的规定,主合同无效,从合同也无效,当事人另有约定的除外。也就是说,主、从合同具有效力上的从属关系。

应当指出,主合同无效与主债务绝对消灭,还不完全是一回事。比如,主合同无效,保证人仍可能承担民事责任;如果甲吞并了乙,发生混同,则主债务绝对消灭,保证人的从债务也一扫而光,不复存在。

一般情况下是主合同决定从合同的命运,但是也有例外。如甲方和乙方约定,甲方给乙方 50 万元定金,定金交付的时候,主合同生效,这就是成约定金,成约定金的交付是主合同生效的条件,从合同效力反过来决定主合同的效力,因为当事人通过合意使从合同成为主合同的前提。

第二节　合同法的概念及我国合同立法状况

一、合同法的概念

合同法是调整合同关系的法律规范的总和。具体讲,是调整平等民事主体间利用合同进行财产流转或交易而产生的社会关系的法律规范的总和。

合同法是市场经济的基本法,是现代各国民事法律制度的重要组成部分。它主要调整财产流转关系,规制交易行为,是国家在现代经济发展时期依法维护经济秩序的重要法律。

合同法的概念有广狭二义。狭义的合同法,专指《合同法》这一部法律。广义的合同法,是指调整合同关系的法律规范的总和。它包括国家立法、司法和行政机关依法制定的调整合同关系的所有法律、法规。除了《合同法》以外,还包括《民法通则》的有关合同条款以及关于合同的单行法规、条例和司法解释。

二、我国合同立法状况

1. 新中国成立(1949)—党的十一届三中全会前(1978)

由于经济上的集中、政治上的集权、法律上的虚无主义,在长达 30 年的历史中,我国合同立法苍白。

2. 党的十一届三中全会后(1978)—统一合同法出台前(1999)

逐步重视合同立法,并形成"一马当先,三足鼎立"的合同立法格局。一马:《民法通则》(1986 年 4 月 12 日公布),其在第五章第二节中对债和合同做了原则性规定。三足:《中华人民共和国经济合同法》(1981 年 12 月 13 日公布,1993 年 9 月 2 日修订)、《中华人民共和国涉外经济合同法》(1985 年 3 月 21 日公布)、《中华人民共和国技术合同法》(1987 年 6 月 23 日公布)。此外,还制定了与"三足"配套的实施条例、细则和适用意见、解答等。

上述法律、法规的制定和实施,对规范交易、鼓励交易,维护交易安全和交易秩序起到了一定的作用,但未能解决中国合同法制不完备的问题。

3. 统一合同法出台后(1999)

1999 年 3 月 15 日九届人大二次会议通过,同年 10 月 1 日起施行的统一《合同法》,标志着我国合同法制建设迈上了一个新的台阶。制定统一合同法的原因:

(1)三法出台于改革开放初期,带有明显的计划经济色彩,不符合社会主义市场经济的要求和通行的国际惯例。

(2)三法分别调整三种不同的合同关系,缺少系统科学的合同总则性规定。而且三法出台的时间先后不同,之间存在不协调、冲突、矛盾,造成"有法难依"。

(3)随着社会的发展,社会生活中出现了一些新的合同种类,导致"无法可依"。

(4)在合同实践中,出现了一些突出问题,老法未予规范,或规范不严,造成"信用危机"。

《合同法》的结构:共三则二十三章 428 条。总则(共八章 129 条),是关于合同运行的一般规则。分则(共十五章 298 条),是关于各种有名合同的规定。附则(仅一条),即最后一条(第 428 条)规定,本法施行,老"三法"同时废止。

第三节　合同法的基本原则

合同法的基本原则,是指贯穿于合同法整个领域,指导合同法的制定、解释,合同当事人的合同行为,以及合同司法行为的根本准则,是合同法的宗旨和价值判断的集中体现。

合同法的基本原则的功能还在于:在合同约定不明或有漏洞时,可以依据合同法基本原则予以适当纠正,甚至可以以合同法的基本原则作为处理合同纠纷的依据。《合同法》第 3 条至第 7 条规定了五项基本原则。

一、平等原则

《合同法》第 3 条规定："合同当事人的法律地位平等，一方不得将自己的意志强加给另一方。"本条是对平等原则的规定。

平等原则是指地位平等的合同当事人，在权利义务对等的基础上，经充分协商达成一致，以实现互利互惠的经济利益目的的原则。这一原则包括三方面内容：

（1）合同当事人的法律地位一律平等。在法律上，合同当事人是平等主体，没有高低、从属之分，不存在命令者与被命令者、管理者与被管理者。这意味着不论所有制性质，也不问单位大小和经济实力的强弱，其地位都是平等的。

（2）合同中的权利义务对等。所谓"对等"，是指享有权利，同时就应承担义务，而且，彼此的权利、义务是相应的。这要求当事人所取得财产、劳务或工作成果与其履行的义务大体相当；要求一方不得无偿占有另一方的财产，侵犯他人权益；要求禁止平调和无偿调拨。

（3）合同当事人必须就合同条款充分协商，取得一致，合同才能成立。合同是双方当事人意思表示一致的结果，是在互利互惠基础上充分表达各自意见，并就合同条款取得一致后达成的协议。因此，任何一方都不得凌驾于另一方之上，不得把自己的意志强加给另一方，更不得以强迫命令、胁迫等手段签订合同。同时还意味着凡协商一致的过程、结果，任何单位和个人不得非法干涉。

例如，工商行政管理部门在依法维护市场秩序时，与企业之间是管理与被管理的关系，但在购买商品时，与企业的法律地位是平等的，不能因为是工商行政管理部门就可以不管企业愿意不愿意，将自己的意志强加给企业。法律地位平等是自愿原则的前提，如果当事人的法律地位不平等，就谈不上协商一致，谈不上自愿。

二、自愿原则

《合同法》第 4 条规定："当事人依法享有自愿订立合同的权利，任何单位和个人不得非法干预。"本条是对自愿原则的规定。

自愿原则是合同法的重要基本原则,合同当事人通过协商,自愿决定和调整相互权利义务关系。自愿原则体现了民事活动的基本特征,是民事关系区别于行政法律关系、刑事法律关系的特有的原则。民事活动除法律强制性的规定外,由当事人自愿约定。自愿原则也是发展社会主义市场经济的要求,随着社会主义市场经济的发展,合同自愿原则就越来越显得重要了。

自愿原则意味着合同当事人即市场主体自主自愿地进行交易活动,让合同当事人根据自己的知识、认识和判断,以及直接所处的相关环境去自主选择自己所需要的合同,去追求自己最大的利益。合同当事人在法定范围内就自己的交易自治,涉及的范围小、关系简单,所需信息小、反应快。自愿原则保障了合同当事人在交易活动中的主动性、积极性和创造性,而市场主体越活跃,活动越频繁,市场经济才越能真正得到发展,从而提高效率,增进社会财富积累。

自愿原则是贯彻合同活动的全过程的,包括:其一,订不订立合同自愿,当事人依自己意愿自主决定是否签订合同;其二,与谁订合同自愿,在签订合同时,有权选择对方当事人;其三,合同内容由当事人在不违法的情况下自愿约定;其四,在合同履行过程中,当事人可以协议补充、协议变更有关内容;其五,双方也可以协议解除合同;其六,可以约定违约责任,在发生争议时,当事人可以自愿选择解决争议的方式。总之,只要不违背法律、行政法规强制性的规定,合同当事人有权自愿决定。

当然,自愿也不是绝对的,不是想怎样就怎样,当事人订立合同、履行合同,应当遵守法律、行政法规,尊重社会公德,不得扰乱社会经济秩序,损害社会公共利益。在合同法的起草过程中,有人建议规定合同自由原则。但是合同自由不是绝对的。许多国家都规定合同自由是在法律规定范围内的自由。一方面,只要当事人的意思不与强行性规范、社会公共利益和社会公德相抵触,就承认合同的法律效力,按当事人的合意赋予法律效力;另一方面,当事人的意思应在法律允许的范围内表示,唯有如此,合意才获得法律拘束力。违反强制性规范或社会公共利益的合意无效。所以,合同的法律效力源自法律,由国家的强制力保障。

本条规定当事人依法享有自愿订立合同的权利,任何单位和个人不得非法干预。这样规定,既体现了当事人有权按照自己的意愿订立合同,又明确了当事人行使这项权利时必须"依法"。依法订立合同,包括在内容上应当遵守法律、行政法规,违反法律、行政法规的强制性规定的合同无效,也包括在程序上应当遵守法律、行政法规,法律、行政法规规定应当办理批准、登记等手续的,依照其规定。比如,金融领域里发生的高息揽储情况,是违反有关金融法律、行政法规规定的,即使当事人双方自愿,该合同也是无效的,对违法者还应当依法追究法律责任。

三、公平原则

《合同法》第 5 条规定:"当事人应当遵循公平原则确定各方的权利和义务。"本条是对公平原则的规定。

公平原则要求合同双方当事人之间的权利义务要公平合理,要大体上平衡,强调一方给付与对方给付之间的等值性,合同上的负担和风险的合理分配。具体包括:其一,在订立合同时,要根据公平原则确定双方的权利和义务,不得滥用权利,不得欺诈,不得假借订立合同恶意进行磋商;其二,根据公平原则确定风险的合理分配;其三,根据公平原则确定违约责任。

公平原则作为合同法的基本原则,其意义和作用是:公平原则是社会公德的体现,符合商业道德的要求。将公平原则作为合同当事人的行为准则,可以防止当事人滥用权力,有利于保护当事人的合法权益,维护和平衡当事人之间的利益。

四、诚信原则

《合同法》第 6 条规定:"当事人行使权利、履行义务应当遵循诚实信用原则。"本条是对诚实信用原则的规定。

诚实信用原则要求当事人在订立、履行合同,以及合同终止后的全过程中,都要诚实,讲信用,相互协作。诚实信用原则具体包括:其一,在订立合同时,不得有欺诈或其他违背诚实信用的行为;其二,在履行合同义务时,当事人应当遵循诚实信用的原则,根据合同的性质、目的和交易习惯履行及时通知、协助、提供必要的条件、防止损失扩大、保密等义务;其三,合同终止后,当事人也应当遵循诚实信用的原则,根据交易习惯履行通知、协助、保密等义务,称为后契约义务。

诚实信用原则作为合同法基本原则的意义和作用,主要有以下几个方面:其一,将诚实信用原则作为指导合同当事人订立合同、履行合同的行为准则,有利于保护合同当事人的合法权益,更好地履行合同义务。其二,合同没有约定或约定不明确而法律又没有规定的,可以根据诚实信用原则进行解释。

五、合法原则

《合同法》第 7 条规定:"当事人订立、履行合同,应当遵守法律、行政法规,尊重社会公德,不得扰乱社会经济秩序,损害社会公共利益。"本条是对遵守法律,不得损害社会公共利益原则的规定。简称合法原则。

遵守法律,尊重公德,不得扰乱社会经济秩序,损害社会公共利益,是合同法的重要基本原则。一般来讲,合同的订立和履行,属于合同当事人之间的民事权利义务关系,主要涉及当事人的利益,只要当事人的意思不与强制性规范、社会公共利益和社会公德相抵触,就承认合同的法律效力,国家及法律尽可能尊重合同当事人的意思,一般不予干预,由当事人自主约定,采取自愿的原则。但是,合同绝不仅仅是当事人之间的问题,有时可能涉及社会公共利益和社会公德,涉及维护经济秩序,合同当事人的意思应当在法律允许的范围内表示,不是想怎么样就怎么样。为了维护社会公共利益,维护正常的社会经济秩序,对于损害社会公共利益、扰乱社会经济秩序的行为,国家应当予以干预。至于哪些要干预,怎么干预,都要依法进行,由法律、行政法规作出规定。

必须遵守法律的原则与自愿原则是不是矛盾呢?如何正确理解和把握这两个原则的关系呢?一方面,自愿原则鼓励交易,促进交易的开展,发挥当事人的主动性、积极性和创造性,以活跃市场经济;另一方面必须遵守法律的原则保证交易在遵守公共秩序和善良风俗的前提下进行,使市场经济有一个健康、正常的道德秩序和法律秩序。所以说,遵守法律原则和自愿原则是不矛盾的,自愿是以遵守法律、不损害社会公共利益为前提;同时,只有遵守合同法,依法订立合同、履行合同,才能更好地体现和保护当事人在合同活动中的自愿原则。依法保护当事人的合法权益同依法禁止滥用民事权利是统一的。法律、行政法规有关合同条文的规定,有不同的情况,有强制性的规定,有非强制性的规定。对强制性规定当事人在合同活动中是必须执行的。例如,禁止非法借贷,不得恶意串通损害国家、集体或者第三人利益等。对非强制性规定,由当事人自愿选择。例如,合同法规定,合同内容由当事人约定,合同生效后当事人对质量、价款或者报酬、履行地点等内容没有约定或者约定不明确的,首先是由当事人协议补充。正确认识以上两种不同的规定,有助于指导当事人在遵守法律、行政法规的前提下自主、自愿地从事订立合同、履行合同等合同活动。

典型案例分析

【案情介绍】

某煤业集团有限公司(以下简称甲方)与某机电公司(以下称乙方)是长期矿山机电产品供需协作单位。某年8月,甲、乙双方签订了一份机电购销合同,约定由乙方向甲方供应20千瓦电机10台。合同未注明电机是直流电机还是交流电机,但根据价格和双方以往的交易,甲方购买的电机应是直流电机。甲方强调因技术改造急需,该批电机必须在20天内交付,为此双方约定逾期交货由乙方支付违约金6万元。合同签订后,乙方即四处寻找货源,至第19天时尚无着落。乙方经理王某为逃避支付违约金,便准备了20千瓦交流电机。在甲方开车提货时,乙方将10台20千瓦交流电机装车让甲方运走。因双方系长期合作单位,装车后甲方也未细看。在卸车开箱时,甲方发现乙方所供电机不是自己所需的直流电机,于是指责乙方以假充真,要求支付6万元违约金并交付10台直流电机。双方为此争执一月之久。此时乙方已购进20千瓦直流电机,遂给甲方换了电机,但拒不承认逾期交货,称原合同并未注明电机系直流或交流,致使发货人产生误解,其损失应由甲方自行承担。

试分析：

（1）乙方的行为违反了合同法的哪一项基本原则？

（2）甲、乙双方的纠纷应如何解决？

【案情分析】

在本案中，乙方的行为违反了诚实信用原则。我国《合同法》第 6 条规定："当事人行使权利、履行义务应当遵循诚实信用原则。"诚实信用原则在合同法中是一项极为重要的原则。在大陆法系，它常常被称为是债法中的最高指导原则或称为"帝王规则"，其含义是指民事主体在从事民事活动中应诚实可信，以善意的方式行使权利和履行义务。同时，诚信原则要求当事人之间的利益以及当事人利益与社会利益之间的平衡。当事人在行使权利和履行义务时要遵循诚实信用原则，该原则在合同订立、履行的各个阶段均有体现。

本案中，虽然双方所订合同没有明确是交流电机还是直流电机，但根据双方的交易习惯，可以明确买卖标的物应是直流电机。同时，乙方调换电机的行为也可以证实这一点。本案中，乙方对甲方所购货物的用途应有所了解，且两种电机的价格相差甚远，乙方以不知合同中的标的系直流或交流电机为由，以交流电机顶替直流电机违背诚实信用原则，有明显的过错，应负违约责任。

思考题

1. 合同的概念和主要特征是什么？

2. 试析我国合同立法状况。

3. 试述我国合同法的主要原则。

第二章

合同的订立

第一节　合同的主体资格

《合同法》第 9 条规定："当事人订立合同,应当具有相应的民事权利能力和民事行为能力。当事人依法可以委托代理人订立合同。"这是对合同当事人的资格以及委托代理人订立合同的规定。

一、当事人应当具有相应的民事权利能力和民事行为能力

(一) 自然人(公民)的民事权利能力和民事行为能力

1. 自然人(公民)的民事权利能力

民事权利能力是指法律赋予民事主体享有民事权利和承担民事义务的能力,也就是民事主体享有权利和承担义务的资格,是作为民事主体进行民事活

动的前提条件。如法律规定,国家保护公民的财产所有权,则每一个公民都享有行使财产所有权的权利能力。但并不是说,只有当公民行使了某一项民事权利,才能证明其有权利能力。国家赋予公民的民事权利能力是一种法律上的确认,它不以公民是否行使民事权利决定是否拥有民事权利能力。

民事权利能力与具体民事权利的不同在于:其一,民事权利能力是取得具体民事权利的前提。法律赋予公民财产所有权的权利能力,但只有参加到具体的民事法律关系中,才能享有具体的民事权利,如果不参加具体的民事关系,就只有民事权利能力,而没有民事权利。其二,民事权利能力是指享有民事权利与承担民事义务两个方面,民事权利能力不仅是享有民事权利的前提,还是承担民事义务的前提。而民事权利一般仅仅指权利,不包括民事义务。其三,民事权利能力是由法律直接赋予的,而民事权利则是在具体的民事活动中产生的。

公民的权利能力始于出生,终于死亡。一般说来,公民的权利能力与年龄无关,但有的权利能力,需要达到一定年龄时才能享有,如工作的权利能力。公民的权利能力是法律所赋予的,与公民的人身不可分离,非依法律不得限制与剥夺,亦不得由公民本人放弃。公民从事订立合同的民事活动,应当具备订立合同所需要的民事权利能力。一般说来,公民订立合同的权利能力不受限制。只要不违背法律的强制性规定,都可以自由地订立合同。但是,公民的权利能力受到一般的社会发展条件的限制。

2. 自然人(公民)的民事行为能力

民事行为能力是指民事主体以自己的行为享有民事权利、承担民事义务的能力。也就是民事主体以自己的行为享有民事权利、承担民事义务的资格。这里的"能力"或者"资格"是指民事主体的意识能力或者精神状态,包括思维是否正常,是否有认识能力、判断能力,是否具有辨别是非和处理自己事务的能力。民事行为能力与民事权利能力不同。民事行为能力以民事权利能力为前提,只有具备民事权利能力,才可能有民事行为能力。但有民事权利能力,不一定有民事行为能力。民事行为能力既包括民事主体对其实施的合法行为取得民事权利、承担民事义务的能力,也包括对其实施的违法行为承担民事责任的能力。

自然人的民事行为能力可以分为完全民事行为能力、无民事行为能力和限制民事行为能力三种情况。

(1)完全民事行为能力,指达到一定年龄的人,具有以自己的行为取得民事权利和承担民事义务的资格。一般而言,成年人生理和心理发育成熟,具有一定的社会经验和对事物的认识能力及判断能力,具有独立生活的能力,不仅能够有意识地实施法律行为,而且能够估计到实施某种行为可能发生的后果及对自己和他人的影响。因此,一般的立法都规定成年人在法律上具有完全民事行为能力。我国《民法通则》规定,18 周岁以上的公民是成年人,具有完全民事行为能力,可以独立进行民事活动,是完全民事行为能力人。

(2)无民事行为能力,是指公民不具有以自己的行为参与民事法律关系,取得民事权利和承担民事义务的资格。依据《民法通则》的规定,不满 10 周岁的未成年人和不能辨认自己行为的精神病人是无民事行为能力人。

不满 10 周岁的未成年人,由于年龄太小,认识能力与判断能力太差,还不能有意识、有目的地进行民事活动,从保护他们的利益和保障社会经济秩序出发,法律不赋予他们民事行为能力。他们所需要进行的民事活动,由他们的父母或者其他法定代理人代为进行。

不能辨认自己行为的精神病人,由予他们丧失了认识能力和判断能力,无法独立进行民事活动,从维护他们的利益与保障社会经济秩序出发,法律不赋予他们民事行为能力。他们所需要进行的民事活动,由其法定代理人代为进行。

(3)限制民事行为能力,又称不完全民事行为能力,按照《民法通则》的规定,10 周岁以上的未成年人和不能完全辨认自己行为的精神病人是限制民事行为能力人。

10 周岁以上的未成年人,生理与心理有一定程度的发育,并且已接受一定程度的正规而系统的社会教育,有一定的认识能力与判断能力,具有一定的独立生活能力,并且随着年龄的增长,各方面的能力也在不断地增强。具备了一定的从事民事活动的能力。因此,法律应当赋予他们一定的民事行为能力。另一方面,虽然有一定的行为能力,但智力发展还不全面,社会生活经验还不够丰富,认识能力与判断能力还比较弱,对某些较为复杂的事情还不能完全进行成熟地认识与判断,也不完全具备有效地保护自己的能力。因此,法律不能赋予他们完全的民事行为能力,而是赋予他们一定的、与其认识能力和判断能力相适应的行为能力。他们可以进行与其年龄、智力相适应的民事活动。其他民事活动,由其法定代理人代理进行,或者取得法定代理人的同意。

并非所有精神病人都是完全没有民事行为能力的人,有的精神病人并未完全丧失行为能力,有一定的认识与判断能力,应当赋予一定的民事行为能力。因此,《民法通则》规定,不能完全辨认自己行为的精神病人是限制民事行为能力人,可以进行与其精神健康状况相适应的民事活动;其他民事活动由其法定代理人代理,或者征得其法定代理人的同意。

（二）法人的民事权利能力和民事行为能力

法人是法律设定的民事主体,与自然人有很大不同,法人是否有民事权利能力与民事行为能力呢?《民法通则》规定,法人是具有民事权利能力和民事行为能力,依法独立享有民事权利和承担民事义务的组织。法人的民事权利能力和民事行为能力,从法人成立时产生,到法人终止时消灭。法人的民事权利能力在性质上与自然人的民事权利能力一样,是法人享有民事权利、承担民事义务的能力,是法人作为民事主体的资格。法人的民事行为能力在性质上与自然人的民事行为能力也是一样的,是法人通过自己的行为参与民事活动、享有民事权利、承担民事义务的能力,是法人能够以自己的意思进行民事活动的资格。法人的民事行为能力是通过法人的法定代表人、代表机构或者代理人来实现的。

法人的民事权利能力与行为能力,取决于有关法律、法规的规定以及有关部门对法人设立等的审查批准,不同法人的权利能力、行为能力的范围是不同的。一般来说,法人的业务范围或者经营范围就是法人的民事权利能力与行为能力的范围。法人的权利能力与行为能力在范围上是一致的。法人的权利能力和行为能力与自然人有很大不同。自然人的民事权利能力是普遍、一致和平等的,自然人的权利能力通常没有多大差别,基本上是相同的,而法人的民事权利能力的大小、范围,取决于成立的宗旨和任务,差别可能是很大的。某些民事权利能力只有自然人才能享有,如婚姻、收养、继承等,而某些民事权利能力只有法人才能享有,如烟草、黄金等只有法人才能经营。

二、当事人依法可以委托代理人订立合同

自然人、法人进行民事活动,一是亲自实施某种民事法律行为,二是通过代理人实施某种民事法律行为。通过代理人实施民事法律行为,就涉及民法中的代理。《民法通则》规定,代理人在代理权限内,以被代理人的名义实施民事法律行为。被代理人对代理人的代理行为,承担民事责任。这一规定表明了代理的几个特点:(1)代理人在代理权限内进行代理活动;(2)代理人以被代理人的名义进行代理活动;(3)代理人的代理活动是实施某种民事法律行为;(4)代理人代理活动产生的法律后果由被代理人承担。

按照《民法通则》的规定,代理分为三种形式:

(一)法定代理

基于法律的直接规定而产生的代理为法定代理。民法通则规定,无民事行为能力人、限制民事行为能力人的法定代理人是其监护人。未成年人的父母是未成年人的监护人,如果没有父母或者父母没有监护能力,依法由祖父母、外祖父母、兄、姐以及依法确定的其他人、单位担任监护人。无民事行为能力人的精神病人、限制民事行为能力人的精神病人,由配偶、父母、成年子女、其他近亲属以及依法确定的其他人、单位担任监护人。

(二)指定代理

依照法律规定因人民法院或者其他部门的指定而产生的代理为指定代理。指定代理适用于无民事行为能力人、限制民事行为能力人,在没有法定代理人、对法定代理人有争议或者法定代理人无正当理由不能代理的情况下,才会产生指定代理。《民法通则》规定,对担任监护人有争议的,由未成年人的父、母的所

在单位或者未成年人住所地的居民委员会、村民委员会在近亲属中指定。对指定不服提起诉讼的,由人民法院裁决。指定监护人,也就是指定法定代理人。《中华人民共和国民事诉讼法》规定,无诉讼行为能力人由他的监护人作为法定代理人代为诉讼。法定代理人之间互相推诿代理责任的,由人民法院指定其中一人代为诉讼。

(三) 委托代理

委托代理是按照委托人的委托而产生的代理。委托代理是代理中适用最广泛、最普遍的一种形式,除具有人身关系性质的民事活动外,一般民事活动都可以实行委托代理。因此,《合同法》第 9 条第 2 款规定,当事人依法可以委托代理人订立合同。按照《民法通则》的规定,委托代理可以采用口头形式,也可以采用书面形式。法律规定用书面形式的,应当用书面形式。如果是书面形式的委托代理,应当签发授权委托书。授权委托书属单方法律行为,一经被代理人签发,立即生效。授权委托书是产生委托代理的根据。在民事活动中,如果第三人要求证明委托代理的资格,委托代理人应当出示授权委托书。在委托代理中,委托代理人必要时可能将受委托的一部分或者全部事项再委托给其他人办理,这叫转委托。按照《民法通则》的规定,委托代理人为被代理人的利益需要转委托他人代理的,应当事先取得被代理人的同意。事先没有取得被代理人同意的,应当在事后及时告诉被代理人,如果被代理人不同意,由代理人对自己所转托的人的行为负民事责任,但在紧急情况下,为了保护被代理人的利益而转委托他人代理的除外。

第二节　合同的内容和形式

一、合同的内容

合同的内容,在实质意义上是指当事人的权利和义务,在形式上则表现为合同的条款。根据合同自由原则,合同的内容由当事人约定。

《合同法》第 12 条第 1 款规定:"合同的内容由当事人约定,一般包括以下条款:(一)当事人的名称或者姓名和住所;(二)标的;(三)数量;(四)质量;(五)价款或者报酬;(六)履行期限、地点和方式;(七)违约责任;(八)解决争议的方法。"

合同条款可以分为主要条款和一般条款。

1. 主要条款

主要条款,是指决定着合同的类型、性质和当事人的基本权利义务的条款,因而具有重要意义。合同主要条款的确立标准主要有以下三种:

(1)法律规定如《担保法》第 15 条第 1 款规定:"保证合同应当包括以下内容:(一)被保证的主债权种类、数额;(二)债务人履行债务的期限;(三)保证的方式;(四)保证担保的范围;(五)保证的期间;(六)双方认为需要约定的其他事项。"

(2)合同的类型或性质决定。如买卖合同的价款,租赁合同的租金。

(3)当事人约定。即当事人要求必须订立的条款。

值得注意的是,主要条款中那些足以使合同成立或生效的条款是必要(备)条款。比如,对一个买卖合同而言,应当包括标的、数量和价款条款。标的是任何合同应当具备的必要条款,否则合同不能成立。但有些主要条款,如质量、履行的期限、地点、方式以及违约责任等条款,即使缺失,由于有法律的补救措施(条款),因此,并不影响合同的成立和效力,不是必备条款。

《合同法》第 12 条对一般合同的主要条款进行了归纳与列举,但其并不具有决定合同存废的效力,其使用的"一般包括"(不是必须具备)的文字表述,表明列举的 8 项主要条款对当事人仅具有示范参考作用,缺失与否不直接作为合同成立的判断标准。

2. 一般条款

一般条款即合同主要条款以外的条款。一般条款包括两种情况:一是法律未直接规定,也不是合同的类型或性质要求必须具备,当事人也无意使其成为主要条款的合同条款,如关于包装物返还的约定;二是当事人并未写入合同,甚至从未协商过,但基于当事人的行为,或基于合同的明示条款,或基于法律规定,理应存在的条款,如交易惯例和行业惯例的遵守等。

当事人可以参照各类合同示范文本(比如工商行政管理机关制订的合同文本)订立合同。使当事人订立合同更加认真、更加规范,尽量减少合同规定缺款少项、容易引起纠纷的情况。合同的示范文本与格式合同有本质区别。合同示范文本,是由无利害关系的第三方事先拟订的,格式合同是由一方当事人事先拟订的。《合同法》关于格式合同的规定前文已述。

[附]

合同书的一般结构

一份完整的合同通常可以分为标题、序文、定义条款、主文条款和结尾五大部分,释义如下。

1. 标题

合同的标题直接说明了合同(交易)的性质。尽管当事人间的权利义务关系是通过合同各个具体条款来确定的,标题无实质影响,但为方便辨识,应根据合同性质为其冠名,相当于诉状的案由,比如"江西保利大厦土方工程分包合同"。

要注意:一是保持合同标题与合同内容的一致性;二是文字不宜过长,但也不要太短(如:合同)。

2. 序文

在合同标题之后、合同条款之前通常会先有一段序文,目的在于简略介绍合同当事人的基本情况和合同缔结的背景,让人在阅读合同前先有个基础认识和心理准备。序文包括两部分,即开场白和鉴于内容。

关于开场白,说明合同双方当事人的基本情况(姓名或名称及简称、当事人住所或主营业所、公司法定代表人等基础信息),相当于陌生人首次见面时互致自我介绍。该部分自我介绍看似简单,实际非常重要,均为合同法中规定的必备的实质性条款。

关于鉴于，是由数个以"鉴于"字样开头的句子组合而成，表明当事人乃是基于对诸如双方主体资格、资质或经营业绩、订约目的、订约背景等事实的共同认识或特定认可，方签署此合同。鉴于内容一般不对合同双方权利义务关系做具体规定。

3. 定义

定义是合同中很重要的部分。将合同中不断出现的特定概念用简单的一两个字代替，可以提升合同语言的精确性，而且避免重复冗长的叙述占去太多不必要的篇幅，减轻阅读负担。

4. 主文

主文是合同中最核心的部分，也是篇幅最大的部分，与当事人的权利义务关系发生最直接、最密切的牵连，比如采购合同中的标的物种类、数量和单价、交货方式和交货地点等。主文条款一般分为特殊条款和定式条款。

特殊条款是特定性质的合同中才会出现的条款，是合同的个性条款，比如合资合同中的董事会组成、出资比例等，在抵押或保证合同中就不会出现该类条款。相反，诸如抵押担保范围和抵押期限等约定则属于抵押合同的个性条款。

定式条款指的是不论合同性质如何，几乎所有的合同中都会记载的条款，例如不可抗力、争议解决、法律适用、合同转让、合同生效等条款。定式条款一般为预制，使用时视具体情形作相应调整。

5. 结尾

合同的结尾包括签字栏、签署日期、公证词、附件等。在制作签字栏时，应在合同文本中打印签字人姓名，以利于签字字体潦草时对比辨认。

二、合同的形式

（一）合同形式的含义

合同的形式是合意的外在表现方式。合意是当事人意思表示的结合，是当事人思想意志的结合。这种结合不能只停留在脑海之中，需要以外在的形式表现出来。这种外在的表现形式，就是合同的形式。

（二）合同形式的种类

《合同法》第 10 条规定："当事人订立合同,有书面形式、口头形式和其他形式。法律、法规规定采用书面形式的,应当采用书面形式。当事人约定采用书面形式的,应当采用书面形式。"据此,合同的形式可以分为口头形式、书面形式和其他形式。

1. 口头形式

口头形式是以口头语言表达合意。它包括当面交谈和电话对讲以及通过录音等来完成。口头语言是作用于听觉的,但有例外,就是哑语。哑语是作用于视觉的。

口头形式多用于标的额不大,或者能够即时清结的合同。即时清结的合同,是指订立与履行同时完成的合同。口头形式的优点是直接迅速、简便易行,能提高交易的效率。缺点是发生纠纷的时候举证困难,不易分清是非,不利于交易安全的保护。我们常用的成语"空口无凭",可以是对口头形式合同弱点的概括。口头形式的运用具有局限性。比如,进行不动产交易的时候,要办理过户手续,只有口头协议,没有书面形式的合同主管登记的部门不予办理过户手续。

2. 书面形式

（1）书面形式的含义。书面形式的合同是当事人以书面文字形式达成合意的合同。

书面形式具有明确肯定、有据可查的特点,对于明确权利义务关系,预防和正确处理合同纠纷,具有重要作用。

《合同法》第 11 条规定："书面形式是指合同书、信件和数据电文（包括电报、电传、传真、电子数据交换和电子邮件）等可以有形地表现所载内容的形式。"

（2）书面形式的种类。书面形式包括两种:

① 纸面形式。纸面形式的特点是首先有"纸";其次,纸面形式所记载的文字是作用于视觉的。但是也有例外,即盲文。合同书、信件、确认书等一般表现为纸面形式。有人认为,"电报、电传、传真"是数据形式,因它们须表现在纸面

上,因此,也有人把它们归入纸面形式。

合同书是规范的书面形式,它可以由当事人同时、同地签订,也可以由当事人在异地分别签订。分别签订,在时间上肯定有前后之分。这样就可以明确地区分要约和承诺。信件、确认书、电报、电传、传真是当事人在异地签订合同时所采用的方式,很容易区分要约和承诺。

② 数据形式。数据形式所反映的信息,与纸面形式一样,是作用于视觉的。但数据形式不要求必须落实在纸面上。电子数据交换(Electronic Data Interchange,EDI)和电子邮件是数据形式,是书面形式的一种。

3. 其他形式

(1)推定。推定,也称为推定行为,是指他人可以根据当事人有目的、有意义的行为(积极的作为的行为)而推定其真实意思表示。

例如,房屋租赁合同的租期届满后,承租人继续缴纳租金,出租人仍然接受租金,由此可推定双方有延长房屋租赁合同的意思表示。又如,当乘客乘上公共汽车并到达目的地时,尽管乘车人与承运人之间没有明示协议,但可以依当事人的行为推定运输合同成立。

(2)沉默。沉默,是指当事人以不作为的方式所进行的意思表示。通常,沉默不能用来作为意思表示,只能在法律有特别规定或当事人之间有特别约定的情况下,才可以作为一种意思表示的方式。

例如,我国《继承法》第 25 条规定:"继承开始后,继承人放弃继承的,应当在遗产处理前,作出放弃继承的表示。没有表示的,视为接受继承。"

(3)混合形式。混合形式是明示与默示形式的混合。如一方以书面通知的方式发出要约,另一方以行为承诺。这种情况在实践中也比较常见,它并不影响合同的成立。

(四)合同形式的要求

《合同法》第 10 条规定:"当事人订立合同,有书面形式、口头形式和其他形式。法律、行政法规规定采用书面形式的,应当采用书面形式。当事人约定采用书面形式的,应当采用书面形式。"合同法对合同形式的规定体现了"以不要式为一般,以要式为特殊"的原则。

合同法规定应当采用书面形式的合同有:借款合同(但自然人之间借款另有约定的除外)、租赁期限 6 个月以上的租赁合同、融资租赁合同、建设工程合同、技术开发合同、技术转让合同等。合同法对合同形式的规定,体现了当事人意思自治原则,合同形式多样化了,可选择性大了,有利于鼓励交易,促进交易。但交易的风险也加大了。

第三节 合同订立的程序

合同订立的程序是指当事人相互作出意思表示并就合同条款达成一致协议的具体过程。

一、合同订立的一般程序

《合同法》第 13 条规定:"当事人订立合同,采取要约、承诺方式。"要约和承诺是合同订立的一般程序要求。

合同订立的过程,是当事人对合同内容协商一致的过程,是当事人相互交换意思表示并形成合意的过程。这个过程,要通过双方当事人采用要约和承诺的方式来完成。现实中,往往是一方提出要约,另一方又提出新要约,反复多次最后有一方完全接受了对方的要约,这样才能使合同得以成立。

要约和承诺,四字两步,貌似简单,实际上新合同法作出了很多具体规定。

(一)关于要约

1. 要约的概念

要约,在不同的情况下又可以称为发价、出价、报价、发盘、出盘,是订立合同的必经阶段。从一般意义来讲,要约是一种订约行为,发出要约的人称为要约人,接受要约的人称为受要约人或相对人。

《合同法》第 14 条对要约的定义作出规定:要约是希望和他人订立合同的

意思表示。要义：首先，要约是一种意思表示。要约既不是事实行为，也不是法律行为，只是一种意思表示，仅有要约不能发生当事人所希望的法律后果，即成立合同。其次，要约是希望和他人订立合同的意思表示。要约的目的，是希望与相对人订立合同。若没有此意，就不构成要约。

2．要约的要件

按照《合同法》第 14 条，作为要约的意思表示应当符合下列规定：① 内容具体确定；② 表明经受要约人承诺，要约人即受该意思表示约束。对要约做具体分析，其应当具备以下要件：

（1）要约是由特定当事人作出的意思表示。所谓特定的当事人，是指要约人能为外界所确定。要约旨在与他人订立合同，这就要求要约人必须是特定人。只有这样，受要约人才能对其作出承诺，从而订立合同。

要约还必须是向相对人作出的订立合同的意思表示。没有相对人，也就没有受领要约的人，要约也就失去了它的意义。相对人，一般是指特定的相对人。要约一般是向特定的相对人发出的，受要约人也可以是不特定的相对人。如正在工作的自动售货机、自选市场标价陈列的由消费者自取的商品（现物要约）等，都是针对不特定当事人发出的要约。按照《合同法》，向不特定多数人发出的广告，也可以构成要约（《合同法》第 15 条第 2 款："商业广告的内容符合要约规定的，视为要约。"）。

（2）要约必须具有订立合同的意图。即要约应表明，一经受要约人承诺，要约人即受该意思表示约束，与之建立合同关系。这是要约与要约邀请的一个重要区别。要约以追求合同的成立为直接目的，要约是为了唤起承诺，并接受承诺的约束。要约在获承诺后，当事人双方之间成立合同，进入债的锁链。若一项提议没有这样的法律效果，那么，这项提议可能是要约引诱（要约邀请），而不可能是要约。

在实践中，应根据要约所使用的语言、文字和其他情况进行判断其是否决定与受要约人订立合同。如果某甲对某乙称"我正考虑卖掉祖传家具一套"不是要约；如果某乙问"你真的愿意卖吗？"，某甲回答说"我愿意卖"则表明其已决定订立合同。

（3）要约必须向要约人希望与之订立合同的受要约人发出。要约只有向要约人希望与之订立合同的受要约人发出，才能换取受要约人的承诺，从而订立合同。然而，对于受要约人是否必须特定呢？则有不同的看法。

首先，要约原则上应当向特定人发出。一方面，受要约人的特定意味着要约人对谁有资格作为承诺人的问题作出了选择。一旦要约人确定了要约的相对人，一经对方的承诺，就不需要要约人再做任何行为，合同即可成立。反之，如果相对人不能确定，则意味着发出提议的人并未选择真正的相对人，该提议不过是为了唤取他人发出要约。另一方面，如果对象不确定可称为要约，那么向不特定的多数人同时发出以同一特定物的出让为内容的要约就是有效的，这样就会造成一物两卖甚至多卖，使发出要约的一方无法预料无法承担其后果，也不利于交易安全。

其次，法律并不禁止要约向不特定人发出。一方面，法律在某种特殊情况下允许向不特定人发出的要约提议具有要约的效力，如悬赏广告；另一方面，如果要约人愿意向不特定人发出要约，并愿意承担由此造成的后果，在法律上也是允许的。但是，向不特定人发出要约，必须具备两个条件：一是必须明确表示其作出的提议是要约而不是要约邀请。如广告中明确声明"本广告构成要约"；二是必须明确承担向多数人发出要约的责任，同时具有向不特定的多数人作出承诺后履行合同的能力。

（4）要约的内容必须具体明确，能够在当事人之间建立起债权债务关系。所谓具体，是指要约的内容必须是合同成立所必需的条款。合同的内容是以条款表现出来的，要约中应包含足以使合同成立的全部必要条款（主要条款）。哪些是必要条款，应当根据合同的性质和当事人的合同目的来确定，不能一概而论。标的条款是所有合同应当具备的条款，但只有标的尚不能构成合意，还需要设定其他条款。比如，买卖合同除标的条款外，还应有数量、价款条款。如果没有对数量、价款的具体约定，而有确定数量、价款的方法，合同也可以成立。如果有合理补救的基础和机会，合同中的某些条款可以暂付阙如。所谓明确，是指合同条款的内容要明确,不能含糊不清,使相对人无法明白其意思。

3. 要约的方式

要约的方式,一般采用通知方式。通知,可以是口头通知,也可以是书面通知。口头方式可以当面提出,也可以用打电话的方式提出。书面方式,一般是通过寄送订货单、书信以及发送电子邮件、电报等形式提出。

一方当事人也可以向相对人发出加盖公章或者签字的合同书作为要约。

行为可以为意思表示,因此,行为也可以构成要约。

4. 要约的效力

(1) 要约生效的时间。《合同法》第16条第1款规定:"要约到达受要约人时生效。"为到达主义,非发信主义。

对"到达"的理解依要约的形式不同而有所不同。

一般地说,口头要约自受要约人了解时方能发生法律效力,因为口头要约被受要约人了解才算送达。

书面要约到达受要约人是指到达受要约人所能控制的地方,比如,要约信件、电报送到受要约公司的传达室。至于受要约人的法定代表人或负责人是否看到要约,不影响要约的生效。道理很清楚,如果受要约人的法定代表人或负责人看到要约,要约才生效,要约的有效期会无限制地延长,受要约人事实上会控制要约的有效期,这样就会使要约人处于非常不利的地位。

数据电文是一种书面形式。《合同法》第16条第2款规定:"采用数据电文形式订立合同,收件人指定特定系统接收数据电文的,该数据电文进入该特定系统的时间,视为到达时间;未指定特定系统的,该数据电文进入收件人的任何系统的首次时间,视为到达时间。"

要约的效力期间由要约人确定。如未预先确定,则依要约的形式不同而有所不同,区分以下情况:

① 口头要约只要受要约人了解后立即作出承诺就发生法律效力。

② 书面要约如未规定有效期间,应确定一个合理的期间作为要约的存续期限。期限的确定应考虑三个因素:要约到达所需要的时间、作出承诺所需的时

间、承诺到达要约人所需的时间。

（2）要约的效力。要约的致力包括以下两种：

① 对要约人的效力：对要约人的效力即拘束力又称形式拘束力。要约生效，要约人即受到拘束，不能随意撤回、撤销或对要约加以限制、变更和扩张。

② 对受要约人的效力：对受要约人的效力（拘束力）又称为实质拘束力，要约生效，即意味着受要约人获得依其承诺而成立合同的地位。具体表现在：受要约人有为承诺以订立合同的权利（形成权），此权利原则上不得由他人继受，但要约人认可者除外；受要约人对于要约人原则上不负任何义务。

5. 要约的撤回与撤销

（1）要约的撤回。要约的撤回，是指要约人阻止要约发生效力的意思表示。即要约人在发出要约后，于要约到达受要约人之前或同时取消其要约的行为。

《合同法》第 17 条规定："要约可以撤回。撤回要约的通知应当在要约到达受要约人之前或者与要约同时到达受要约人。"

被撤回的要约是尚未生效的要约。要约撤回有两种情况：其一，撤回通知先于要约到达受要约人，此时不会给受要约人造成任何损害，自应允许以撤回通知抵销要约，要约不发生效力。其二，撤回通知与要约同时到达受要约人，此时，受要约人也不会因信赖要约而行事，不会产生损害，撤回通知也足以抵销要约。

要约撤回的通知，其传递速度要超过要约的速度，存在一个追赶的问题。因此，要约撤回通知的传递方式一般与要约的传递方式不一致。如果证据充分，一个电话也可以撤销书面要约。

在要约生效前对发送的要约的修改，其效果等于旧要约撤回，新要约产生。

如果撤回要约的通知方式通常应该先于要约到达或同时到达，而实际上在要约到达后到达，其效力如何我国合同法未做规定。依诚信原则，此时相对人应发出迟到的通知，相对人怠于通知且其情形为要约人可得知者，要约的撤回视为未迟到。

（2）要约的撤销

① 撤销的含义。要约的撤销,是要约人消灭要约效力的意思表示。即在要约发生法律效力后,要约人取消要约从而使要约归于消灭的行为。

《合同法》第 18 条规定:"要约可以撤销。撤销要约的通知应当在受要约人发出承诺通知之前到达受要约人。"

要约的撤销采用通知的方式。在要约生效后、承诺发出前对要约的修改,其效果等于旧要约撤销,新要约产生。要约到达受要约人后,要约对要约人产生拘束力,此时不发生撤回的问题,但要约人尚有可能撤销要约。

要约撤销和要约撤回的区别是:目的上,要约的撤销在于消灭要约的效力,使生效的要约失效;要约的撤回在于阻止要约生效,使未生效的要约不生效。时间上,要约的撤销是在要约生效之后,承诺发出之前;要约的撤回是在要约生效之前。如果承诺发出,要约既不能撤回,也不能撤销。否则,就等于允许侵害受要约人的信赖利益。如果承诺生效,则合同成立,要约既不能撤回,也不能撤销,否则,就等于允许当事人撕毁合同。

② 要约不得撤销的情形。要约的撤销,是撤销一个已经生效的要约。为了保护受要约人的信赖利益,对要约的撤销应当有所限制。

根据《合同法》第 19 条的规定:"有下列情况下之一的,要约不得撤销:(一) 要约人确定了承诺期限或者以其他形式明示要约不可撤销;(二) 受要约人有理由认为要约是不可撤销的,并已经为履行合同做了准备工作。"

③ 要约人确定了承诺期限。为何确定了承诺期限就不可撤销? 因为既然确定了承诺期限,也就是规定了要约的有效期限,意味着要约人在要约期限内等待受要约人的答复。同时要约规定承诺期限,就等于要约人承诺在承诺期限内不撤销,说明要约人放弃撤销权的表示。

④ 以其他形式明示要约不可撤销。下列情形都可以认为是明确表达要约不可撤销的表示:"我方将保持要约中列举的条件不变,直到你方答复为止。""这是一个不可撤销的要约"等。如果当事人在要约中称:"这是一个确定的要约",仅仅这样表述,不能认为该要约不可撤销。因为,要约本身就是确定的。

明示要约不可撤销,并不等于要约永远有效,如果受要约人在合理的时间内未做答复,要约自动失效(《合同法》第20条、第23条)。

⑤ 受要约人有理由认为要约是不可撤销的,并已经为履行合同做了准备工作。一般来说,要约中要求受要约人以行为作为承诺的,受要约人就有理由认为要约是不可撤销的。像"款到即发货"、"如同意,请尽快发货"等。除了受要约人有理由认为要约是不可撤销的以外,还有一个并列的条件,就是受要约人已经为履行合同做了必要的准备。比如,购买原材料;办理借贷筹备货款;购买车船机票准备到要约人指定的地点去完成工作等。

6. 要约的失效

要约的失效即要约失去拘束力。《合同法》第20条规定:"有下列情形之一的,要约失效:(一)拒绝要约的通知到达要约人;(二)要约人依法撤销要约;(三)承诺期限届满,受要约人未作出承诺;(四)受要约人对要约的内容作出实质性变更。"

(1)拒绝要约的通知到达要约人。受要约人在要约规定的承诺期之前,就明示予以拒绝,此时要约提前失去约束力。

(2)要约人依法撤销要约。在符合撤销条件时,要约人可以撤销要约,被撤销的要约是一个已经生效的要约,被撤回的要约是尚未生效的要约,因此,撤销发生要约失效(消灭)的问题,撤回不发生要约失效(消灭)的问题。

(3)承诺期限届满,受要约人未作出承诺。要约期限届满而未获得承诺的情况主要是受要约人以沉默的方式表示拒绝,即受要约人在规定的期限内未予以答复。此时要约效力终止,不能自动延伸。例如,要约采用书面方式,要约人规定了承诺期限的,受要约人没有在规定的期限内送达承诺,要约的效力即终止。

(4)受要约人对要约的内容作出实质性的变更。受要约人对要约的内容作出实质性的变更,说明受要约人提出了新要约,新要约意味着对原要约的拒绝,使原要约失去效力。双方当事人的主体地位发生变化,原受要约人成为要约人,原要约人成为受要约人。

7. 要约邀请

（1）要约邀请的概念和表现形式。要约邀请，又称为要约引诱，是指希望他人向自己发出要约的意思表示。

《合同法》第 15 条规定："要约邀请是希望他人向自己发出要约的意思表示。寄送的价目表、拍卖公告、招标公告、招股说明书、商业广告等为要约邀请。商业广告的内容符合要约规定的，视为要约。"

寄送的价目表、拍卖公告、招标公告和商业广告都是对不特定相对人发出的信息。

要约邀请具有以下特点：

① 要约邀请是一种意思表示；

② 要约邀请的目的是诱使他人向自己发出要约，而非与他人订立合同，只是订立合同的预备行为，而非订立合同；

③ 要约邀请只是引诱他人发出要约，既不能因相对人的承诺而成立合同，也不能因自己作出某种承诺而约束他人，行为人撤回其要约邀请只要没有给善意相对人造成信赖利益的损失，一般不承担法律责任。

要约邀请的表现形式有：

① 寄送的价目表。邮寄、派发的价目表，虽然包含了商品名称、服务的类型和价格、酬金，而且包含行为人希望建立交易关系的意图，但邮寄、派发价目表，不能确定行为人受其约束，即不包含一经相对人承诺即接受承诺后果的意图。寄送、派发价目表的当事人还是把成立合同的权利留给了自己。而只是向相对人提供有关信息，希望相对人向自己提出订约条件。因此，该行为是要约邀请.而不能构成要约。

价目标签置于陈列并准备出售的商品之前，可以构成要约。在自选市场就是如此。价目标签置于商品之前，其与寄送的价目表有明显的不同之处： 是寄送的价目表没有实物展示，受领信息的人不能以受领标的物的方式承诺。而超市的标签列于实物之前，受领信息的人可以受领实物而为承诺。二是寄送的价目表不具有数量条款，缺少要约具体、明确的要求。受领信息的人须提出购买的数量。超市的标签列于实物之前,有标的、价格,没有数量条款,但有确定数量的方法,即由购买者自行确定,符合要约具体、明确的要求。结论是:超市中实物前加标签,为现物要约。

但是,如果在向不特定人派发的商品订单中明确表示愿受承诺的约束,或从其内容中可以确定有此意图,则应认定为要约。

② 拍卖公告。拍卖是指拍卖人在众多的报价中,选择报价最高者订立合同的特殊买卖方式。拍卖一般要经历三个阶段:拍卖公告(拍卖表示)、拍卖、拍定。拍卖公告并未包含合同成立的主要条件,特别是价格条款,只是希望竞买人提出价格条款。

③ 招标公告。招标是指订立合同的一方当事人采取招标公告的形式向不特定人发出的以吸引或者邀请对方发出要约为目的的意思表示。对招标的回应叫投标。一般认为招标是要约邀请,投标是要约,招标人决标是承诺。但是,如果招标公告明确表示将与报价最优者订立合同,可视为要约。

④ 招股说明书。招股说明书是指拟公开发行股票的人经批准发行股票后,依法于法定日期和证券主管机关指定的报刊上刊登的全面真实、准确地披露股票发行者的信息以供投资者参考的法律文件。它通过向社会提供股票发行人的相关信息,从而吸引投资者向发行人发出购买股票的要约。招股说明书中不可能包含购买股份者将要购买的数量等合同的必要条款,因而不能构成要约,而只能是要约邀请。

⑤ 商业广告。广告有广义、狭义之分。我国广告法所说的广告是狭义的,即仅指商业广告。广告的主要职能是商品经营者和消费者在最大、最有效的时空领域中建立直接或间接的商品交换关系。而合同法以调整商品交换关系为己任。在我国,对广告的规制,主要是由广告法和反不正当竞争法来承担的。但广告与合同的成立有密切的关系,故广告也成为合同法所调整的对象。我国《广告法》第 2 条第 2 款规定,本法所称广告,是指商品经营者或者服务提供者承担费用,通过一定媒介和形式直接或者间接地介绍自己所推销的商品或者提供的服务的商业广告。该条中的"直接介绍"、"间接介绍",强调了商业广告是

传播商业信息的工具。从其内容、对象、后果等方面判断,商业广告不能构成要约,只能是要约邀请。

但各国法律也都承认,在特定情况下,广告也可以构成要约。英美法认为,广告视为要约的情况有两种:一是广告写明见到广告后只需作出某种行为,不必向广告人另作承诺的意思表示,这个广告就构成要约;二是广告明确写明此广告为"要约",这个广告也被视为要约。

广告能否构成要约,需要对广告的情况进行具体分析。广告构成要约须具备以下两个条件:

首先,广告具体表明合同内容,其目的是为了唤起对方响应而成立合同,而不是唤起广告受众对广告主提出要约,不是仅仅为了商业上的宣传。一旦有人承诺广告的内容,即成为合同的内容。广告主应当就广告中的许诺,对相对人承担义务。

其次,广告清楚地表明成立合同关系不需要再进一步地磋商、讨价还价,即广告主明确地表示受广告的约束。比如,广告中"款到即发货"、"收到订单7日内发货"等许诺就排除了进一步洽商的必要。对这种广告,不应视作要约引诱,而应视为要约。对广告条件完全接受的人应当认定其与广告主发生合同关系。不过,实践中的情况比较复杂。单凭广告中的几个不确定的"字眼",不能确认其为要约。比如,广告中笼统地说"备有现货,保证供应",就不宜据此认定其构成要约。因为,此类用语往往只是商业宣传用语,并不是一种允诺。

一般而言,要约是向特定的相对人发出的,而广告是向不特定的多数人发出的。这是广告构成要约时与一般要约的重要区别。由于广告是向不特定的多数人发出的,广告受众(收到广告或广告信息的人)都可以作为受要约人进行承诺。

(2)要约和要约邀请的区别。根据《合同法》第14条的规定,要约必须同时具备两个条件:一是具体、明确;二是要约人表示受要约的约束。欠缺当中任何一个条件,都不能构成要约,欠缺当中的一个条件,可以构成要约邀请。要约邀请是行为人为寻找合同对象,使自己能发出要约,或唤起他人向自己发出要约的宣传引诱活动。要约和要约邀请都包含着当事人订立合同的愿望,但二者又有很大的区别。

① 效力不同。要约对要约人具有约束力,即要约送达要约人就不得撤回,如果撤销也要符合法定的条件,受要约人承诺送达,合同即告成立。要约邀请对要约人没有在撤回上的限制,当事人可以任意撤回,要约邀请不存在撤销的问题。但要约邀请也可能构成缔约责任和反不正当竞争法、广告法上的责任。

② 目的不同。要约以订立合同为直接目的,一旦相对人作肯定答复,则合同成立;要约邀请则不是以订立合同为直接目的,它只是唤起别人向自己作出要约表示或使自己能向别人发出要约。

③ 内容明确性不同。要约必须包含能使合同得以成立的必要条款,或者说,要约必须能够决定合同的内容,而要约邀请不要求包含使合同得以成立的必要条款。要约邀请一般只是笼统地宣传自己的业务能力、产品质量、服务态度等。

④ 对象要求不同。要约一般是针对特定的对象进行的。而要约邀请的对象则一般是不特定的大众对象。这是就一般情况而言的,但不宜以对象的不同作为划分要约与要约邀请的基本标准,要约可以针对不特定的多数人,这并不妨碍某特定人的承诺与要约的结合而成立合同;要约邀请亦不妨碍针对特定的当事人,特定的当事人可以根据要约邀请的内容提出自己的要约。

⑤ 发出方式不同。要约一般是针对特定相对人的,故要约采取对话方式(口头方式)和信函方式(书面方式),双方当事人已有实际接触。要约邀请一般是针对不特定多数人的,故往往借助电视、广播、报刊等媒介传播,一般双方不发生实际接触。

根据我国合同法的理论和实践,区分的标准为:

① 法律规定。如果法律规定某行为为要约或者要约邀请,依其规定。

② 当事人的意愿。如商店在其展示的服装上标明"八折出售"及价格,应为要约,如表明用品,则为要约邀请。

③ 订约提议的内容是否包含了合同的主要条款。如"愿以低价出售"为要

约邀请,"以 1000 元出售"为要约。

④ 交易习惯。出租车路边揽客,如果根据当地习惯或规定可以拒载,则为邀请,反之为要约。

(二)关于承诺

现实中,一方提出要约,受要约人可能有四种应对方式:其一,承诺而使合同成立;其二,提出新要约;其三,提出要约邀请,希望对方重新发出要约;其四,予以拒绝。

1. 承诺的概念

承诺是对要约的接受,是指受要约人接受要约中的全部条款,向要约人作出的同意按要约成立合同的意思表示。承诺与要约结合,方能构成合同。

《合同法》第 21 条规定:"承诺是受要约人同意要约的意思表示。"承诺是一种意思表示而非法律行为。

2. 承诺的要件

构成承诺必须具备以下要件:

(1)承诺是对要约同意的意思表示。承诺必须针对要约进行。对于有偿合同,要约与承诺是互为对价关系的两项允诺,一项不符合要约条件的提议,对其答复不是承诺,双方不能建立对价关系。

(2)承诺必须由受要约人作出。非受要约人向要约人作出的表示接受的意思表示不是承诺,要约人并不因此与其成立合同。需要说明的是:其一,承诺必须是受要约人的意思表示,受要约人以外的人不具有承诺资格。如果要约向特定人发出,承诺必须由该特定人作出,如果向不特定人发出,不特定人均具有承诺资格;其二,承诺可以由受要约人本人作出,也可以由其代理人作出。

(3)承诺必须在合理期限内向要约人发出。《合同法》第 23 条规定:"承诺应当在要约确定的期限内到达要约人。要约没有确定承诺期限的,承诺应当依照下列规定到达:(一)要约以对话方式作出的,应当即时作出承诺,但当事人另有约定的除外;(二)要约以非对话方式作出的,承诺应当在合理期限内到达。"据此,受要约人在承诺期限届满后作出的任何答复都不是承诺,而应视为新要约。

第一,要约中规定了承诺的期限的,承诺应当在此期限内作出并到达要约人才能视为有效承诺。例如,以信件发出承诺,应当在承诺期内发出信件并到达要约人指定的地方或者要约人能够有效控制的地方。

第二,要约未确定承诺期限的,应当依照法律规定在合理期限内到达要约人。这里又分为两种情况:

第一种情况是,要约以对话方式作出,如当面提出要约或者打电话提出要约,受要约人应当即时作出承诺,否则要约立即失效。当然,即时承诺并不排除受要约人在接到口头要约时在当时场景中的犹豫。要求受要约人即时承诺,是为了保护要约人的利益。在口头要约中,要约人规定了承诺期限的,受要约人当然可以在规定的期限内将承诺的意思表示送达。

第二种情况是,要约以非对话方式作出,如以书面方式、行为方式作出,承诺应当在合理的期限内到达。合理的期限的判断要综合考虑以下事实:一是要约发出的时间。例如,甲公司出售紧俏物品,以信件在 1 月 1 日给乙公司发出要约,由于邮局的延误,到达的时间是 1 月 10 日,如果时过境迁(如一周内被抢购一空),则合理的期限就不存在了。二是要约到达的时间。考虑合理的期限,除要考虑发出时间外,还要考虑到达的时间。三是作出承诺所需要的时间。一般而言,应该给受要约人一个考虑期或者犹豫期。如果标的物的价值比较大,考虑期、犹豫期要长一些,反之,考虑期、犹豫期要短一些;如果标的物的市场行情变化快,则犹豫期就比较短,反之可长一些。要以诚实信用原则为指导,结合要约的背景来具体判断"合理的期间"这个时间段的长度。四是承诺通知到达所需要的时间。承诺通知要占用一段路途时间,如以信件为承诺通知就是如此。

(4) 承诺的内容必须与要约的内容相一致。《合同法》第 30 条规定:"承诺的内容应当与要约的内容一致。受要约人对要约的内容作出实质性变更的,为新要约。有关合同标的、数量、质量、价款或者报酬、履行期限、履行地点和方式、违约责任和解决争议的办法等的变更,是对要约内容的实质性变更。"

所谓内容一致,具体表现在:承诺是无条件的同意,不得限制、扩张或者变更要约的内容,否则不构成承诺,而应视为对要约的拒绝并作出一项新的要约(亦称反要约)。但承诺的内容并不要求与要约的内容绝对一致或完全等同,即允许承诺对要约的内容作非实质性变更。《合同法》第31条规定:"承诺对要约的内容作出非实质性变更的,除要约人及时表示反对或者要约表明承诺不得对要约的内容作出任何变更的以外,该承诺有效,合同的内容以承诺的内容为准。"

即非实质性变更的承诺在两种情况下不生效:一是要约人及时表示反对;二是要约中明确表示不得做任何变更。

3. 承诺期限的计算

《合同法》第24条规定:"要约以信件或者电报作出的,承诺期限自信件载明的日期或者电报交发之日开始计算。信件未载明日期的,自投寄该信件的邮戳日期开始计算。要约以电话、传真等快速通讯方式作出的,承诺期限自要约到达受要约人时开始计算。"

承诺的期限从要约发出之日或者发出之时开始计算,是因为发出是固定的时间点,不从受要约人收到的时间开始计算,是因为受要约人收到要约的时间往往不固定,特别容易引起当事人的争议。

承诺的期限起算点有以下几种情况:其一,要约人以电报发出要约的,承诺期限应当自电报交发之日起计算;其二,要约人以信件发出要约的,承诺期限以信件所载明的日期起算;其三,如果信件没有载明发信日期或者信件所载发信日期与信封所载日期明显不符(因要约人的笔误可产生此问题)的,应按信封邮戳日期起算。其四,要约人以电话、电传或者其他快速方法发出要约的,承诺期限应自要约到达受要约人时开始计算。

4. 承诺的方式

《合同法》第22条规定:"承诺应当以通知的方式作出,但根据交易习惯或者要约表明可以通过行为作出承诺的除外。"

根据这一规定,承诺原则上应当以通知的方式作出。要约人对通知的方式有特殊要求的,应当按其要求予以通知。如果根据交易习惯或者要约表明可以通过行为方式作出的,则该行为也构成承诺。

（1）通知。通知包括口头通知和书面通知。承诺通知为明示方式,沉默或者不作为本身一般不构成承诺。《联合国国际货物销售合同公约》规定,缄默或不行动本身不等于接受。但是,根据要约的规定以及当事人之间确立的习惯做法或惯例,受要约人可以作出某种行为诸如发货或支付价金等表示同意,而无须向发价人发出通知,则接受于该行为作出时生效,但其行为必须在规定的期限内实施,如果未规定时间,则应在合理的时间内作出。上述规定说明,沉默在特定情况下亦可以构成承诺。所谓特定情况有两种:一是受要约人接受了履行（如接受现物要约）或实际履行了要约提出的行为,根据上述行为,可以推定当事人承诺的真实意思;二是根据交易习惯,使受要约人可以用沉默表示承诺。这种习惯,通常是指有相对固定联络的交易伙伴之间的习惯。

在实践中,有的当事人在要约中规定沉默视为承诺。这种规定对受要约人不具有约束力。比如,甲方向乙方以信函方式提出要约:"……如不同意,请在7日内答复,否则视为接受。"对含有这种规定的要约,受要约人保持沉默,仍构成拒绝。理由很明确:要约人不能把自己的意志强加给受要约人。

（2）行为。行为包括作为和不作为。构成承诺的行为主要是作为,单纯的缄默或不作为通常不能作为承诺的意思表示。但是,如果交易习惯或要约表明可以采取此种方式进行承诺的,也可以作为承诺的方式。

5. 承诺的生效

承诺的生效即承诺产生法律效力。承诺生效时合同成立。具体说来,对于诺成合同,承诺生效合同即告成立;对于实践合同,若交付标的物先于承诺生效,承诺同样使合同成立,若交付标的物后于承诺生效,则合同自交付标的物时成立。因此,承诺生效的时间在合同法上有重要意义。

对承诺生效,大陆法采用到达主义或送达主义,即主张承诺的意思表示于到达要约人支配的范围内生效;英美法采用发送主义或送信主义,即主张如果承诺的意思表示是以邮件电报方式作出,则承诺人于投入邮筒或给付电信局时生效,除非要约人与承诺人另有约定。

我国合同法采用到达主义。《合同法》第 26 条规定:"承诺通知到达要约人时生效。承诺不需要通知的,根据交易习惯或者要约的要求作出承诺的行为时生效。采用数据电文形式订立合同的,承诺到达的时间适用本法第十六条第二款的规定。"理由在于,由受要约人承担传递的风险比由要约人承担该风险更为合理,因为是受要约人选择通讯方式,他知道该方式是否容易出现特别的风险或延误,他应能采取最有效的措施确保承诺送达目的地。

6. 承诺的撤回

承诺的撤回,是阻止承诺发生效力或消灭承诺效力的意思表示,是指受要约人在其作出的承诺生效前将其撤回的行为。

《合同法》第 27 条规定:"承诺可以撤回。撤回承诺的通知应当在承诺通知到达要约人之前或者与承诺通知同时到达要约人。"该条明确了承诺撤回的原则——到达主义,撤回的方式——通知,撤回生效的条件——先于承诺到达或同时到达。承诺一经撤回即不发生承诺的效力,也就阻止了合同的成立。

承诺可以撤回,但不能撤销。也就是说,承诺尚未生效时,可以取消承诺;承诺于到达要约人时生效,如果承诺已经生效,则不能取消,即不能撤销。因为承诺生效,合同成立,如果允许撤销承诺,等于赋予承诺人任意撕毁合同的权利。要约人的利益就得不到实现,交易安全就得不到保护。

7. 迟发的承诺和迟到的承诺

(1) 迟发的承诺。《合同法》第 28 条规定:"受要约人超过承诺期限发出承诺的,除要约人及时通知受要约人该承诺有效的以外,为新要约。"

承诺的表示应当在承诺的期限内发出并到达,否则不能构成承诺,而只能构成新要约。迟到的承诺不发生承诺的效力,但因其符合要约的条件,故可以视为新要约。但是,如果要约人希望成立合同,及时发出了对"迟发承诺"的承认通知,则迟发的承诺取得与承诺相同的效果,这样符合双方的利益。对于迟发的承诺可以用这样一句话来概括:以新要约为原则,以承诺为例外。发出承认通知,承诺才有效。

（2）迟到的承诺。迟到的承诺，又称为承诺迟延，是指承诺的表示在发出时虽然不构成迟延，但由于传递故障等原因，到达要约人时超过了承诺的期限。迟到的承诺与迟发的承诺不同。迟发的承诺，发出承诺的意思表示时就已经超过了期限；迟到的承诺在发出承诺时尚未超过规定的期限。

《合同法》第29条规定："受要约人在承诺期限内发出承诺，按照通常情形能够及时到达要约人，但因其他原因承诺到达要约人时超过承诺期限的，除要约人及时通知受要约人因承诺超过期限不接受该承诺的以外，该承诺有效。"对于迟到的承诺可以用这样一句话来概括：以承诺生效为原则，以承诺不生效为例外。发出否认通知，承诺才无效。为什么要发否认通知呢？因为受要约人不知道承诺陷于迟延。

（3）迟发的承诺和迟到的承诺之间的空白点。《合同法》第28条、第29条之间有一个立法的空白点。即当受要约人没有迟发，但必然迟到的承诺应当如何认定效力？比如，甲方在要约中确定的承诺期限是15日，受要约人在第14天以平信或挂号信件方式承诺，通常情形不能按时到达，应如何处理？应认定为新要约，除非要约人发出承认通知（参照第28条处理）。因为只有这样，才符合法律规定承诺期限的原意。

8. 承诺的内容

（1）对承诺内容的要求。承诺的内容应当与要约的内容一致，即承诺应当是对要约的接受。承诺与要约相一致的要求，被称为镜像规则。镜像规则要求承诺就像对着镜子反射一样与要约取得一致。这种规则，不能适应现代市场条件下的交易需要。我国《合同法》第31条规定："承诺对要约的内容作出非实质性变更的，除要约人及时表示反对或者要约表明承诺不得对要约的内容作出任何变更的以外，该承诺有效，合同的内容以承诺的内容为准。"

（2）实质性变更。所谓变更，是指受要约人在对要约的答复中对要约的内容作出了扩大、限制或者增删。所谓实质性变更，是指这种变更提出了不同于要约的权利与义务。《合同法》第30条规定："承诺的内容应当与要约的内容一致。受要约人对要约的内容作出实质性变更的，为新要约。有关合同标的、数量、质量、价款或者报酬、履行期限、履行地点和方式、违约责任和解决争议方法等的变更,是对要约内容的实质性变更。"

上述规定采用列举的方式指明了哪些是实质性变更,失之于宽泛。由于列举的事项过多、过于原则,使受要约人提出的任何改变都可能"触雷",都可能被疑为是改变了实质性条款。最具有实际意义的标准应当是:增加要约人义务的,为实质性变更。

(3)非实质性变更。非实质性变更,是指虽然表面上变更,但这种变更没有实质改变要约的内容,即没有提出新的权利与义务的设计或者虽然有变更但没有增加要约人的负担。非实质性变更主要有以下三项:

① 在承诺中提出了要约人的法定义务。法定义务,在当事人没有明示排除的情况下是当事人必须承担的义务。在承诺中提出或者强调了要约人的法定义务,并没有实际上改变要约的内容,并没有增加要约人的义务。法定义务本来就是要约人必须遵守的。比如,受要约人在承诺中加了这样一句话:贵方出卖的标的物必须是没有设定抵押的物。这就是一种非实质性变更,因为,如果出卖的是抵押物,出卖人应当告知买受人,如果没有告知,那么出卖人就应担保该物是没有设定抵押的物(权利瑕疵担保义务)。这种担保是出卖人的法定义务。受要约人在要约中强调了要约人的法定义务,并没有增加要约人的额外负担。尽管如此,要约人也可以表示反对,要约人及时通知受要约人自己将要出卖的标的物已经设立了抵押,那么受要约人这种非实质性变更的承诺就不构成有效的承诺。

② 在承诺中增加了说明性的条款。说明性条款使当事人之间的权利与义务关系更加明确,但不会改变要约人意图创立的权利与义务关系,更不会增加要约人的负担,因此是非实质性变更。要约人对这种说明性条款不能认同,也必须及时表示反对,否则,承诺产生预期的效力。

③ 承诺在授权范围内对要约做了修改。这种修改仍然在要约人设计的权利义务关系的范围之内,因此,也是非实质性变更。要约人认为这种修改违反了自己的意图,仍可以及时表示反对,阻止这种承诺的生效。如果受要约人确

实是在承诺的范围内做了修改,要约人的反对应为无效。

要约和承诺是任何一个合同必须经过的两个阶段,缺少其中任何一个阶段,合同就不可能成立,但在实际酝酿合同过程中,双方当事人往往要对合同条款进行反复磋商,经过要约—反要约—再要约—再反要约一直至承诺的过程,就像进行一场乒乓球赛,要经过你来我往好几个循环。

二、合同的特殊订立方式

1. 竞争性缔约程序

当事人通过竞争性缔约程序成立合同的,要约与承诺要符合特别法的规定。招标投标法和拍卖法分别对招标投标缔约程序和竞买缔约程序做了规定。

(1)招标投标。招标投标是一种竞争缔约方式。是由招标人向数个相对人或不特定的多数人发出招标邀请,并在诸投标人中选择最优者与其订立合同。投标人之间相互进行竞争,因此,招标投标是一种竞争性缔约程序。

招标投标一般包括以下几个阶段:① 招标。招标是一方当事人采取招标通知(发出投标邀请书)或招标广告的形式,向数个相对人或不特定的多数人发出的投标邀请。分为公开招标和邀请招标。招标具有公开性,使相对人能够据此提出要约。其性质为要约邀请(要约引诱)。② 投标。投标是投标人按照招标文件的要求,向招标人提出报价的行为。报价应当秘密进行,投标人之间不得串通。投标的性质是要约,应当具备足以使合同成立的全部必要条款。③ 开标、评标、定标。开标,是指招标人在规定的时间、地点,按规定的方式,公开所有的投标资料和全部投标人的名称、投标价格等情况。开标必须公开进行,当众启封标书,宣布报价及其他主要内容。评标,是指招标人对各投标人的投标进行审查、鉴别、比较分析,选择最优条件的投标人。定标,又称决标,是招标人在评标的基础上从诸投标中选择最佳者为中标人。决标应当公开。招标人的定标如果是对投标的完全接受,则构成承诺。中标通知书送达,是承诺的送达。

(2)拍卖。拍卖是指以公开竞价的方式,将特定物品或者财产权利转让给最高应价者的买卖方式。拍卖也体现了以要约、承诺方式订立合同的过程。竞买人相互之间进行竞争,学说上称为竞争缔约方式。拍卖的标的应当是委托人所有或者依法可以处分的物品或者财产权利。依照法律或者国务院规定需经审批才能转让的物品或者财产权利,应当依法办理审批手续。拍卖当事人包括拍卖人、委托人、竞买人和买受人。拍卖人是指依照拍卖法、公司法设立的从事拍卖活动的企业法人,委托拍卖人拍卖物品或者权利的人称为委托人,参加竞购拍卖标的的人称为竞买人,买受人是指以最高应价购得拍卖标的的竞买人。

依照我国拍卖法的规定,拍卖要经过以下程序:① 委托人与拍卖人签订委托拍卖合同(行纪合同)。② 拍卖人于拍卖日 7 日前发布拍卖公告,并在拍卖前展示拍卖标的,同时提供查看拍卖标的的条件及有关资料。拍卖标的的展示时间不得少于 2 日。拍卖公告应当载明拍卖的时间地点、拍卖标的、拍卖标的展示的时间地点、参与竞买应当办理的手续以及其他需要公告的事项。拍卖公告在性质上属于要约邀请。③ 竞买。竞买是以应价的方式向拍卖人作出应买的意思表示。应价的意思表示在学说上一致认为属于要约。④ 确认,又称为卖定。卖定是对应买的承诺。竞买人的最高应价经拍卖师落槌或者以其他表示卖定的方式确认后,拍卖成交。拍卖标的有保留价的,竞买人的最高应价未达到保留价时该应价不发生效力,拍卖师不应确认,而应当停止拍卖标的的拍卖。拍卖成交后,买受人和拍卖人应当签署成交确认书。

2. 交叉要约

交叉要约,又称为要约交错,是指要约人向对方发出要约之后,尚未到达之前,相对人也向要约人发出同样内容的要约。对要约交错能否构成合同,一向有争论。第一种观点认为,交叉要约在形式上看是两个要约,但事实上双方已经取得了合意。交叉要约相互到达于相对人时,合同即告成立,无须当事人做进一步的确认。第二种观点认为,交叉要约不能构成合同。应当说,第二种观点更合理。讨论此问题,应当在现有的法律框架下进行。如果认定交叉要约导致合同成立,就会剥夺要约人法定的权利——撤回权和撤销权。因为在交叉要约的情况下不存在承诺,所以,交叉要约不能在法律上构成合意。

3. 悬赏广告

（1）悬赏广告的概念。悬赏广告是广告主（广告人）以广告形式声明对完成广告中规定的特定行为的任何人给予广告中约定报酬的意思表示。关于悬赏广告的性质，有的学者认为是单方行为，有的学者认为是要约。结合《合同法》第22条和第26条的规定（行为可以构成承诺），将悬赏广告解释为要约为宜。对悬赏广告，广告人发出悬赏广告为要约，行为人完成悬赏广告规定的行为为承诺。

（2）悬赏广告的效力。广告主对于完成广告要求行为的人负有给付报酬的义务。对于不知有该广告但完成广告规定行为的人，亦应支付报酬。在数人分别完成广告规定的行为，而行为没有差别时，广告主对于最先通知的人给付报酬，同时，对其他完成行为的人给付报酬的义务消灭。当最先完成行为的人没有得到最先通知的人的权利时，可以向获取报酬的人主张权利。当数人完成的行为有差别（如发布商业悬赏广告征集商标设计），以广告主认可的行为为承诺，广告主应当向其支付报酬，对其他人是否有给付义务，要看悬赏广告中的规定。如果没有规定，广告主只向其认可的行为人支付报酬。

（3）悬赏广告的撤销。悬赏广告发布之时，即应视为意思表示送达。一般不存在撤回的问题。但广告主在广告规定的行为完成之前，可再以广告的形式撤销悬赏广告。广告受众开始实施广告规定的行为，但未完成，仍可要求广告主予以适当的补偿，但其要证明自己已经开始实施广告规定的行为。

三、合同成立的时间和地点

1. 合同成立的含义

合同成立，是指当事人就合同的必要内容达成合意的法律事实。从这个意义上看，无效合同也可以是成立的合同，而可撤销的合同都是已经成立的合同。一般认为，成立本身是个事实，不是价值判断标准，有效、无效才是价值判断问题。

成立必须有内容，即合意是关于当事人债权债务关系的合意，不是空洞的合意。但当事人就必要之点达成合意即可,欠缺的某些内容还可以由当事人协商一致填补,发生争议时可以由法院、仲裁机关依据法律的规定填补。

依法成立的合同,在当事人之间建立起他们追求的法律关系。这种法律关系对当事人具有法律约束力。依法成立的合同,受法律保护。

合同成立与合同订立不同。合同订立强调的是订约的过程,即强调的是要约和承诺的过程。订立所追求的目标,就是成立合同,合同成立是订立的结果。当然,有订立行为合同不一定成立。

2. 合同成立的时间

《合同法》第25条规定:"承诺生效时合同成立。"承诺生效是合同成立的要件,也是判断合同成立时间的标准。承诺是对要约的接受,承诺生效,两个意思表示取得一致,合同成立。

(1) 一般规定:承诺生效时合同成立。承诺通知到达要约人时生效。以明示方式作出承诺的,须将承诺的意思表示送达给要约人。此为达成合意的标志。承诺通知到达要约人时,即达成合意时承诺生效。以默示方式作出承诺的,作出承诺的行为时生效。此处的行为可以是积极的行为,如送货,也可以是消极的行为,如单纯的沉默。以积极的行为作出承诺,应当以行为开始为承诺(有《合同法》第36条、第37条情形的除外),以消极的行为作出承诺,承诺生效的时间,应当是承诺期限终结之时,否则承诺人的利益得不到保护。

(2) 合同书形式的合同成立时间。《合同法》第32条规定:"当事人采用合同书形式订立合同的,自双方当事人签字或者盖章时合同成立。"

当事人采用合同书形式订立合同,但并未签字盖章,意味着当事人的意思表示未能最后达成一致,因而一般不能认为合同成立。签字、盖章有其一即可。签字或者盖章,是当事人达成合意的外在标志,也可以称为形式上的标志。签字,是当事人、法定代理人、负责人或者他们授权的代理人签字。自然人作为合同当事人在合同上不签字而只是盖上自己的私人名章,也是可以的。但我国私人名章没有备案,因此,不签名而只盖章,在交易中存在不安全因素。对于法人、其他组织来说,其公章都经过备案。

双方当事人签字盖章不在同一时间的,最后签字或盖章时合同成立。

（3）确认书形式的合同成立时间。《合同法》第 33 条规定:"当事人采用信件、数据电文等形式订立合同的,可以在合同成立之前要求签订确认书。签订确认书时合同成立。"

签订确认书是当事人附加的程序。在此情况下,确认书具有最终承诺的效力。签订确认书,不排除当事人在同时、同地签订的可能,但当事人采用签订确认书,一般是在异地分别签订。

应当注意的是,要求签订确认书须在合同成立之前。合同成立之后,一方当事人要求签订确认书,实际上是要否定或者推翻已经产生约束力的合同。对这种做法当然不能予以支持。

（4）合同的实际成立。《合同法》第 36 条规定:"法律、行政法规规定或者当事人约定采用书面形式订立合同,当事人未采用书面形式但一方已经履行主要义务,对方接受的,该合同成立。"

此时可从实际履行义务的行为中推定当事人已经形成了合意和合同关系,当事人一方不得以未采取什么形式或未签字盖章为由,否认合同关系的实际存在。

3. 合同的成立地点

确定合同成立地,对于合同纠纷的诉讼管辖、交易习惯的适用、价格的确定、有关费用的承担以及涉外合同的法律适用等,具有重要的意义。合同的成立地,是当事人达成合意的地点。很多人把合同的签订地等同于合同的成立地,这是不准确的。因为合同成立地只有一个,而合同签订地,当事人分处异地的时候,可以有两个。两个合同签订地,可能有一个是合同成立地,也可能合同成立地在第三地。

（1）确定合同成立地点的根本依据。合同成立是通过要约、承诺的程序实现的。承诺生效,则合同成立。因此,《合同法》第 34 条第 1 款规定:承诺生效的地点为合同成立的地点。这是确定合同成立地点的根本依据,不论是采用数据电文形式订立合同,还是采用合同书形式订立合同,或者是以行为成立合同,合同的成立地点都不能摆脱这一规则的制约。

（2）采用数据电文形式订立合同时合同的成立地点。《合同法》第34条第2款规定："采用数据电文形式订立合同的,收件人的主营业地为合同成立的地点;没有主营业地的,其经常居住地为合同成立的地点。当事人另有约定的按照其约定。"

① 对成立地没有约定时,合同的成立地点。采用数据电文(电报、电传、传真、电子数据交换和电子邮件等)订立合同,当事人对于合同的成立地点或者收件地点没有约定时,收件人的主营业地为合同的成立地点。主营业地是收件人进行主要经营活动的主要基地和中心。对于从事经营活动的法人,营业地应当是指其住所,合同成立的地点是其住所;对于不从事经营活动的法人,其没有经营地,也就无所谓主营业地,其合同成立的地点也就是其住所。我国《民法通则》第39条规定,法人以它的主要办事机构所在地为住所。法人只设一个办事机构时,该办事机构所在地就视为其住所。如果同时设两个以上办事机构,则应当以主要办事机构为其住所。

有些从事经营活动的自然人(如个体工商户、农村承包经营户),也应当以他的主营业地为合同成立地点。不从事经营活动的自然人,以其住所为合同的成立地点。《民法通则》第15条规定:"公民以他的户籍地的居住地为住所,经常居住地与住所不一致的,经常居住地视为住所。"据此,不从事经营活动的自然人,是以其住所为合同成立地点的。

② 对成立地或者收件地有约定时,合同的成立地点。采用数据电文(电报、电传、传真、电子数据交换和电子邮件等)订立合同,当事人对于合同的成立地点有约定时,自应从其约定。有时当事人没有明确约定合同成立地点,只是约定收件地点,此种情况应当视为约定了合同成立地,即收件地为合同成立地。

（3）以合同书形式订立合同时合同的成立地点。《合同法》第35条规定:"当事人用合同书形式订立合同的,双方当事人签字或者盖章的地点为合同成立的地点。"

该条的规定与第32条的规定一样,是有重大缺陷的。当事人分处异地签订合同的时候,不但时间上有先后,而且有两个签订地,而合同的成立地只有一个,因为合意只有一个。是以先签字、盖章的地点为合同的成立地,还是以最后签字、盖章的地点为成立地。一些学者和法官主张,应当以最后签字、盖章地为合同的成立地。毫无疑问,这种观点是错误的。道理很明显,在当事人分处异地签订合同的时候,最后一方签字、盖章的时候,合同还没有成立,哪儿有成立地点? 只有最后一方在合同书上签字或者盖章之后,将该合同书送达先签字、盖章的一方,合同才成立。即承诺送达要约人,承诺才生效,承诺生效,合同才成立,合同成立,才有成立地点。很明显,在一般情况下,先签字、盖章的地点是合同成立地。

从上面的分析中可以看出,《合同法》第 35 条的规定对异地签订合同书无法适用。不仅无法适用,还引导人们走向错误。目前对第 35 条的补救,只能作限制性解释,即第 35 条与第 32 条一样,只适用于同时、同地签订合同书的情况。若如此,第 35 条的存在价值也就受到了挑战。将来修订立法时,应当将第 35 条和第 32 条进行改造。

(4)以行为成立合同时合同的成立地点。行为可以构成要约、承诺。承诺生效时,合同成立。承诺生效的地点,即为合同成立的地点。

以积极的行为(作为)为承诺的,要约人接受该行为的地点可为成立的地点。比如,甲公司急需水泥,要求乙公司 3 日内将水泥送到甲公司,乙公司在第三天将水泥送到甲公司,则甲公司所在地就是合同的成立地。以消极的行为(不作为)为承诺的,承诺人为该行为的地点为合同的成立地点。比如,甲公司要求乙公司停止发布某种广告为承诺,则乙公司停止发布广告的地点为合同成立地。

四、格式条款的合同

1. 格式合同的概念与特征

《合同法》第 39 条第 2 款规定,格式合同是当事人为了重复使用而预先拟定,并在订立合同时未与对方协商的条款。这一规定表明格式合同有以下特征:

（1）由一方当事人预先拟定。格式条款是由当事人一方拟定的，在拟定时并未征求对方当事人的意见。但是法律规定的合同条款，无论是当然适用的强制性条款，还是具有补充当事人意思作用的任意性条款，都不属于格式条款的范围。

（2）重复使用。重复使用包括适用对象的反复性和适用时间的持久性。一般而言，格式条款的拟定是为了重复使用。

（3）在订立合同时未与对方协商。这一点强调了格式条款的附从性或定型化特征，即格式条款的特点在于订约时不容对方协商，要么接受，要么拒绝。容许协商而不协商是放弃协商权利，该条款并非格式条款。

2. 格式条款的订立原则

《合同法》第 39 条第 1 款规定："采用格式条款订立合同的，提供格式条款的一方应当遵循公平原则确定当事人之间的权利义务，并采取合理的方式提请对方注意免除或者限制其责任的条款，按照对方的要求，对该条款予以说明。"

一般认为，格式条款订立合同必须经过一定的程序。也就是《合同法》第39 条第 1 款的规定，即其有义务以明示或者其他合理、适当的方式提醒相对人注意其欲以格式条款订立合同的事实。这种提醒应该达到合理的程度，具体可从文件的外形、提起注意的方法、清晰明白的程度、提起注意的时间等方面综合确定。

3. 格式条款的无效

《合同法》第 40 条规定："格式条款具有本法第五十二条和第五十三条规定情形的，或者提供格式条款一方免除其责任、加重对方责任、排除对方主要权利的，该条款无效。"

《合同法》第 52 条规定："有下列情形之一的，合同无效：（一）一方以欺诈、胁迫的手段订立合同，损害国家利益；（二）恶意串通，损害国家、集体或者第三人利益；（三）以合法形式掩盖非法目的；（四）损害社会公共利益；（五）违反法律、行政法规的强制性规定。"《合同法》第 53 条规定："合同中的下列免责条款无效：（一）造成对方人身伤害的；（二）因故意或者重大过失造成对方财产损失的。"

本条采用列举的方式,规定了格式条款无效的情形。需要注意的是:其一,格式条款中的免责条款是否一概无效。应当认为,本条所谓免除责任,是指格式条款的指定人在格式条款中已经不合理或不正当地免除其应当承担的责任,而且所免除的不是未来的责任,而是现在应当承担的义务和责任,不同于第39条"免除或者限制其责任的条款"里的责任;其二,何谓"对方的主要权利"。应当依合同性质确定。

4. 格式条款的解释

《合同法》第41条规定:"对格式条款的理解发生争议的,应当按照通常理解予以解释。对格式条款有两种以上解释的,应当作出不利于提供格式条款一方的解释。格式条款和非格式条款不一致的,应当采用非格式条款。"本条规定了格式条款的解释原则,包含三层意思:

(1)通常解释原则。对格式条款的解释应以一般人的惯常的理解为准,而不应仅以条款制作人的理解为依据,对某些特殊术语,也应做通常的、通俗的一般意义的解释,亦即依据订约者平均的、通常具有的理解能力予以解释。

(2)不利解释原则。当对格式条款出现有两种以上解释的,应当作出不利于提供格式条款一方的解释。

(3)非格式条款效力优先原则。非格式条款即个别商议条款,其效力优先于格式条款,既尊重了当事人的意思,也有利于保护广大消费者。

第四节 缔约过失责任

一、缔约过失责任的概念和构成条件

1. 概念

所谓缔约过失责任,是指在订立合同过程中,一方因违背其依据诚实信用原则所应尽的义务而致使另一方信赖利益的损失,依法应承担的民事责任。

2. 构成要件

缔约过失责任的构成应当具备如下要件:

(1)此种责任发生在订立合同阶段。这是缔约过失责任与违约责任的根本区别。只有在合同尚未成立,或者虽已成立,但因为不符合法定的生效要件而被确认为无效或撤销时,才可能发生缔约过失责任。所以,合同是否成立是判定是否产生缔约过失责任的关键。

(2)一方当事人违反了依诚实信用原则所担负的义务。由于合同尚未成立,因此,当事人并不承担合同义务。然而在订约阶段,依诚实信用原则当事人负有通知、协助、忠实、保密等义务,即先合同义务。如因过失而违反,则可能产生缔约过失责任。

(3)另一方的信赖利益因此受到损失。所谓信赖利益损失,是指一方实施某种行为后,另一方对此产生了信赖,为此而支付了一定的费用,后因其违反诚实信用原则导致合同未成立或无效,该费用不能得到补偿,因而受到损失。此项损失,既包括财产的直接损失,也包括应增加而未增加的利益。

(4)未履行先合同义务的一方有过错。缔约过失责任属于过错责任。

(5)一方未履行先合同义务与另一方的损失之间有因果关系。对方的损失是因为未履行先合同义务的一方造成的。

二、缔约过失责任的适用

《合同法》第42条规定了缔约过失责任的三种情形:① 假借订立合同,恶意进行磋商;② 故意隐瞒与订立合同有关的重要事实或者提供虚假情况;③ 有其他违背诚实信用原则的行为。

(1)恶意磋商。即非出于订立合同的目的,而假订立合同之名与他人磋商。其真实目的,或是阻止他人与对方订立合同,或是使对方贻误商机,或仅为戏耍对方。

(2)故意隐瞒或虚假告知。缔约当事人依诚实信用原则负有告知义务,主要包括:① 告知己方的财产状况与履约能力;② 告知标的物的瑕疵;③ 告知标的物的性能和使用方法。若违反此项义务隐瞒与订立合同有关的重要事实或者提供虚假情况,即构成欺诈。如因此致对方受损失,应负缔约过失责任。

(3)违反有效要约和要约邀请。如某房地产开发公司于售楼广告中声称客户入住后,将开通免费进市区班车,后虽开通,数月后即停止。又如,甲向乙保证,如果乙努力取得经验并准备投资 15 万美元,则向乙授予专营许可。此后的两年间,乙为订立该合同做了大量工作,且一直深信将会得到甲的专营许可。当订立协议的一切准备工作就绪时,甲通知乙必须投资更多的金额。乙拒绝了这种要求,同时乙有权要求甲补偿其为准备订立合同所发生的费用。

(4)违反初步协议或许诺。如果双方在协商过程中,已经就合同的主要条款达成初步意见,但双方并未以书面形式记载下来并在上面签字,或者该合同需要审查,或者一方要求确认书等,在此期间,合同虽未成立,但是双方已经建立了信赖关系,如一方因为过失破坏了契约关系,则应承担缔约过失责任。如王某与某小学商定捐款 100 万元改建校舍,承诺捐款于 9 月到位,要求学校此前做好准备,并备好配套资金。7 月初,学校拆除旧校舍,并贷款 50 万元,期限 1 年。后王某以生意亏损为由拒绝捐款,给学校造成损失。

(5)未尽保护照顾等附随义务。如店堂地滑导致顾客摔伤。

(6)违反强制缔约义务,如公共汽车司机无正当理由拒载。

(7)无权代理。无权代理如未被被代理人追认,又不构成表见代理,则应由行为人承担缔约过失责任。

(8)因一方的过错导致合同被宣告无效或者被撤销。

三、缔约过失责任的赔偿范围

根据合同法的规定,缔约过失责任的形式是损害赔偿。缔约过失损害赔偿的范围,是相对人因缔约过失而遭受的信赖利益损失,包括直接损失和间接损失。具体而言:

(1)在合同不成立,或虽已成立但被宣告无效或被撤销的情况下,构成缔约过失的一方应赔偿对方的直接损失和间接损失。直接损失包括订立合同的费用(如差旅费、通讯费)、准备履行合同所支付的费用(如仓库预租费)以及上述费用的利息;间接损失主要是指对方因此丧失商机所造成的损失。

(2)由于一方当事人在订立合同的过程中未尽照顾、保护义务,而使对方遭受人身损害时,应赔偿因此产生的实际财产损失。

(3)由于一方当事人在订立合同的过程中未尽通知、说明义务,而使对方遭受财产损失时,也应赔偿其实际财产损失。

典型案例分析

【案情介绍】

工人王某,一直想做服装生意并与多家经销商联系但均未成功。某日他看到一个专门经营运动服销售的 A 公司寻找连锁店经营人,于是就根据该广告所注明的地址前去实地考察,经过考察后王某认为该公司的运动服兼具时装和运动性质,很适合正悄然兴起的运动风,并且对开店资本、环境等方面都很满意。只是自己手头钱不是太足,于是与 A 公司负责人商量,希望能够由 A 公司先发两批货,到第三批时再交前两批的服装费。A 公司负责人为了吸引王某加入,遂满口答应,并许诺只要王某选好了店址,公司经过调查符合公司的要求,就可以签合同进行装修了,王某负责装修费用,A 公司可以提供技术和人力上的支持,按该专卖店的统一规格给王某的店装修。王某于是请了一个月的假,四处奔波,终于寻找到了合适的店址,A 公司派人调查后表示店址没有问题,但是却提出该品牌走俏,想要开连锁店的人很多,提出来服装费不能够拖,并要求王某再加 30000 元经营费,王某认为这违反了他们当初的约定,因此难以接受。要求 A 公司赔偿损失,A 公司辩称:现在是市场经济了,经营主体有充分的经营自主权,双方为了合作而进行协商很常见,只要没有正式签合同,就无须负责。试分析下列问题:

(1)王某和 A 公司之间是什么样的关系? A 公司的说法是否正确?

(2)假如王某要求赔偿损失,那么下列哪些费用应当由 A 公司负责赔偿:

100 元实地考察费用;3000 元寻找店址的费用;一个月的误工费;因此丧失其他机会所造成的损失费用。并分析原因。

【案情分析】

(1) 本案涉及缔约过失责任问题。缔约过失责任,是指在合同订立的过程中,一方因为违反诚实信用原则所生的义务,给对方造成损失所应承担的损害赔偿责任。缔约过失责任产生在合同订立过程中,如果合同已经订立,那么违反合同的行为将产生违约责任。本案中,王某和 A 公司就是在缔约过程中,两者之间并没有合同关系,但是却存在着缔约关系。

根据法律理论,一旦进入缔约阶段,那么双方当事人之间就具有某种订约上的联系,为了缔约合同,一方所实施的足以使对方产生信赖的行为,将对其产生约束,双方已经由原来的普通关系进入到特殊的联系阶段。双方当事人都应当按照诚信原则的要求,讲诚实、守信用,以善意的方式行使权利并履行义务。根据诚实信用原则的要求,双方当事人在订立合同时应当同时负有一定的附随义务,即先契约义务。具体包括:① 无正当理由不得撤销要约的义务;② 使用方法的告知义务;③ 合同订立前重要事情的告知义务;④ 协作和照顾的义务;⑤ 忠实义务;⑥ 保密义务;⑦ 不得滥用谈判自由的义务。如果双方的谈判已经进入一定的阶段,一方的行为足以使另一方当事人合法地相信其会与之订立合同,并因此支付了一定费用,那么中断谈判就是有错的。

本案中,王某与 A 公司的谈判以及 A 公司负责人的承诺,就足以使王某产生合理的信赖,假如 A 公司意图提高费用等,也应当及时通知王某,而不是等到王某已经花费资金找到店址,需按承诺签合同时才告知。况且 A 公司派人调查了店址并表示同意,表明王某的履行并没有不当。因此,A 公司仅以经营自主为由拒绝签合同并且不予赔偿的行为,是不负责任的,也没有理由。

(2) 根据法律理论,信赖利益应当为缔约过失责任赔偿的基本范围,信赖利益的损失限于直接损失,直接损失就是指因为信赖合同的成立和生效所支出的各种费用。具体包括:① 因信赖对方要约邀请和有效的要约而与对方联系、赴实地考察检查标的物以及为此支出的费用。② 因信赖对方将要缔约,为缔约做各种准备工作并为此支付的各种合理费用。③ 为谈判所支出的劳务,以及为支出上述费用所失去的利息。但是,各种费用的支出必须是合理的,不能是受害人任意支出的。本案中,3000 元寻找店址的费用以及王某为了寻找店址而专门请了一个月假的误工费用,显然都是为缔约做各种准备工作所支出的合理费用,因此应当得到赔偿。至于其 100 元的实地考察费用,看似符合上述第 1 条,但该费用因为发生在 A 公司承诺之前,况且是王某想要寻找机会所必须支出的,与 A 公司的行为没有直接关系,因此,不应当得到赔偿。王某因与 A 公司谈判所丧失的其他机会造成的损失,属于间接损失。间接损失是指如果缔约一方能够获得各种机会,而在因另一方的过错导致合同不能成立的情况下,使这些机会丧失。这些损失不包含在信赖利益的范围内,因为机会本身就是很难确定的,存在很大的偶然性,在举证上也存在困难,这种损失无须赔偿。

思考题

1. 合同当事人应当具备怎样的主体资格?

2. 合同一般包括哪些主要条款?

3. 试述合同订立的程序。

4. 试述缔约过失责任。

第三章
合同的效力

　　合同的效力又称合同的法律效力,是指已经成立的合同对当事人是否具有法律约束力。它不同于合同的成立。

　　合同的成立,是合同当事人意思表示一致(合意)的结果,是一种对当事人合意的事实判断,它反映的是当事人的合意,它研究的是一个合同法律关系产生的过程以及一个合同关系是否存在的问题。

　　合同的效力,研究的是已经成立的合同对合同当事人是否具有法律拘束力,能否产生合同当事人预期的法律后果。它是国家(法律)对已经成立的合同(当事人的合意)所做的一种价值判断。这种判断的结果,就合同效力而言,可以把合同分为四类:

　　(1)有效合同——对当事人的合意所做的肯定性判断;

　　(2)无效合同——对当事人的合意所做的全然否定性判断;

　　(3)可撤销或可变更合同——对当事人的合意所做的相对否定性判断;

　　(4)效力待定合同——也是对当事人的合意所做的相对否定性判断。

　　下面分别介绍这四类合同。

第一节　生效合同

一、合同的一般生效要件

1. 合同的生效及其表现

合同生效是指已经成立的合同产生法律拘束力。合同生效后,其效力主要体现在以下几个方面:

(1)对内效力。在当事人之间产生法律效力,当事人依法受合同的拘束。一旦合同成立生效后,在当事人之间就设定了一定的权利义务关系,当事人应当依合同的规定,享受权利,承担义务。当事人必须遵循合同的规定,依诚实信用的原则正确、完全地行使权利和履行义务,不得滥用权利,违反义务。在客观情况发生变化时,当事人必须依照法律或者取得对方的同意,才能变更或解除合同。

(2)对外效力。合同生效后产生的法律效果还表现在对当事人以外的第三人产生一定的法律拘束力(即合同的对外效力)。合同一旦生效后,任何单位或个人都不得侵犯当事人的合同权利,不得非法阻挠当事人履行义务。

(3)违约者承担违约责任。合同生效后的法律效果还表现在,当事人违反合同的,将依法承担民事责任,必要时人民法院也可以采取强制措施使当事人依合同的规定承担责任、履行义务,对另一方当事人进行补救。

2. 合同的一般生效要件

合同的一般生效要件,是所有合同生效必须满足的基本条件。合同一般具备这些条件就生效。合同作为民事法律行为,应当符合民事法律行为的有效条件。按照《中华人民共和国民法通则》(以下简称《民法通则》)第 55 条的规定:"民事法律行为应当具备下列条件:(一)行为人具有相应的民事行为能力;(二)意思表示真实;(三)不违反法律或者社会公共利益。"

概括说,合同的一般生效要件有四点:一是主体合格(行为人具有相应的民事行为能力,代理合法有效);二是意思表示真实一致(符合平等、自愿、公平、诚实信用原则);三是符合守法原则(合同的目的、内容和形式都合法。不违反强制性法律规范及公序良俗);四是订立程序完备合法(依法成立)。

3. 合同成立与生效的关系

合同成立和合同生效是两个完全不同的概念。(1)合同成立是解决合同是否存在的问题,合同成立制度主要表现了合同当事人的意志,合同生效是解决合同效力的问题,它体现了国家对合同的肯定性评价。(2)合同成立的效力与合同生效的效力不同,合同成立以后,当事人不得对自己的要约与承诺随意撤回,合同生效以后当事人必须按照合同的约定履行。(3)合同不成立的后果仅仅表现为当事人之间产生了缔约过失责任。而合同无效的后果除了要承担一定的民事责任以外,还可能表现为产生行政上和刑事上的责任。(4)对于合同不成立问题,因其涉及合同当事人的合意问题,若当事人不主张合同不成立,国家不会主动干预,而对合同无效是否构成的问题,在一些情况下,如合同的内容违法,即使当事人不主张合同无效,国家也会主动干预。

合同法规定:"依法成立的合同,自成立时生效。"也就是说,合同的生效,原则上是与合同的成立一致的,合同成立就产生效力。那么合同何时成立? 根据《合同法》第 25 条的规定:"承诺生效时合同成立。"例如买卖合同,如果双方当事人对合同的生效没有特别约定,那么双方当事人就买卖合同的主要内容达成一致时,合同就成立并且生效。

二、合同的特别效力要件

如前所述,在大多数情况下,合同只要具备一般生效要件即生效。特别生效要件,是指合同生效除满足一般生效要件外,还必须满足法律特别规定的条件或当事人特别约定生效要件才能生效。合同的特别生效要件主要包括法定特别生效要件和约定特别生效要件两种。

（一）法定特别生效要件

《合同法》第44条第2款规定,法律、行政法规规定应当办理批准、登记等手续生效的,自批准、登记时生效。也就是说,某些法律、行政法规规定合同的生效要经过特别程序后才产生法律效力,这就是合同生效的法定特别要件。例如,我国的《中外合资经营企业法》、《中外合作经营企业法》规定,中外合资经营合同、中外合作经营合同必须经过有关部门的审批后,才具有法律效力。

《最高人民法院关于适用〈中华人民共和国合同法〉若干问题的解释(一)》第9条第1款规定:"依照《合同法》第44条第2款的规定,法律、行政法规规定合同应当办理批准手续,或者办理批准、登记手续等才生效,在一审法庭辩论终结前当事人仍未办理批准、登记等手续的,或者仍未办理批准登记等手续的人民法院应当认定该合同未生效;法律、行政法规规定合同应当办理登记手续,但未规定登记后生效的,当事人未办理登记手续不影响合同的效力,合同标的物所有权及其他物权不能转移。"

成立但尚未生效的合同还有实践合同等。对实践性合同,尽管当事人达成了一致意见,尚不能生效,须交付标的物,合同才能生效。如自然人之间的借贷合同、质押合同、定金合同等。当然,对实践性合同当事人在达成合意的同时交付标的物的,合同成立时即生效。保管合同的情况比较特殊,保管合同在交付标的物时,不是生效,而是成立。《合同法》第367条:"保管合同自保管物交付时成立,但当事人另有约定的除外。"

（二）约定特别生效要件

合同自愿原则赋予当事人可以对合同的效力予以限制的权利。如当事人可以对合同的生效与解除、生效与终止附加条件和期限。

附生效条件的合同,自条件成就时生效。附生效期限的合同,自期限届至时生效。

1. 附条件的合同

（1）附条件合同的含义。附条件的合同,是指合同的双方当事人在合同中约定某种事实状态,并以其将来发生或者不发生作为合同生效或者不生效的限制条件的合同。

（2）附条件合同所附条件的分类：

① 所附条件可分为生效条件和解除条件。生效条件是指使合同的效力发生或者不发生的条件。在此条件出现之前,合同的效力处于不确定状态,当此条件出现后,即条件成就后,合同生效;当条件没有出现（或成就）,合同也就不生效。例如甲与乙签订买卖合同,甲同意把房子卖给乙,但条件是要在甲调到外地工作后。这个条件一旦出现,则卖房的合同即生效。

解除条件又称消灭条件,是指对具有效力的合同,当合同约定的条件出现（即成就）时,合同的效力归于消灭;若确定该条件不出现（不成就）,则该合同仍确保其效力。

比如,甲、乙约定,当甲的弟弟考上外地大学,甲的房屋就让乙进来居住（租赁合同生效）,这就是附生效条件的合同。再如,丙、丁约定,当丙的弟弟大学毕业从外地分配到北京工作,丁就从丙的房屋中搬出（解除租赁合同）,这就是附解除条件的合同。

② 所附条件又可以分为积极条件和消极条件。积极条件就是所附的是以某种客观事实的出现为其条件内容,消极条件就是所附条件是以某种客观事实的不发生为其一条件的内容。

附条件的合同中,所附条件的出现对该合同的法律效力有决定性作用。附条件合同在所附条件出现时分为两种情况:生效条件的出现使该合同产生法律效力;附解除条件的合同中,解除条件的出现使该合同失去效力。

这里需要特别指出的是,附条件的合同虽然要在所附条件出现时生效或者失效,但是对于当事人仍然具有法律约束力,双方当事人不能随意变更或者解除。一旦符合所附条件时,一方如果不履行,就要赔偿因此给对方造成的损失。所以,附条件的合同效力可分为条件成就前的效力和条件成就后的效力。条件未出现前的效力对于附生效条件的合同表现为当事人不得自行撤销、变更合同的拘束力和可基于条件出现时对该合同生效的期待权;在附解除条件的合同中则表现为当事人可期待条件出现时合同效力归于消灭的期待权。条件出现后效力在附生效条件的合同中表现为该合同生效,在附解除条件的合同中则表现为条件出现后合同的效力归于消灭。

(3)条件的构成要件。所附条件是指合同当事人自己约定的、未来有可能发生的、用来限定合同效力的某种合法事实。其构成要件如下:

①　须属于将来发生的事实,既成的事实不能被设定为条件。

②　须属于成就与否不能确定的事实,必成的事实和根本不能发生的事实,都不能设定为条件。

③　须属于合法的事实,违法的事实不能设定为条件。违法的事实不能作为条件,如双方当事人不能约定某人杀死某人作为合同生效的条件。

④　是当事人设定的,而不是法律明文规定的。

⑤　须被设定为控制合同效力的条件。否则,该合同不是严格意义上的附条件的合同。

由于附条件的合同的生效或者终止的效力取决于所附条件的成就或者不成就(即出现或不出现),并且所附条件事先是不确定的,任何一方均不得以违反诚实信用原则的方法恶意地促成条件的成就或者阻止条件的成就(出现)。因此,《合同法》第45条第2款的规定:"当事人为自己的利益不正当地阻止条件成就的,视为条件已成就;不正当地促成条件成就的,视为条件不成就。"

2.附期限的合同

(1)附期限合同的含义。附期限的合同,是指当事人在合同中设定一定的期限,并把期限的到来作为合同生效的发生或者消灭的根据的合同。合同期限是当事人之间以将来客观确定到来之事实,作为决定合同效力的附款。

期限可以分两种:一是生效期限,又称为延缓期限或始期,是指合同的效力自期限到来时才发生;二是终止期限,又称为接触期限或终期,是指合同的效力自期限到来时消灭。要注意法条中对始期和终期到来的不同称法:始期的到来,法律上称为"届至";终期的到来,法律上称为"届满"。甲、乙双方于2月1日签订合同,约定该合同自10月1日起生效,这是附始期的合同。甲、乙双方于2月1日订立合同,约定该合同10月1日终止,这是附终期的合同。

所附期限,可以定期,也可以不定期。甲、乙双方约定,合同成立后的第一场大雨过后,甲卖给乙一套雨后登山设备。此合同所附期限为不定期。

合同期限的意义在于当事人可以以自己的意志或是由随机的因素控制合同的失效与否或生效的时间。

在期限到来之前,当事人的利益处于一种等待状态,其所拥有的是一种期待权。这种期待权也是一种利益,较之条件成就或者不成就的期待利益更为现实可能,因此,应该受到法律的保护。损害当事人的期限利益的,理应负相应的法律责任。然而在《合同法》中,并没有如同附条件的合同条款中恶意成就或不成就条件那样的规定"关于侵害期限利益的法律责任",是由于对此类侵害期待权的请求权,往往是同违约责任的请求权、物上请求权等请求权发生竞合,当事人可以根据其中一项请求权进行请求,满足自身的利益,而不必在假借期待权的侵害的请求。

(2)附期限合同与附条件合同的区别。附期限合同中的期限的特征在很多方面与附条件合同中的条件是相同的,但二者有区别。附条件和附期限合同的主要区别在于,期限为将来确定要发生的事实;而所附条件,将来可能发生,也可能不发生,是不确定的事实。

第二节 效力待定合同

一、效力待定合同的含义

效力待定合同,是指已成立的合同因欠缺一定的生效要件,其效力与否尚未确定,经过补正方可生效,在一定的期限内不予补正则无效的合同。它又称为可追认的合同,是指合同订立后尚未生效,须权利人追认才能生效的合同。

新合同法规定的几种效力待定合同主要是因为合同主体资格的欠缺所致。效力待定的合同有限制民事行为能力人订立的(与其年龄、智力、精神状况不相适应的)合同、无代理权人订立的合同、代表人越权订立的合同、无处分权人订立的合同。

二、效力待定的合同的类型

（一）限制民事行为能力人订立的合同

《合同法》第 47 条第 1 款规定："限制民事行为能力人订立的合同,经法定代理人追认后,该合同有效,但纯获利益的合同或者与其年龄、智力、精神健康状况相适应而订立的合同,不必经法定代理人追认。"

限制民事行为能力人是 10 周岁以上的未成年人(10 周岁以上 18 周岁以下)。但年满 16 周岁的未成年人能以自己的劳动收入为主要生活来源的,视为完全民事行为能力人;限制民事行为能力人还包括不能完全辨认自己行为的成年人。如不能完全辨认自己行为的精神病人、老年痴呆症患者等。

限制民事行为能力人订立的合同有两类:一类是不需要其法定代理人(其监护人为其法定代理人)追认就可以有效的合同,这不是我们所说的效力待定的合同。纯获利益以及与其年龄、智力、精神健康状况相适应而订立的合同不必经其法定代理人的追认。另一类是需要其法定代理人追认才有效的合同,这就是我们所说的效力待定的合同。限制行为能力人订立的与其年龄、智力、精神状况不相适应的合同,须经法定代理人的追认才可以产生效力。

对需要追认的合同,相对人(与限制民事行为能力人缔结合同的人)可以催告法定代理人在 1 个月内予以追认。法定代理人未做表示的,视为拒绝追认。合同被追认前,善意相对人还有撤销的权利,撤销应当以通知的方式作出。所谓"善意",是指相对人在订立合同时不知道也没有义务知道,与其订立合同的人欠缺相应的民事行为能力。

法律在赋予法定代理人追认权的同时,也赋予了相对人催告权和善意相对人撤销权,以示平衡。

（二）无代理权人订立的合同

1. 无代理权人订立的合同

无代理权人订立的合同(典型意义上的),是指无代理权的人代理他人与相对人订立的合同行为人没有代理权、超越代理权或者代理权终止后以被代理人名义订立的合同未经被代理人追认,对被代理人不发生效力,由行为人承担责任。被代理人可以追认,也可以拒绝承认。

相对人可以催告被代理人在 1 个月内予以追认。被代理人未做表示的,视为拒绝追认。合同被追认之前,善意相对人有撤销的权利。此处所谓"善意",是指相对人在与无权代理人订立合同时,不知道同时也没有义务知道无权代理人无代理权。撤销应当以通知的方式作出。

2. 自己代理和双方代理订立的合同

(1)自己代理订立的合同。代理人以被代理人名义与自己订立合同,这种情况可以称之为"自己代理"。代理人与被代理人是合同的双方当事人。在自己代理订立的合同中,代理人与被代理人却是同一个人,合同的内容实际上是由代理人一人决定。这种只表现一人意志的合同,在法律上不能构成双方当事人的协议。这种合同如果经被代理人追认,则视为表现了双方的意志,仍可以有效,因此是一种可追认的合同。

(2)双方代理订立的合同。代理人以被代理人的名义同自己代理的其他人订立合同,这种情况可以称之为"双方代理"。双方代理实际上也是由一人决定合同的内容,不能反映当事人双方协商一致的真实意思表示。这种合同如果被双方被代理人许可或追认,视为表现了双方被代理人的意志,合同可以有效。这也是一种可追认的合同。

3. 表见代理订立的合同

(1)表见代理的含义和意义。表见代理,是指代理人虽然不具有代理权,但具有代理权的表面要件,这些表面要件足以使无过错的相对人相信其有代理权,从而法律规定被代理人须对之负授权责任的无权代理。

传统民法理论根据无权代理的法律后果的归属不同,将其分为狭义的无权代理和表见代理,它们共同构成广义的无权代理。狭义的无权代理非经被代理人承认或追认,被代理人不承担代理行为的法律后果;因表见代理相对人属于善意的相对人,故表见代理的后果直接归属于被代理人。

法律设立表见代理制度的意义在于保护善意相对人的利益,维护交易安全,维护人们对代理制度的信赖、对市场制度的信赖,也有鼓励交易和倡导效率的作用。

(2)表见代理的构成要件:

① 无权代理人以被代理人的名义进行活动;

② 无权代理人与相对人之间的合同行为具备成立的有效要件;

③ 客观上有使相对人相信无权代理人具有代理权的情形;

④ 相对人善意且无过失。

(3)表见代理的法律后果。表见代理一旦成立,在效果上如同有权代理。被代理人对第三人承担授权责任,被代理人受无权代理人和相对人合同的拘束。

《合同法》第49条规定:"行为人没有代理权、超越代理权或者代理权终止后以被代理人的名义订立合同,相对人有理由相信行为人有代理权的,该代理行为有效。"因此,因表见代理订立的合同如果无其他导致合同无效的原因,合同有效。

(4)表见代理产生的原因。

① 因授权不明产生的表见代理。因授权不明产生的表见代理,是指代理权确定有期间(规定了终期)、条件(如规定代理权受价格限制)或限于特定委托事项或有其他情形,但本人(被代理人)未在授权委托书中予以载明,又未采取适当方式告知第三人。

② 因授权表示而产生的表见代理。因授权表示而产生的表见代理有作为和不作为两种情况:一是作为。如被代理人以语言或行动表示授予他人以代理权,但实际上没有授予。二是不作为。如被代理人知道他人以自己的名义从事活动而不做否定的意思表示。

③ 因代理关系终止但未采取必要措施而产生的表见代理。如被代理人撤回代理权时,未采取适当的方式告知第三人。

(三)代表人越权订立的合同(又称因表见代表订立的合同)

1. 表见代表的含义和意义

表见代表,是指代表人有超越代表权的行为,而其行为足以使无过错的相对人相信其有代表权,从而法律规定由代表人所在单位承担责任的无权代表。

或者说,表见代表是指法人或者其他组织的法定代表人、负责人超越权限订立合同,因相对人属于善意相对人,故代表行为的后果由该法人或组织承受无权代表的行为。

法律设置表见代表制度的意义与设置表见代理制度的意义类似,是为了保护善意相对人的利益,维护对整个交易制度的信赖,保护交易安全,同时也是为了提高交易的效率。

2. 表见代表的法律后果

《合同法》第 50 条规定:"法人或者其他组织的法定代表人、负责人超越权限订立的合同,除相对人知道或者应当知道其超越权限的以外,该代表行为有效。"据此,如果合同没有其他无效事由,则表见代表产生的合同有效。

有人认为《合同法》第 50 条是关于超越经营范围订立合同的效力的规定。这是一种误解。《合同法》第 50 条是关于超越代表权的规定,不是关于超越经营范围的规定。

（四）无处分权人订立的合同

无处分权人以自己名义处分他人财产订立的合同,经权利人追认或者无处分权人订立合同后取得处分权的,该合同有效。追认可以向处分人表示,也可以直接向处分人的相对人表示。无处分权人与相对人订立的合同,如果未获追认或者无处分权人在订立合同后也未获得处分权,那么该合同不发生法律效力,除非相对人能依动产善意取得制度获得对标的物的所有权。

第三节 无效合同

一、无效合同的概念与特征

1. 无效合同的概念

无效合同,是指虽经当事人协商成立,但因不符合法律要求而不予以承认和保护的合同。无效合同自始无效,在法律上不能产生当事人预期追求的效果。合同部分无效,不影响其他部分效力的,其他部分仍然有效。

2. 无效合同的特征

无效合同有以下几个特点:

(1)无效合同都具有违法性。所谓违法性,是指违反了法律和行政法规的强制性规定,违反了国家利益和社会公共利益。

(2)无效合同具有不得履行性。所谓不得履行性,是指当事人在订立无效合同以后,不得依据合同实际履行,也不承担不履行合同的违约责任。合同被确认为无效,已经履行的,当事人因该合同取得的财产,应当予以返还;不能返还的,应当折价补偿。

(3)无效合同自始无效。合同一旦被确认无无效,就将产生溯及力,是合同从订立时起就不具有法律约束力。当事人不能通过同意或追认使其生效。这一点与无权代理、无权处分、限制民事行为能力人的行为不同,后者可以通过当事人的追认而生效。

(4)无效合同当然无效。无效合同的无效性质具有必然性,不论当事人是否请求确认无效,人民法院、仲裁机关和法律规定的行政机关都可以确认其无效。这与可撤销的合同不同。对于可撤销的合同,当事人请求撤销,人民法院或仲裁机关才予以撤销。

无效合同不发生效力,是指不发生当事人所预期的法律效力。当事人对无效合同的出现有过失的,要承担包括缔约过失责任在内的相应的民事责任或者行政责任。成立无效合同的行为可能具备侵权行为、不当得利、缔约过错要件,会发生损害赔偿、返还不当得利的效力。

二、导致合同无效的事由

《合同法》第 52 条规定:"有下列情形之一的,合同无效:(一)一方以欺诈、胁迫的手段订立合同,损害国家利益;(二)恶意串通,损害国家、集体或者第三人利益;(三)以合法形式掩盖非法目的;(四)损害社会公共利益;(五)违反法律、行政法规的强制性规定。"

1. 一方以欺诈、胁迫的手段订立合同，损害国家利益

在经济生活中出现很多以此类合同的方式侵吞国有资产和侵害国家利益的情形，但是受害方当事人害怕承担责任或者对国家财产漠不关心，致使国有资产大量流失，若此类合同不纳入无效合同之中，则不足以保护国有资产。一方以欺诈、胁迫的手段订立合同，如果只是损害对方当事人的利益，则属于可撤销的合同。一方以欺诈、胁迫的手段订立合同，损害了国家利益的，则为无效合同。

国有企业的利益，不能等同于国家利益。

2. 恶意串通，损害国家、集体或者第三人利益

恶意串通是指合同当事人或代理人在订立合同过程中，为谋取不法利益与对方当事人、代理人合谋实施的违法行为。比如，卖方的代理人甲某为了获取回扣，将卖方的标的物价格压低，买方和代理人甲某都得到了好处，而被代理人卖方却受到了损失。恶意串通成立的合同，行为人出于故意，而且合谋的行为人是共同的故意。行为人的故意，不一定都是合同当事人的故意。比如，代理人与对方代理人串通，订立危害一方或双方被代理人的合同，就不是合同当事人的故意。行为人恶意串通是为了谋取非法利益，如在招标投标过程中，投标人之间恶意串通，以抬高或压低标价，或者投标人与招标人恶意串通以排挤其他投标人等。

3. 以合法形式掩盖非法目的

当事人订立的合同在形式上、表面上是合法的，但缔约目的是非法的，称为以合法的形式掩盖非法目的的合同。例如，订立假的买卖合同，目的是逃避法院的强制执行；订立假的房屋租赁合同以逃避税收等。

4. 损害社会公共利益

当事人订立合同的目的是为追求自己的利益，但其履行或履行结果会危害社会公共利益，或者为了损害社会公共利益而订立合同。这样的合同都是损害社会公共利益的合同。比如，实施结果污染环境的合同、从事犯罪或者帮助犯

罪的合同、赌博合同等。损害社会利益的合同，当事人主观上可能是故意，也可能是过失。

此类合同学者做了归纳：（1）危害国家公序的行为；（2）危害家庭关系的行为；（3）违反性道德的行为；（4）违反人格和人格尊严的行为；（5）射幸行为；（6）限制经济自由的行为；（7）违反公平竞争的行为；（8）违反消费者保护的行为；（9）违反劳动者保护的行为；（10）暴利行为。

5. 违反法律、行政法规的强制性规定

强制性规定，又称为强行性规范，是任意性规范的对称。对强行性规范，当事人必须遵守，如果违反，则导致合同无效；对任意性规范，当事人可以合意排除适用。全国人大和全国人大常委会颁布的法律中的强制性规范、国务院颁布的行政法规中的强制性规范，是确认合同效力的依据，不能以地方法规和规章作为否定合同效力的依据。

对两种具体情况的规定：

（1）最高人民法院《关于适用〈中华人民共和国合同法〉若干问题的解释（一）》第 10 条规定，当事人超越经营范围订立合同，人民法院不因此认定合同无效，但违反国家限制经营、特许经营以及法律、行政法规禁止经营的除外。违反国家限制经营、特许经营、禁止经营的规定，属于违反强制性规定。如新修订的《保险法》第 92 条第 3 款规定："保险公司的业务范围由保险监督管理机构依法核定。保险公司只能在被核定的业务范围内从事保险经营活动。"

（2）《最高人民法院关于企业被人民法院依法宣告破产后，在破产程序终结前经人民法院允许从事经营活动所签合同是否有效问题的批复》（已于 2000 年 11 月 14 日由最高人民法院审判委员会第 1138 次会议通过，自 2000 年 12 月 9 日起施行）。该批复指出："企业被人民法院宣告破产后，破产企业应当自人民法院宣告破产裁定之日起停止生产经营活动。但经清算组允许，破产企业可以在破产程序终结之前，以清算组的名义从事与清算工作相关的生产经营活动。清算组应当将从事此种经营活动的情况报告人民法院。如果破产企业在此期间对外签订的合同，并非以清算组的名义，且与清算工作无关，应当认定为无效。"

三、无效的免责条款

免责条款,是当事人在合同中确立的排除或者限制其未来责任的条款。

《合同法》第53条规定:"合同中的下列免责条款无效:(一)造成对方人身伤害的;(二)因故意或者重大过失造成对方财产损失的。"

人身安全权是不可转让、不可放弃的权利(安乐死之禁止也是出于这一理由),也是法律重点保护的权利。因此,不能允许当事人以免责条款的方式事先约定免除这种责任(这种责任通常表现为违约责任与侵权责任竞合)。对于财产权,不允许当事人预先约定免除一方故意或因重大过失而给对方造成的损失,否则会给一方当事人提供滥用权利的机会。

四、无效合同财产后果的处理

合同被确认无效后,因该合同取得的财产,应当予以返还;不能返还或者没有必要返还的,应当折价补偿。有过错的应当赔偿对方因此所受到的损失,双方都有过错的,应当各自承担相应的责任。

当事人恶意串通,损害国家、集体利益或者第三人利益的,因此取得的财产收归国家、集体所有或者返还给第三人。

收归国家所有,又称为追缴。追缴的财产包括已经取得的财产和约定取得的财产。如果不追缴约定取得的财产,当事人仍会因无效合同获得非法利益。《民法通则》第61条第2款规定:"双方恶意串通,实施民事行为损害国家的、集体的或者第三人的利益的,应当追缴双方取得的财产,收归国家、集体所有或者返还第三人。"《最高人民法院关于贯彻执行〈中华人民共和国民法通则〉若干问题的意见(试行)》第74条规定:"《民法通则》第六十一条第二款中'双方取得的财产',应当包括双方当事人已经取得和约定取得的财产。"

第四节　可变更或可撤销合同

一、可变更或可撤销合同的概念

可变更或可撤销的合同,是指虽经当事人协商成立,但由于当事人的意思表示并非真意,经向法院或仲裁机关请求可以变更其内容或消灭其效力的合同。合同被撤销后自始没有法律约束力。合同被撤销的,不影响合同中独立存在的有关解决争议方法的条款的效力。

二、可变更或可撤销合同的种类

《合同法》第 54 条规定:"下列合同,当事人一方有权请求人民法院或者仲裁机构变更或者撤销:(一) 因重大误解订立的;(二) 在订立合同时显失公平的。一方以欺诈、胁迫的手段或者乘人之危,使对方在违背真实意思的情况下订立的合同,受损害方有权请求人民法院或者仲裁机构变更或者撤销。当事人请求变更的,人民法院或者仲裁机构不得撤销。"

据此,可撤销合同共有五类:(1) 因重大误解成立的合同;(2) 显失公平的合同;(3) 因欺诈成立的合同;(4) 因胁迫成立的合同;(5) 乘人之危订立的合同。这五类合同都是意思表示有瑕疵的合同。

三、导致合同变更、撤销的事由

(一) 重大误解

1. 重大误解的含义

重大误解,是指当事人因对标的物等产生错误认识,致使该行为结果与自己的意思相悖,并造成较大损失的情形。

因重大误解订立的合同是已经成立的合同。不能将因重大误解而成立的合同与未成立的合同相混淆。

2. 构成重大误解的条件

（1）误解与合同成立和合同条件设定有因果关系。正是由于当事人的错误，才导致订立合同或者设定了合同条件。如果合同并不是因重大误解而成立，或者合同条件不是因重大误解而设定，则不能按重大误解的规则处理合同。

（2）误解应当是重大的。当事人对重要的合同事项产生了错误认识，同时误解对当事人造成重大不利后果。这才属于"重大"。如甲、乙双方订立运输合同，乙方为甲方运送西瓜，甲方误以为乙方用加长卡车运输，而乙方是想用普通卡车运输。这就属于无关紧要的误解，不影响合同的效力。

（3）当事人不愿承担对误解的风险。当事人自愿承担了误解的风险，当然不能按照重大误解的规则进行救济。比如，甲方向乙方出售古钱币，如果是真的，价值 10 万元，如果是赝品，价值 1 元。双方都明知这一点，遂以 5 万元的价格成交。甲、乙双方都承担了误解的风险。如果是赝品，买方不得要求变更（退回 49999 元）或撤销合同（退钱、退货）；如果是真品，卖方不得要求变更（增加 5 万元）或撤销合同（退钱、退货）。

（二）显失公平

1. 显失公平的含义

显失公平，是指自始（合同订立时）显失公平。是一方当事人利用优势或者利用对方没有经验，致使双方的权利与义务明显不对等（对价不充分）。这种合同违反了公平原则的要求。

2. 显失公平的条件

（1）客观要件。客观要件是指双务合同双方的权利与义务明显不对等，一方得到的太多，付出的太少。这种情况也称为对价不充分。无偿合同没有对价，也就无所谓对价充分的问题。也就是说，显失公平的情形，一般发生在有偿合同之中（发生在交易之中）。

（2）主观要件。合同对价不充分，不是基于当事人的自愿。当合同对价不充分,但合同是建立在当事人完全自愿的基础上,意思表示无瑕疵时,该合同不能认定是显失公平的合同。既然法律承认无偿合同,也就没有必要完全否定带有恩惠性的双务、有偿合同。当事人自愿的,可以认为是公正的。或者说,在当事人完全自愿的情况下,对价不充分的合同,也是公平的合同。显失公平的合同应当在对价不充分且意思表示有瑕疵时,才是显失公平的合同。意思瑕疵的原因,有另一方的不正当影响、利用对方没有经验,也有己方的误解等。

（三）欺诈

1. 欺诈的含义

欺诈,是指一方在订立合同时,故意制造假象或者掩盖真相,致使对方陷入错误而订立合同。

2. 因欺诈而成立的合同的条件

（1）欺诈一方在主观上是故意。欺诈,是以引导对方当事人订立合同为目的,不存在过失的欺诈。

（2）欺诈行为的客观表现是对订立合同的有关事实的虚假介绍和隐瞒。比如甲方欲购买一幅古画,乙方将赝品说成是真迹。

（3）欺诈是一方当事人对另一方当事人的欺诈。第三人的欺诈不足以构成导致合同撤销的欺诈。当事人一方利用了第三人的欺诈,则合同属于可撤销的合同。

（4）被欺诈一方因对方的欺诈陷入错误,因错误而订立合同。也就是说,欺诈实际对订立合同起了作用,欺诈行为与合同成立须有因果关系。

（四）胁迫

1. 胁迫的含义

胁迫,是指一方采用违法手段,威胁对方与自己订立合同,被胁迫一方因恐惧而订立合同。被胁迫一方也有意思表示,因此,被胁迫订立的合同与其他可撤销的合同一样,也是成立的合同。如果采用暴力手段,拿着别人的手指盖章或签字,这种情况称为"绝对强制"或"人身强制",当事人之间根本不存在合同,不能按可撤销合同处理。"绝对强制"和"人身强制"应当认定合同不成立或者按无效处理。

2. 因胁迫成立的合同的条件

（1）胁迫一方出于故意。

（2）胁迫一方的威胁属于违法的威胁,如用揭露隐私等进行要挟。如果以提起诉讼,要求对方履行债务为威胁,就不能认为是违法的威胁。手段合法、目的合法的威胁,是合法的威胁。

（3）被胁迫一方因陷入恐惧而订立合同。胁迫与合同的成立有因果关系。

（五）乘人之危订立的合同

1. 乘人之危的含义

乘人之危订立的合同,是指一方当事人乘对方处于危难之机,为谋取不正当利益,迫使对方违背自己的真实意愿与自己订立合同。

2. 乘人之危的条件

（1）一方当事人陷于危难处境。如处于自然灾害的严重危困之中或濒临破产的境地,迫切需要救助。"危难"除了指经济上窘迫或具有某种迫切需要以外,也包括个人及其家人生命危险、健康恶化等危难。

（2）行为人利用了对方当事人的危难困境趁火打劫,提出苛刻条件,对方出于无奈而违背真实意愿与之订立合同。

（3）乘人之危行为人主观状态为故意。行为人不了解对方危难处境而与之订立合同,客观上一方当事人的危难处境促使了合同成立,对这类合同不能认定为乘人之危订立的合同。

（4）乘人之危订立合同,一般是为了取得过分的利益。这种利益称之为"不正当利益"。这种不正当利益是在严重损害对方利益的基础上产生的,所以,这一条件也可以表述为被乘危难人蒙受重大损失。虽然获取过分利益为乘人之危行为人订立合同的目的,但认定乘人之危的合同时,并不以已经获取过分利益为条件。

四、可变更或可撤销合同的变更和撤销

（一）变更、撤销权的归属及对可变更、可撤销合同的救济方法

对此类合同，当事人可以向人民法院或仲裁机关请求变更或撤销。任何一方当事人认为合同是因重大误解订立的，或者是显失公平的，都可以向法院提出变更或撤销的请求。而以欺诈、胁迫手段或者乘人之危订立的合同，请求变更、撤销权专属于受损害方。也就是说，这种权利属于被欺诈、被胁迫和危难被乘的一方。

对此类合同，有变更和撤销两种救济方法。当事人请求变更的，人民法院或者仲裁机构不得撤销。当事人请求撤销的，人民法院可以变更。这种规则，体现了合同法尽量保护交易关系的思想。

（二）撤销权的性质

在民法、合同法教材中，多认为针对可撤销合同的撤销权是一种形成权。撤销权不是典型的形成权，是必须经过诉讼的形成权。因而可以称为形成诉权。

（三）撤销权的消灭

撤销权不能永久存续。有下列情形之一的，撤销权消灭：

（1）具有撤销权的当事人自知道或者应当知道撤销事由之日起 1 年内没有行使撤销权。比如，因欺诈订立的合同，当事人在知道或者应当知道自己被欺诈的情况后，应当在 1 年之内向法院或仲裁机关提出变更或撤销的请求，超过 1 年的期间，则撤销权就丧失了。再如，对乘人之危订立的合同，在合同成立之日起 1 年内就应当向法院或仲裁机关提出变更或撤销合同。因为危难被乘的人在订立合同时就知道了撤销事由。有人认为，合同法规定撤销权应当在 1 年内行使，没有规定变更权在 1 年内行使。这里强调的是，撤销权包括变更权，变更权也要在 1 年内行使。

（2）具有撤销权的当事人知道撤销事由后明确表示或者以自己的行为放弃撤销权。如被欺诈的一方当事人在知道被欺诈的真相后，仍然表示要履行合

同,这是明示放弃撤销权;再如,被欺诈的一方是卖方,在知道欺诈的真相后,又收取对方货款并向对方发货,这是默示放弃撤销权。

(四)合同被撤销后财产后果的处理

合同被撤销后,因该合同取得的财产应当予以返还;不能返还或者没有必要返还的,应当折价补偿。有过错的应当赔偿对方因此所受到的损失,双方都有过错的,应当各自承担相应的责任。

根据本条规定,在合同无效或者被撤销的情形下,当事人仍应负如下几种民事责任:

1. 返还财产

适用于已经做出履行的合同,是指因该合同交付了财产的当事人对已交付给对方的财产享有返还请求权,而已经接受财产的当事人则负有返还财产的义务。"因该合同取得的财产"是指合同成立后,一方当事人在准备履行和实际履行合同过程中从对方实际得到的财产,包括所交付的财产及其孳息和所交付的费用。返还财产可分为两种情况:

(1)单方返还财产。这种情况主要适用于在当事人一方故意违法的情况,即一方故意违法订立合同的行为,其应当将从非故意方取得的财产返还给对方,而非故意的一方已从故意方取得的财产应当上缴国家。例如,一方以欺诈的方法与对方订立了合同,那么欺诈方就应当单方返还另一方当事人的财产,而另一方从欺诈方获得的财产,应当上缴国家。除此之外,单方返还还包括以下一种情况,即合同的一方履行了合同,另一方还没有履行,则在合同被确认无效或者被撤销后,只存在单方返还的情形。

(2)双方返还财产。这种情况主要是在合同被撤销的情况下,双方当事人对合同被撤销只是由于一方或者双方有过错,而并非合同违法,此时双方均应返还从对方所获得的财产。比如在因重大误解而使合同被撤销情况下,双方当事人都应返还财产。

返还财产的目的,使因合同无效而将双方当事人之间的关系恢复到没有合同关系之前的状态,消除无效合同在双方当事人之间在财产关系上所造成的影响。首先,这不是一种过错责任,不要求返还财产的当事人在主观上具有过错的因素。其次,返还财产应当以恢复原状为原则,必须恢复到当事人订立合同前的财产状况。即使当事人所取得的财产已经减少甚至不存在了,也仍然要承担返还责任。

2. 折价补偿

本条中规定对于"不能返还或者没有必要返还的,应当折价补偿。"本条规定了以返还财产为恢复原状的原则,但是在有的情况下,财产是不能返还或者没有必要返还的,在此种情况下,为了达到恢复原状的目的,就应当折价补偿对方当事人。

不能返还,包括事实上不能返还和法律上不能返还两种情况。事实上不能返还,如属于无形财产的专有技术、信息资料等,即使返还也已经失去其原有的价值;又如有形财产已经变形、毁损、灭失等,不能返还。法律上不能返还,如财产已经转让给善意第三人,善意第三人对该财产已经取得了所有权。没有必要返还,主要是指当事人相互协商,认为不采用返还财产的方式,对双方当事人都有利,因而不必要返还。主要包括以下两种情况:

(1)如果当事人接受财产是劳务或者利益在性质上不能恢复原状的,以当时国家规定的价格计算,以钱款还;没有国家规定的价格,以市场价格或同类劳务的报酬标准算,以钱款返还。

(2)如果一方取得的是使用知识产权而获得的利益,由于该知识产权是无形的,则该方当事人可以折价补偿对方当事人。

3. 赔偿损失

本条规定"有过错的一方应当赔偿对方因此所受到的损失,双方都有过错的,应当各自承担相应的责任。"在合同被确认无效或者被撤销后,一般都会产生损害赔偿的责任。在合同被确认无效或者被撤销后,凡是因合同的无效或者被撤销而给对方当事人造成的损失,主观上有故意或者过失的当事人都应当赔偿对方的财产损失。

当双方在合同无效中都有过错,并且都有财产或者财产利益的损失时,可以相互请求赔偿,就相同的损失数额进行折抵之后,对所余部分进行赔偿。

典型案例分析

【案情介绍】

2006 年 3 月 6 日,原告与某单位签订租赁合同,由原告租赁其 7 个房间,年租金 20000 元,约定租期 2 年,自 2006 年 4 月 1 日至 2008 年 3 月 31 日,由某单位在现条件下将设施查点无误交与原告,由原告与前承包人处理搬迁事务。原告依约交纳了租金 20000 元,但双方并未清点财物。2006 年 6 月 20 日,被告人某单位欠其款未还,同意其使用房屋为由占用房屋 15 间。导致原告与某单位合同无法履行。原告诉与法院要求判令被告停止侵害,排除妨碍并赔偿损失每天 54.79 元,并负担诉讼费。

被告辩称:原告起诉主体错误,应当依法驳回。原告违法与第三人签订合同,且第三人未将房屋交给原告使用,与答辩人不存在任何关系,纯属原告与第三人之间的民事法律关系。且案外人马某与第三人的租赁关系到 2006 年 6 月 20 日到期,在合同到期前三天,第三人因欠我们的钱,其法定代表人同意我接用马某租赁的房屋,我与原告没有关系,原告与第三人所签租赁合同在他人的合同有效期间,原告所诉房屋并未依法租出,没有合法使用要件,没有在房地产部门做租赁登记,该合同应属无效合同,法律不应保护。被告不存在侵权行为,应当驳回原告的诉讼请求。

法院经审理认为,原告与案外人某单位所签房屋租赁合同,在某单位与马某的合同有效期内,且原合同并未解除,某单位与原告的合同显然侵犯了他人的利益,且原告所签合同,某单位并未履行,原告并未取得争议房屋的使用权,被告占用房屋,原告无权主张权利。故原告请求不予支持,依据《中华人民共和国合同法》第五十二条第(2)项、第二百一十六条、第六十条之规定,驳回原告诉讼请求。

此案虽以侵权起诉,但其争议的焦点问题是:原告与某单位之间的合同之间的合同效力问题。

【案情分析】

第一种观点认为:原告与某单位的合同为有效合同。该合同的签订是原告与某单位的共同意思表示。且无违法及违犯国家利益和公共利益行为。合同虽然涉及马某未到期合同,当时原告与某单位并未在签订合同后立即履行。在合同到期后,马某应当知道其原租赁房屋已租赁与他人。而其不出面主张权利,显然已默许原告与第三人的合同,放弃了自己的权利,所以该合同应认定为有效。

第二种观点认为:合同为无效合同。因该合同在他人合同有效期内,且按照法律规定,租赁房屋在到期后,原承租人在同等条件下有优先承租权,该合同显然侵犯了第三人马某的利益,且双方所签合同并未履行,原告并未取得争议房屋的使用权利。被告占用房屋,原告无权向被告主张权利,只能向某单位主张解除合同,或赔偿损失。

第三种观点认为:原告与某单位合同为效力待定合同。

效力待定合同是指合同成立之后,是否已发生效力尚不能确定,有待于其他行为或事实使之确定的合同。

《合同法》第51条规定,无处分权的人处分他人的财产,经权利人追认或者无处分权人订立合同后取得处分权的,该合同有效。根据这一规定,无权处分发生效力,必须要经过本人追认或行为人取得处分权。(所谓无处分权行为,是指无处分权人处分他人的财产,并与相对人订立转让财产的合同。该行为可能会损害真正权利人的利益。)

本案中,原告与某单位签订合同时,马某与某单位的合同并未终止,也未有任何证据表明合同已经解除。在此期间,某单位无权处分其与马某在合同租赁期内的财产。

所以,本案中,原告与某单位所签订的房屋租赁合同,与马某与某单位签订的合同相冲突部分,6月20日前,其效力须待马某追认才能确定。但6月20日后,马某也未出面主张权利,但也没有明确表示放弃权利,所以此时原告与某单位的合同应处于效力待定状态。

租赁合同到期后,根据法律规定,马某尚有优先租赁权。但此项权利是相对权利,在合同到期的同时产生,在新的合同签订之时,归于消灭。马某应当明确表示其是否主张优先租赁权,否则视为其放弃此项权利。此时某单位应视为已取得了租赁房屋的完全处分权。原告与某单位的合同应当产生效力。所以,此案中,原告作为承租人,在合同因意外原因履行不能的情形下,有权对侵权人提起诉讼。在目前证据情形下,被告的侵权行为事实清楚,应推定原告有权向被告主张权利,而不应简单的驳回诉讼请求。

笔者基本同意第三种观点。另外,法院在案件审理中,应当向原、被告双方要求对马某的态度进行举证,这样更有利于查清事实,以便作出有理有据的判决。此外,原告与某单位并未清点财物,此时因意外原因导致履行不能,法院应行驶释明权,告知原告也可以选择主张与某单位解除合同并要求赔偿损失的权利。

思考题

1. 合同生效的条件有哪些?
2. 我国《合同法》规定的效力待定合同主要有哪些?
3. 试述合同的无效。
4. 试比较可撤销合同与无效合同之异同。

第四章

合同的履行

第一节　合同履行概述

一、合同履行的含义

合同的履行,是债务人完成合同约定义务的行为,是法律效力的首要表现。当事人通过合意建立债权债务关系,而完成这种交易关系的正常途径就是履行。

履行一般是作为方式,如交付标的物、交付货款、加工制作、运输物品、完成工作成果等,履行也可以是不作为,如当事人依照约定不参与某一交易。

二、合同履行的基本要求

《合同法》第 60 条规定:"当事人应当按照约定全面履行自己的义务。当事人应当遵循诚实信用原则,根据合同的性质、目的和交易习惯履行通知、协助、保密等义务。"合同的履行不仅是合同的法律效力的主要内容,而且是整个合同法的核心。

（一）合同履行的原则

合同履行的原则,是当事人在履行合同债务时所应当遵循的基本准则。这些基本准则指导着合同履行的全过程,当事人必须遵守。专家、学者对合同履行的基本原则的分类各种各样,有的内容相同互相涵盖但名称不同,归纳起来主要有:全面履行原则、诚实信用原则、协作履行原则、适当履行原则、情事变更原则等。

1. 全面履行原则

全面履行原则,即当事人应当按照合同的约定全面履行自己的义务,包括按照约定的标的及其质量、数量、履行期限、履行地点、履行方式全面完成合同义务。全面履行,既要求债务人按照合同的约定交付标的物或者提供服务即实际履行,又要求这些交付的标的物、提供的服务符合法律的规定和合同的约定。

2. 诚实信用原则

诚实信用原则在合同法中居特殊地位,在合同履行中诚信履行亦构成合同履行的基本原则。合同的当事人应当依照诚信原则行使债权,履行债务。合同的约定符合诚信原则的,当事人应当严格履行合同,不得擅自变更或者解除。诚信履行原则,又导出履行的附随义务。当事人除应当按照合同约定履行自己的义务外,也要履行合同未做约定但依照诚信原则也应当履行的协助、告知、保密、防止损失扩大等义务。

3. 协作履行原则

协作履行原则是指当事人不仅适当履行自己的合同义务而且基于诚实信用原则要求对方当事人协助其履行债务的履行原则。合同的履行不仅需要债务人适当履行,而且还要求债权人的积极协作,否则合同的目的无法正常实现。一般认为,协作履行原则包括以下内容:(1)债务人履行合合同债务,债权人应适当受领给付;(2)债务人履行债务,时常要求债权人创造必要的条件,提供方便;

（3）因故不能履行或不能完全履行时,应积极采取措施避免或减少损失,否则要就扩大的损失自负其责;（4）发生合同纠纷时,应各自主动承担责任,不得推诿。

4. 适当履行原则

适当履行是指当事人按照合同规定的标的及其质量、数量,由适当的主体在适当的履行期限、履行地点以适当的履行方式,全面完成合同的义务的履行原则。所以,适当履行又称正确履行或者全面履行原则。适当履行体现在履行主体适当、履行标的适当、履行期限适当、履行方式适当、履行地点适当等。

5. 情事变更原则

情事变更原则是指合同成立后,发生当事人不能预见、不能克服的客观情况,使合同订立时的基础发生变更,如果履行合同,将对一方当事人显失公平,依照诚实信用和公平原则,应当允许变更或者终止合同。

情事变更原则的意义在于通过司法权力的介入,强行改变合同已经确定的条款或撤销合同,在合同双方当事人订约意志之外,重新分配交易双方在交易中应当获得的利益和风险,其追求的价值目标是公平与公正。

正因为情事变更原则在适用上的复杂性,我们要严格把握其构成要件:

（1）须有情事变更的事实。所谓情事,泛指作为合同成立基础或环境的客观情况。所谓变更,是指情事在客观上发生了异常变动。此种变更必须是客观的;如果当事人主观上认为有变更,尚不为足。具体判断是否构成情事变更,应以是否导致合同基础丧失、是否致使合同目的落空、是否造成对价关系障碍作为判断标准如物价飞涨、汇率大幅度变化、国家经济政策变化等。

（2）情事变更发生在合同成立以后履行完毕之前即合同的履行过程中。

（3）情事变更的发生不可归责于当事人。如果情事变更是因可归责当事人的事由发生时,当事人应自负其责。不可归责于当事人的事由可以分为不可抗力、意外事件与其他事件。

（4）情事变更是当事人所不可预见的。情事变更如果已为当事人预见,或者根据诚实信用原则当事人应当预见,则其不能主张情事变更原则。

（5）情事变更使履行原合同显失公平。如果情事的变更对当事人利益影响轻微,则不能适用。

情事变更原则的效力体现在两个方面:其一,变更合同,从而使合同在公平的基础上得到履行。变更合同可表现为增减标的的数额、延期或分期履行、拒绝先为履行、变更标的物等。其二,解除合同。如果变更合同仍不能消除显失公平的结果,就允许解除合同。

(二) 附随义务

附随义务,是当事人虽然未在合同中约定但仍应遵守的法定义务。"附随"义务,是指附随于主给付产生的义务。附随义务的主要作用是辅助主给付义务的履行,以保护债权人的履行利益。合同履行中的附随义务主要有及时通知义务、协助义务、防止损失扩大义务和保密义务。

(1) 通知义务,即合同当事人应将自己履行义务的情况及时通知另一方当事人。

(2) 协助义务,指合同当事人应协助对方履行义务以使合同能顺利履行的义务。

(3) 方便义务,指为对方履行合同义务提供方便的义务。

(4) 减损义务,即合同法中的防止损失扩大,是指由于主客观原因而使一方遭受损失时,遭受损失的一方应采取必要的措施,以防止损失的扩大。

(5) 保密义务,指合同当事人负有将通过确立合同关系而了解到的对方的秘密予以保守的义务。

(三) 合同履行的规则

合同履行规则是指在合同履行过程中需要遵守的具体规范。主要介绍两个方面的内容:

1. 条款约定不明的履行

《合同法》第 61 条规定:"合同生效后,当事人就质量、价款或者报酬、履行地点等内容没有约定或者约定不明确的,可以协议补充;不能达成补充协议的,按照合同有关条款或者交易习惯确定。"

条款约定不明的履行包括以下特形:

（1）质量不明条款的履行。《合同法》第 62 条第 1 定规定：质量要求不明确的，按照国家标准、行业标准履行；没有国家标准、行业标准的，按照通常标准或者符合合同目的的特定标准履行。

（2）价格不明条款的履行。第 62 条第 2 项规定：价款或者报酬不明确的，按照订立合同时履行地的市场价格履行；依法应当执行政府定价或者政府指导价的，按照规定履行。

（3）地点不明条款的履行。《合同法》第 62 条第 3 项规定：履行地点不明确，给付货币的，在接受货币一方所在地履行；交付不动产的，在不动产所在地履行；其他标的，在履行义务一方所在地履行。

（4）期限不明条款的履行《合同法》第 62 条第 4 项规定：履行期限不明确的，债务人可以随时履行；债权人也可以随时要求履行，但应当给对方必要的准备时间。

（5）方式不明条款的履行《合同法》第 62 条第 5 项规定：履行方式不明确的，按照有利于实现合同目的的方式履行。

（6）费用不明条款的履行《合同法》第 62 条第 6 项规定：履行费用的负担不明确的，由履行义务一方负担。

2. 价格变动的履行

《合同法》第 63 条规定，执行政府定价或者政府指导价的，在合同约定的交付期限内政府价格调整时，按照交付时的价格计价。逾期交付标的物的，遇价格上涨时，按照原价格执行；价格下降时，按照新价格执行。逾期提取标的物或者逾期付款的，遇价格上涨时，按照新价格执行；价格下降时，按照原价格执行。

价格是决定价款的重要因素。我国实行宏观经济调控下主要由市场形成价格的机制，价格分为市场调节价和政府指导价、政府定价。市场调节价，是指由经营者自主制定，通过市场竞争形成的价格。政府指导价，是指由政府价格主管部门或者有关部门按照定价权限和范围规定基准价及其浮动幅度，指导经营者定价的价格。政府定价，是指由政府主管价格部门或者其他有关部门按照定价权限和范围制定的价格。买卖标的的价格通常按照市场调节价由买卖当事人商定。合同法禁止暴利行为。国家对买卖标的规定有政府指导价的,出卖人和买受人应当在指导价的幅度内商定买卖标的价格。国家对买卖标的规定了政府定价的,出卖人违反价格管理规定的,买受人可以请求其退还多收的价金。

合同执行政府定价、政府指导价的,如果合同约定的履行期间政府定价、政府指导价调整,则按标的物交付时的价格计价。出卖人逾期交付的,遇价格上涨时,按原价格执行;价格下降时,按新价格执行。买受人逾期受领或者逾期付款的,遇价格上涨时,按新价格执行;价格下降时,按原价格执行。

第二节　涉他合同的履行

一、概述

通常情况下,合同仅为双方当事人设定权利义务,不涉及第三方。但为了适应复杂多样的社会关系,近代各国立法例又允许合同涉及第三人,这就产生了涉他合同。合同是交易关系。一般来说,某一合同只是连续交易过程中的一个环节。比如甲向乙购买货物只是为了批发给丙,丙是为了零售。为了节约成本、提高效率,除基于特殊信任的合同外,债权人不一定亲自受领,债务人不一定亲自履行。向第三人履行和由第三人履行,是交易中自然而然的事情。为了保证这种履行的顺利进行,法律要设定相应的规则,以减少和避免争议。

二、向第三人履行(利他合同)

(一)向第三人履行的含义和意义

向第三人履行是指合同当事人约定由债务人向第三人履行债务。

债务人向第三人履行,并不使第三人成为合同的当事人,是第三人受债权人指定接受债务人的履行。指定第三人受领,并不是债权的转让,第三人并没有演变成债权人。

当事人约定债务人向第三人履行,是为了提高效率和效益。比如 A 地的甲方从 B 地的乙方买进货物,是为了卖给 C 地的丙方。此种情况下,甲乙双方可以约定乙方直接发货给丙方。这种"转手"行为,民法理论上称为"缩短给付"。缩短给付是一次履行完成两个给付,是提高效率的行为,是民法上应鼓励的行为。但是缩短给付也会被人利用作为逃税的手段。

(二) 未向第三人履行或者履行不符合约定时的责任

《合同法》第 64 条规定:"当事人约定由债务人向第三人履行债务的,债务人未向第三人履行债务或者履行债务不符合约定,应当向债权人承担违约责任。"该条文规定债务人违约时,应当向债权人承担责任,而不是向第三人承担责任;因为这里的第三人不是"为第三人利益合同"的受益人,也不是因合同债权转让的受让人。在这里要注意以下两个方面:

1. 向第三人履行与为第三人利益订立的合同

为第三人利益的合同,是为第三人设定债权的合同,第三人直接取得请求给付权,债务人应当直接向第三人给付。而向第三人履行,第三人只是代合同当事人受领,第三人没有取得债权人地位,没有直接取得对债务人的请求给付权;因而当债务人未按照约定向第三人履行时,在诉讼法上,第三人不能取得原告的地位。

2. 向第三人履行与债权转让

当事人约定由债务人向第三人履行,不是合同的转让。其一,当事人约定由债务人向第三人履行时,第三人代债权人受领,自己没有成为债权人,债权人的地位并未改变;而债权人在债权全部转让后,失去了债权人的地位。其二,合同当事人约定向第三人履行,并未明确第三人是债权人;合同债权转让,债务人与债权人的约定中,或债权人对债务人的债权转让通知中,明确了第三人是债权人。其三,当事人约定向第三人履行,债务人违约的,债权人有权提起诉讼;债权转让,债务人违约的,由第三人即新的债权人提起诉讼。

三、由第三人履行

（一）由第三人履行的含义和意义

由第三人履行，是合同当事人约定由第三人履行债务。这是第三人代合同债务人向债权人履行合同，并不是第三人成为合同的当事人。由第三人履行，并不是债务的转移，而是债务人依照与债权人约定指令第三人履行。

由第三人履行是为了提高效率，避免倒手的时间、金钱浪费。

（二）第三人不履行债务或者履行不符合约定时的责任

《合同法》第 65 条规定："当事人约定由第三人向债权人履行债务的，第三人不履行债务或者履行债务不符合约定，债务人应当向债权人承担违约责任。"

第三人不是合同当事人，因此，第三人不履行债务或者履行债务不符合约定时，只能由债务人承担违约责任。第三人的违约，是对债务人的违约，应由债务人向债权人承担违约责任。债权人若打官司，只能以债务人为被告提起诉讼，不能以第三人为被告提起诉讼。

由第三人履行与债务转移不同。其一，当事人约定由第三人履行，第三人并未由此转变为债务人；债务转移，则第三人取代原债务人（免责的债务转移），或者与原债务人共同成为债务人（并存的债务转移）。其二，当事人约定由第三人履行，并未明确第三人是债务人，第三人同意代债务人履行，但并未同意自己处于债务人的地位；债务转移是明确第三人是债务人，第三人同意以债务人的身份向债权人履行。

第三节　提前履行和部分履行

一、提前履行

《合同法》第 71 条规定："债权人可以拒绝债务人提前履行债务，但提前履行不损害债权人利益的除外。债务人提前履行债务给债权人增加的费用,由债务人负担。"

合同法关于提前履行的规定,是为了保护债权人的利益。如果提前履行于债权人不利,债权人可以拒绝;如果对债权人有利,债权人可以接受。

比如,甲方向乙方提前 10 天交付 1000 吨泡沫塑料,则乙方可以以未准备好仓库而拒绝受领;如果乙方可以储存该 1000 吨泡沫塑料,也可以向甲方要求相当于 10 天储存费的款项。如果提前履行对债权人有利,则债权人不得拒绝。例如,自然人间的无息借款,债务人提前还款的,债权人不得拒绝。但是,如某人向银行借款而提前归还款项,银行可以拒绝;因为提前还款,就意味着银行少收利息。

二、部分履行

《合同法》第 72 条规定:"债权人可以拒绝债务人部分履行债务,但部分履行不损害债权人利益的除外。债务人部分履行债务给债权人增加的费用,由债务人负担。"

上述规定同样体现了对债权人利益的保护。对买卖合同而言,部分履行,标的物只能是种类物、可分物。例如,按照约定甲应当一次发货,但其分两次发货,第一次如期发货,第二次迟延发货。第一批货物只是合同数量的一半,但不会给买受人带来任何损失,买受人也没有必要获得解除权。

第四节　合同履行抗辩权

一、履行抗辩权概述

(一) 履行抗辩权的含义

合同履行抗辩权,是指在双务合同中,当事人在符合条件时将自己的给付暂时保留的权利。双务合同的当事人互为债权人和债务人,抗辩权是从债务人的角度设置的。

抗辩权是合同效力的体现。抗辩权的行使,使合同履行效力改变,但本身不消灭合同的履行效力;产生抗辩权的原因消失后,债务人应当履行合同。

(二)履行抗辩权的意义

履行抗辩权的设立是交易安全的需要。它的意义在于一方面保护自己的利益,另一方面督促对方履行合同或者提出履行合同或提供履行担保。因此,履行抗辩权实质上是一种自助权,不需要借助于对方的意思表示或合作,也不必经过诉讼或者仲裁程序。在符合法定条件时,可以自己行使。对法定条件的存在,行使抗辩权的一方承担举证责任,对方可以提出反证。

履行抗辩权可以放弃。

履行抗辩权应当遵循诚实信用原则,不得滥用。当事人在行使时应当及时通知对方,防止损失的扩大,在对方履行、提出履行或者提供担保时应当恢复履行。

履行抗辩权包括同时履行抗辩权、不安抗辩权和后履行抗辩权。

二、同时履行抗辩权

(一)同时履行抗辩权的概念

《合同法》第 66 条规定:"当事人互负债务,没有先后履行顺序的,应当同时履行。一方在对方履行之前有权拒绝其履行要求。一方在对方履行债务不符合约定时,有权拒绝其相应的履行要求。"这里规定的就是同时履行抗辩权。

所谓同时履行抗辩权,是指在未约定先后履行顺序的双务合同中,当事人应当同时履行,一方在对方未履行之前有权拒绝其履行要求。

同时履行抗辩权只适用于双务合同,如买卖、互易、租赁、承揽、保险等合同。只有在双务合同中,当事人之间才存在对待给付,即当事人之间的给付具有对等关系或对应关系,一方给付是为了换取对方的给付。正是这种对应关系,使得同时履行抗辩权具有公平性。单务合同(如赠与合同)和不真正的双务合同(如委托合同)不适用同时履行抗辩权。

（二）同时履行抗辩权的成立条件

同时履行抗辩权的成立条件如下：

1. 在同一双务合同中互负对待给付义务

主张同时履行抗辩权，必须基于同一双务合同中当事人互负的对待给付义务。如果双方当事人的债务不是基于同一合同而发生，即使在事实上有密切关系，也不得主张同时履行抗辩权。这里的债务，首先应为主给付义务。但在从给付义务的履行与合同目的的实现具有密切关系时，应认为它与主给付义务之间有牵连关系，可产生同时履行抗辩权。

2. 双方债务均已届清偿期

同时履行抗辩权制度旨在使双方当事人所负的债务同时履行，因此，只有在双方所负债务同时届期时才能主张同时履行抗辩权。这就意味着，同时履行抗辩权仅适用于同时履行的双务合同。所谓同时履行，是指双方当事人所负担的给付应同时提出，相互交换。例如在买卖合同中，如当事人没有约定履行的先后顺序，买方的价金交付与卖方的所有权移转应同时进行。在非同时履行的双务合同中，无论是先履行方还是后履行方，均不得主张同时履行抗辩权。

3. 对方未履行债务

一方向他方请求履行债务时，须自己已为履行或提出履行；否则，对方可行使同时履行抗辩权，拒绝履行自己的债务。但是，如果一方未履行的债务或未提出履行的债务与对方所负债务无对价关系，对方不得主张同时履行抗辩权。

4. 对方的债务可能履行

同时履行抗辩权的宗旨是促使双方当事人同时履行债务，如果一方的对待给付已不可能，则不发生同时履行抗辩权问题，而应依合同解除制度解决。

（三）当事人一方违约与同时履行抗辩权

当事人一方违约与同时履行抗辩权包括以下特形：

1. 迟延履行与同时履行抗辩权

关于迟延履行与同时履行抗辩权之间的关系，存在两种对立的学说。第一种学说认为,同时履行抗辩权的存在本身即足以排除迟延责任。对此,有人从抗辩权排除债务之届期的角度加以论证:因有抗辩权之存在,迟延履行系非可归责于债务人的原因。第二种学说主张,同时履行抗辩权须经行使才能排除迟延责任。它有两种见解:其一,抗辩权之行使,溯及地排除已发生的迟延效果;其二,已发生的延迟责任,不因抗辩权的行使而受影响。

2. 受领迟延与同时履行抗辩权

在双务合同中,债权人受领迟延,其原有的同时履行抗辩权不因此而消灭。所以,债务人在债权受领迟延后请求为对待给付的,债权人仍可主张同时履行抗辩权。

3. 部分履行与同时履行抗辩权

债务人原则上无部分履行的权利。因此,双务合同的一方当事人提出部分履行时,对方当事人有权拒绝受领,但若拒绝受领违反诚实信用原则时,不在此限。若受领部分给付,可以提出相当部分的对待给付,也可以主张同时履行抗辩权。

4. 瑕疵履行与同时履行抗辩权

债务人瑕疵履行,债权人可请求其消除缺陷或另行给付;在债务人未消除缺陷或另行给付时,债权人有权行使同时履行抗辩权,拒绝支付价款。

三、不安抗辩权

(一) 不安抗辩权的概念

我国合同法上的不安抗辩权,是指先给付义务人在有证据证明后给付义务人的经营状况严重恶化,或者转移财产、抽逃资金以逃避债务,或者谎称有履行能力的欺诈行为,以及其他丧失或者可能丧失履行债务能力的情况时,可中止自己的履行;后给付义务人接收到中止履行的通知后,在合理的期限内未恢复履行能力或者未提供适当担保的,先给付义务人可以解除合同。

(二) 不安抗辩权成立的条件

不安抗辩权成立的条件如下:

1. 双方当事人因同一双务合同而互负债务

不安抗辩权为双务合同的效力表现,其成立须双方当事人因同一双务合同而互负债务,并且该两项债务具有对价关系。

2. 后给付义务人的履行能力明显降低,有不能为对待给付的现实危险

不安抗辩权制度保护先给付义务人是有条件的,不允许其在后给付义务有履行能力的情况下行使不安抗辩权,只能在后给付义务人有不能为对待给付的现实危险而危及先给付义务人的债权实现时,才能行使不安抗辩权。

所谓后给付义务的人履行能力明显降低、有不能为对待给付的现实危险,包括以下四种情况:其经营状况严重恶化;转移财产、抽逃资金,以逃避债务;谎称有履行能力的欺诈行为;其他丧失或者可能丧失履行能力的情况。

履行能力明显降低,有不能为对待给付的现实危险,须发生在合同成立以后。如果在订合同时即已经存在,先给付义务人明知此情却仍然缔约,法律则无必要对其进行特别保护;若不知此情,则可以通过合同无效等制度解决。

3. 后给付义务人未提供适当担保

"适当担保",是指充分和全面的担保先履行方当事人的履行利益能够得到实现;至于什么样的担保才是适当,应当根据具体的情况来确定。应当先履行的当事人行使了不安抗辩权,对方当事人在合理期限内既未提供担保也不能证明自己有履行能力的,行使不安抗辩权的当事人有权解除合同。

(三)不安抗辩权的行使

为兼顾后给付义务人的利益,也便于其能及时提供适当担保,先给付义务人行使不安抗辩权的,应及时通知后给付义务人,该通知的内容包括中止履行的意思表示和指出后给付义务人提供适当担保的合理期限。

行使不安抗辩权的先给付义务人还负责有举证证明后给付义务人的履行能力明显降低、有不能为对待给付的现实危险的义务。

先给付义务人及时通知后给付人,可使后给付义务人尽量减少损害,及时地恢复履行能力或提供适当的担保以消除不安抗辩权,使先给付义务人履行其义务。

先给付义务人负上述举证义务,可防止其滥用不安抗辩权,不允许其借口

后给付义务人丧失或可能丧失履行能力而随意拒绝履行自己的义务。如果先给付义务人没有确切证据而中止履行,应当承担违约责任。

（四）不安抗辩权的效力

不安抗辩权是有以下效力:

1. 先给付义务人中止履行

按《合同法》第68条的规定,先给付义务人有确切证据证明后给付义务人的履行能力明显降低、有不能为对待给付的现实危险的,有权中止履行。所谓中止履行,就是暂停履行或者延期履行,履行义务仍然存在。在后给付义务人提供适当担保时,应当恢复履行。此处所谓适当担保,既指设定担保的时间适当,更指设定的担保能保障先给付义务人的债权得以实现。至于担保的类型,可以是保证,也可以是抵押权、质权,在理论上还可以有定金。

2. 先给付义务人解除合同

按《合同法》第69条的规定,先给付义务人中止履行后,后给付义务人在合理期限内未恢复履行能力并且未提供适当担保的,先给付义务人可以解除合同。该解除的方式,由先给付义务人通知后给付义务人,通知到达时发生合同解除效力;但后给付义务人有异议时,可以请求人民法院或与仲裁机构确认合同解除效力。

后给付义务人的行为构成违约时,可产生违约责任。

四、后履行抗辩权

（一）后履行抗辩权的概念

《合同法》第67条规定:"当事人互负债务,有先后履行顺序,先履行一方未履行的,后履行一方有权拒绝其履行要求。先履行一方履行债务不符合约定的,后履行一方有权拒绝其相应的履行要求。"这里规定的就是后履行抗辩权。

所谓后履行抗辩权,是指当事人互负债务,有先后履行顺序的,先履行一方未履行之前,后履行一方有权拒绝其履行请求;先履行一方履行债务不符合债的本旨的,后履行一方有权拒绝其相应的履行请求。

在传统民法上,有同时履行抗辩权和不安抗辩权的理论,却无后履行抗辩权的概念。我国合同法首次明确规定了这一抗辩权。后履行抗辩权发生于有先后履行的双务合同中,基本上适用于先履行一方违约的场合;这些都是它不同于同时履行抗辩权之处。

(二)后履行抗辩权的成立要件

按照《合同法》第67条的规定,构成后履行抗辩权须符合以下要件:

(1)须双方当事人互负债务。

(2)两个债务须有先后履行顺序。至于该顺序是当事人约定的,还是法律直接规定的,在所不问。

(3)先履行一方未履行或其履行不符合债的本旨(不适当履行)。

先履行一方未履行,既包括先履行一方在履行期限届至或届满前未予履行的状态,又包含先履行一方于履行期限届满时尚未履行的现象。履行债务不符合债的本旨,在这里是指迟延履行、不完全履行(包括加害给付)、部分履行和不能履行等形态。

(三)后履行抗辩权的效力

后履行抗辩权的成立并行使产生后履行一方可暂时中止履行自己债务的效力,对抗先履行一方的履行请求,以此保护自己的期限利益、顺序利益;在先履行一方采取了补救措施、变违约为适当履行的情况下,后履行抗辩权消失,后履行一方须履行其债务。可见,后履行抗辩权亦属一时的抗辩权。后履行抗辩权的行使不影响后履行一方主张违约责任。

第五节　合同履行的保全

一、合同履行保全概述

(一)合同履行保全的含义

合同履行的保全,是指为保护合同债权人的债权不受债务人不当行为的损害而对合同债权人采取一定保护措施的法律制度。合同法规定,债权人可以通过行使代位权和撤销权,防止债务人的责任财产不当减少,以确保无特别担保的一般债权得以清偿。

债务人的一般财产是债权得以清偿的一般担保。法律为了防止债务人的财产不当减少故设债的保全制度,即债务人不采取法定方式主张债权,或者其财产不当减少时,债权人有代位权或者撤销权。代位权是针对债务人的消极行为,撤销权是针对债务人的积极行为。两者都是为了排除对债权的危害,实现债务人的财产权利或者恢复债务人的财产,使之能够以财产保障对债权人的清偿。

(二)债的保全的特征

债的保全是有以下特征:

(1)代位权和撤销权都是债权人基于债的效力对债务人之外的人行使权利,是债权的对外效力,是债权效力扩张的表现。

(2)合同的保全权须以诉讼的方式行使,不存在仲裁行使的情况。

(三)代位权与撤销权的区别

代位权与撤销的区别如下:

(1)针对的对象不同:代位权针对债务人的消极行为(不作为)即债务人不积极主张债权的行为撤销权针对债务人的积极行为(作为)即债务人减少财产的行为。

(2)诉讼当事人地位不同:代位权诉讼,以次债务人为被告,以债务人为诉讼上的第三人;撤销权诉讼,以债务人为被告,以与债务人发生财产关系的人为诉讼上的第三人。在代位权诉讼中,由次债务人承担诉讼费用;撤销权诉讼,由债务人承担必要费用。

(3)清偿方式不同:代位权成立,次债务人向债权人清偿;撤销权成立,与债务人发生财产关系的人向债务人回归财产,撤销权人并未得到财产。

(4)时限不同:因次债务人向债权人清偿,是基于债权人对债务人的债权和债务人对次债务人的债权,因此,代位权的成立受两个诉讼时效的限制;撤销权是债务人财产的回归,受两个除斥期间的限制。《合同法》第 75 条规定:"撤销权自债权人知道或者应当知道撤销事由之日起一年内行使。自债务人的行为发生之日起五年内没有行使撤销权的,该撤销权消灭。"

(四)债的保全与履行抗辩权的区别

债的保全行为是债权人的行为,行使履行抗辩权是债务人的行为。也就是说,保全是从债权人的角度设定的权利,履行抗辩权是从债务人的角度设定的权利。债的保全是债的效力的扩张,扩张至债务人与第三人的关系;履行抗辩权是债务人对债权人的抗辩,不涉及第三人。

二、代位权

(一)代位权的含义和意义

代位权是指债务人怠于行使其对第三人(次债务人)享有的到期债权,使债权人的债权有不能实现的危险时,债权人为了保障自己的债权而以自己的名义行使债务人对次债务人的权利。

《合同法》第 73 条规定:"因债务人怠于行使其到期债权,对债权人造成损害的,债权人可以向人民法院请求以自己的名义代位行使债务人的债权,但该债权专属于债务人自身的除外。代位权的行使范围以债权人的债权为限。债权人行使代位权的必要费用,由债务人负担。"债权人行使代位权是以自己为原告,以次债务人为被告,要求次债务人将其对债务人履行的债权向自己履行。

债权人可以越过债务人以原告的名义直接起诉次债务人,获得债权的清偿。因此,对于解决三角债和连环债、避免当事人的诉累、维护债权人的利益、维护交易安全具有重要的作用。

(二)代位权的特征

代位权具有以下特征:

(1)代位权行使的结果,使债权人直接获得清偿。

(2)代位权是主体的代位,债权人以自己的名义行使债务人对次债务人的债权。

（3）代位权行使的具体方式是裁判方式。在我国，代位权不能直接行使，而且不包括仲裁方式，只有法院的判决方式，以防止债权人权利的滥用、保护次债务人的抗辩权。

（三）代位权行使的效力

代位权行使的效力表现在以下两个方面：

（1）代位权行使对当事人的效力。代位权的行使涉及三个法律关系：一是债权人与债务人之间的法律关系；二是债务人与次债务人之间的法律关系；三是债权人与次债务人之间的法律关系。代位权在经人民法院认定成立后，由次债务人向债权人清偿；在相应的数额内，次债务人不再向债务人清偿，债务人不再向债权人清偿。

对债务人而言，债务人处分权利的行为受到禁止；债权人主张债权的行为与债务人主张债权的行为具有同等效力；行使代位权后产生的后果归属债务人。

对债权人而言，因代位权的行使而支出的费用可请求债务人偿还；因行使代位权所产生的利益归属于债务人，债权人可就该财产请求债务人清偿，但其法律地位与其他债权人平等而不享有优先受偿权。

（2）代位权行使对其他债权人的效力。当债务人不存在资不抵债的情况时，其他人的债权可以获得清偿；如果债务人资不抵债，而债权人行使了代位权，其他债权人为了得到公平清偿，只能提起破产程序。代位权人请求的强制执行程序应当中止。经法院审理，就债务人的财产各债权人公平受偿。

（四）代位权成立的条件

《合同法司法解释（一）》第 11 条规定："债权人依照合同法第七十三条的规定提起代位权诉讼，应当符合下列条件：（一）债权人对债务人的债权合法；（二）债务人怠于行使其到期债权，对债权人造成损害；（三）债务人的债权已到期；（四）债务人的债权不是专属于债务人自身的债权。"具体包括以下内容：

（1）债务人对第三人享有到期有效债权；

（2）第三人未向债务人履行其债务；

（3）债务人怠于行使其权利；

（4）债权人对债务人债权到期有效；

（5）债务人未向债权人履行债务；

（6）债务人怠于行使权利使债权人的债权有遭受损害的危险；

（7）债务人对第三人享有的债权非专属于债务人自身。

对于"债务人怠于行使其到期债权，对债权人造成损害"的含义，《合同法司法解释（一）》第13条规定："合同法第七十三条规定的'债务人怠于行使其到期债权，对债权人造成损害的'，是指债务人不履行其对债权人的到期债务，又不以诉讼方式或者仲裁方式向其债务人主张其享有的具有金钱给付内容的到期债权，致使债权人的到期债权未能实现。次债务人（即债务人的债务人）不认为债务人有怠于行使其到期债权情况的，应当承担举证责任。"这里应注意以下方面：

（1）两个债权都应当是金钱债权；

（2）债务人对次债务人不以诉讼或仲裁方式行使其债权；

（3）债务人自己也没有可以执行的财产。

对于"债务人的债权不是专属于债务人自身的债权"，《合同法司法解释（一）》第12条规定："合同法第七十三条第一款规定的专属于债务人自身的债权，是指基于扶养关系、抚养关系、赡养关系、继承关系产生的给付请求权和劳动报酬、退休金、养老金、抚恤金、安置费、人寿保险、人身伤害赔偿请求权等权利。"

（五）次债务人的相关权利

债权人行使代位权时，次债务人可以行使抗辩权和抵销权：

（1）抗辩权。《合同法司法解释（一）》第18条规定："在代位权诉讼中，次债务人对债务人的抗辩，可以向债权人主张。债务人在代位权诉讼中对债权人的债权提出异议，经审查异议成立的，人民法院应当裁定驳回债权人的起诉。"当然，债务人对债权人的抗辩，次债务人也应当有权行使；法律没有规定是个缺憾。

（2）抵销权。次债权人行使抵销抗辩权是针对债权人，而消灭的是债务人相应的债权。这种抵销要被债务人知晓。

三、撤销权

（一）撤销权的概念

保全权中的撤销权，是指债权人对于债务人减少财产以至于危害债权的行为，请求法院撤销的权利。

《合同法》第74条规定："因债务人放弃其到期债权或者无偿转让财产，对债权人造成损害的，债权人可以请求人民法院撤销债务人的行为。债务人以明显不合理的低价转让财产，对债权人造成损害，并且受让人知道该情形的，债权人也可以请求人民法院撤销债务人的行为。撤销权的行使范围以债权人的债权为限。债权人行使撤销权的必要费用，由债务人负担。"保全撤销权不同于合同撤销权：

（1）保全撤销权是债权人请求人民法院撤销债务人与第三人（受益人、受赠人、买受人）之间的法律关系。保全撤销权是债的效力的扩张，债的效力及于第三人，合同撤销权是合同当事人一方请求法院或者仲裁机构撤销已经生效的合同，不涉及第三人。

（2）保全撤销权是为了维护债务清偿债权的能力。合同撤销权是为了消除当事人意思表示有瑕疵造成的危害。

（二）撤销权的行使的效果

《合同法司法解释（一）》第25条第1款规定："债权人依照合同法第七十四条的规定提起撤销权诉讼，请求人民法院撤销债务人放弃债权或转让财产的行为，人民法院应当就债权人主张的部分进行审理，依法撤销的，该行为自始无效。"

（三）撤销权的成立要件

撤销权的成立要件如下：

（1）债权人须以自己的名义行使撤销权。

（2）债权人对债务人存在有效债权。

（3）不限于金钱债权，非金钱债权也可以撤销；债权人对债务人的债权未到期不影响撤销权的成立。

（4）债务人实施了减少财产的行为：

第一，债务人减少财产的行为须有害于债权人的债权。

第二，危害债权的行为发生在有效债权成立后终止前。

第三，债务人的行为成立并生效。未成立的行为、无效的行为无须撤销。

第四，债务人有偿转让财产时，第三人须有过错。为了保护交易关系，第三人有过错，债权人才能行使撤销权。过错必须是故意，不是过失。

4. 可行使撤销权的情形

（1）放弃到期债权，对债权人造成损害；

（2）无偿转让财产，对债权人造成损害；

（3）以明显不合理的低价转让财产，对债权人造成损害，并且受让人知道该情形（该情形一是指知道价格是不合理的低价，二是指知道不合理的低价损害了债权人的利益）；

（4）以抵押物折价后对后顺序担保物权人和债权人的利益造成损害；

（5）将财产抵押后对其他债权人的利益造成损害。

（五）撤销权的行使

撤销权的主体是因债务人不当处分财产而受其害的债权人。受害债权人以自己的名义通过诉讼程序行使该权利。即应当向法院提起诉讼，请求法院撤销。债权人为原告，债务人为被告，受益人或者受让人为诉讼上的第三人。债权人行使撤销权的范围以其债权为限。

经债权人请求，法院依法撤销债务人的行为后，债务人的财产处分行为自始无效，第三人因该行为取得的财产应当返还债务人；第三人因该行为免除的债务应当恢复履行。对于第三人返还的财产或履行债务的利益，债权人并不享有优先受偿权，但债权人行使撤销权的必要费用可以请求债务人偿付。

《合同法》第 75 条规定："撤销权自债权人知道或者应当知道撤销事由之日起一年内行使。自债务人的行为发生之日起五年内没有行使撤销权的,该撤销权消灭。"

第六节　合同的担保

一、合同担保概述

合同的担保是指基于法律规定或当事人的约定,为督促债务人履行债务、确保债权得以实现所采取的特别保障措施。

合同的担保作为债的特别担保,其方式一般有五种:保证、抵押、质押、留置和定金。其中,保证、抵押、质押和定金都是根据当事人的合同而设立,称为约定担保;留置则是直接依据法律的规定而设立,无须当事人之间特别约定,称为法定担保。保证是以保证人的财产和信用为担保的基础,属于人的担保;抵押、质押、留置,是以一定的财产为担保的基础,属于物的担保。定金则是一种特殊的担保形式。

抵押、质押、留置属于物权法的内容,这里只介绍保证和定金。

二、保证

(一) 保证的概念和特征

根据《担保法》第 6 条的规定,保证是指保证人和债权人约定,当债务人不履行债务时保证人按照约定履行债务或承担责任的行为。

保证作为一种担保方式,具有以下三个特征:

(1) 保证只能是合同当事人以外的第三人担保债务人履行债务;

(2) 保证是以保证人的信用为基础,以保证人的一般财产为责任财产的担保方式,属于人的担保;

（3）保证具有从属性和补充性。

在现代担保法上，保证已分化出多种类型，如单独保证与共同保证、一般保证与连带保证、普通保证与最高额保证。

（二）保证人

根据《担保法》第 7 条的规定，保证人必须是"具有代为清偿债务能力的法人、其他组织或者公民"。作为保证人，应当具备三种能力：

（1）独立的民事主体资格能力；

（2）独立承担民事责任的代偿能力；

（3）依法能承受保证责任风险的能力。

据此，下列人和组织不能作为保证人：

（1）国家机关。《担保法》第 8 条规定："国家机关不得为保证人，但经国务院批准为使用外国政府或者国际经济组织贷款进行转贷的除外。"

（2）以公益为目的的事业单位、社会团体。《担保法》第 9 条规定："学校、幼儿园、医院等以公益为目的的事业单位、社会团体不得为保证人。"

（3）企业法人的分支机构、职能部门。《担保法》第 10 条规定："企业法人的分支机构、职能部门不得为保证人。企业法人的分支机构有法人书面授权的，可以在授权范围内提供保证。"

（三）保证合同与保证方式

1. 保证合同

保证依保证合同而设立。保证合同是保证人与债权人达成的关于保证人担保债务人履行债务的协议。

保证合同须为书面形式。根据《担保法》第 15 条的规定，其应包括以下内容：

（1）被保证的主债权种类、数额；

（2）债务人履行债务的期限；

（3）保证的方式；

（4）保证担保的范围；

（5）保证的期间；

（6）双方认为需要约定的其他事项。

保证合同不完全具备前款规定内容的，可以补正。口头保证合同除保证人认可并愿意承担保证责任者外，不能认定其有效。

2. 保证方式

我国担保法规定的保证方式有两种即一般责任保证与连带责任保证。

一般责任保证是指在债务人不能履行债务时，主合同纠纷经诉讼或仲裁并就债务人财产依法强制执行仍不能履行债务的，才由保证人承担保证责任。

所谓连带责任保证，是指债务人在主合同规定的债务履行期届满没有履行债务的，债权人既可要求债务人履行，也可以要求保证人在其保证范围内承担保证责任。

两种保证方式中，一般保证的特征在于：（1）一般保证人享有先诉抗辩权；（2）必须在合同中已做了明确约定。如保证合同对保证方式没有约定或者约定不明确，则依法适用连带责任保证。

（四）保证的效力

1. 保证责任的范围

保证责任的范围有两类：一是约定的责任范围，根据保证合同的约定来确定；二是保证合同没有约定或约定不明确的，适用法定的责任范围，包括主债权及利息、违约金、损害赔偿金和实现债权的费用。

2. 保证期间

保证期间是指法律规定或当事人约定的，保证人承担保证责任的期限。在该期限内，债权人没有按法定或约定的方式行使权利，则产生保证人免除保证责任的后果。保证期间包括以下两种：

（1）一般保证的保证期间。根据《担保法》第 25 条的规定，一般保证的保证人与债权人未约定保证期间的，保证期间为主债务履行期届满之日起 6 个月。在保证期间，债权人未对债务人提起诉讼或者申请仲裁的，保证人免除保证责任；债权人已提起诉讼或者申请仲裁的，保证期间适用诉讼时效中断的规定。

（2）连带一般保证的保证期间。根据《担保法》第 26 条的规定,连带责任保证的保证人与债权人未约定保证期间的,债权人有权自主债务履行期届满之日起 6 个月内要求保证人承担保证责任。在保证期间,债权人未要求保证人承担保证责任的,保证人免除保证责任。

3．保证效力中的几个特殊情形

（1）主债权转让时的保证责任。《担保法》第 22 条规定:"保证期间,债权人依法将主债权转让给第三人的,保证人在原保证担保的范围内继续承担保证责任。保证合同另有约定的,按照约定。"

（2）连续保证中的保证责任。连续保证是指保证人与债权人协议,在最高债权额限度内,就一定期间连续发生的借款合同或者某项商品交易合同,订立一个保证合同的保证形式。根据《担保法》第 27 条的规定,连续保证合同的保证人,在合同中约定有保证期间的,在约定保证期间内承担保证责任;在合同中未约定保证期间的,保证人可以随时书面通知债权人终止保证合同,但保证人对于通知到债权人前所发生的债权,承担保证责任。

（3）企业法人分支机构无效保证的责任负担。企业法人分支机构未经法人书面授权或超出授权范围,与债权人订立的保证合同应为无效;企业法人及其分支机构不承担保证责任,但应当根据其过错承担相应的民事责任。

4．保证人与主债务人的关系

保证人一旦承担保证责任后,便与主债务人形成权利义务关系,保证人有权向主债务人追偿。人民法院受理主债务人破产案件后,债权人未申报债权的,保证人可以参加破产财产分配,预先行使追偿权。

5．保证人的抗辩权

保证人的抗辩权,是指主合同债权人向保证人提出承担保证责任的请求时,保证人根据一定的抗辩事由所享有的反驳债权人请求、拒绝或延缓承担保证责任的一种权利。具体分为三类:

（1）保证人的专属抗辩权。它是基于保证合同的从属性和相对独立性所决定的,不以主债务人的抗辩权为前提,而由保证人直接享有的对抗主债权人之请求权的一种抗辩权。它包括主合同无效抗辩权、保证合同无效抗辩权、保证期间抗辩权、特殊免责抗辩权。

特殊免责抗辩权具体表现为三种情形：

第一，在保证期间内，主债权人未经保证人书面同意，许可债务人转让债务，对转让部分，保证人免除保证责任；

第二，在保证合同生效之后，主债权人未经保证人书面同意，与主债务人协议变更主合同，保证归于消灭，保证人免除保证责任；

第三，保证所担保的同一债权同时存在物的担保，保证人仅对物的担保以外的债权承担保证责任；如主债权人放弃物的担保，保证人在其放弃范围内免除保证责任。

（2）保证人享有的债务人的抗辩权，包括撤销抗辩权、时效抗辩权、抵销抗辩权、同时履行抗辩权、不安抗辩权。

（3）一般保证中的先诉抗辩权。根据《担保法》第17条的规定，一般保证的保证人在主合同纠纷未经审判或者仲裁并就债务人财产依法强制执行仍不能履行债务前，对债权人可以拒绝承担保证责任。但有下列情形之一的，保证人不得行使前款规定的权利：债务人住所变更，致使债权人要求其履行债务发生重大困难的；人民法院受理债务人破产案件，中止执行程序的；保证人以书面形式放弃前款规定的权利的。

三、定金

（一）定金的概念和特征

定金是指合同当事人在合同订立时或合同履行前，为了保证合同的履行而给付另一方一定款项的一种担保方式。

定金具有如下法律特征：

（1）定金应当以书面形式约定，书面的定金合同是主合同的从合同。

（2）定金应当在合同订立时或合同履行前完成交付。

（3）定金合同以定金的实际交付为生效要件，是实践性合同、要物合同。

（4）定金含有多种功能，具体表现形式有订约定金、成约定金、解约定金、证约定金、违约定金等不同种类，在结果上具有制裁惩罚、补偿、证明和抵作价款等作用。

（5）定金的最高限额法定。《担保法》第 91 条规定："定金的数额由当事人约定，但不得超过主合同标的额的百分之二十。"

（二）定金与预付款的区别

定金与预付款都是在合同履行前一方当事人给付对方当事人的一定款项，都具有预先给付的性质，在合同履行后都可以抵作价款。但两者有明显的不同：

（1）定金是债的担保，具有担保作用；预付款是支付手段，无担保作用。

（2）定金能证明合同的成立；预付款无此证明作用。

（3）定金合同是从合同；预付款一般是主合同内容的一部分。

（4）定金只有支付才成立；预付款协议只要双方意思表示一致即可成立。

（5）定金一般于订约时交付；预付款一般在订约后交付。

（6）一方不履行合同时，适用定金罚则，具有制裁和补偿的双重作用；预付款无此功能。

（三）定金的效力

定金的效力归结为三方面：一是证明合同的成立；二是抵作价款；三是适用定金罚则。《担保法》第 89 条规定："当事人可以约定一方向对方给付定金作为债权的担保。债务人履行债务后，定金应当抵作价款或者收回。给付定金的一方不履行约定的债务的，无权要求返还定金；收受定金的一方不履行约定的债务的，应当双倍返还定金。"

典型案例分析

【案情介绍】

李某于 2005 年 10 月 5 日借款 35000 元给胡某，约定借款期限为一年；借款期限届满后,胡某未按约定还款。经了解,因胡某生意资金周转紧张,暂时无钱还款,但王某尚欠胡某到期货款 2.7 万元。2007 年 4 月李某向法院提起代位权之诉,要求王某向其履行偿付义务,同时李某担心王某不一定有清偿能力,要求胡某承担连带责任。

【案情分析】

《合同法》第 73 条第 1 款规定了行使代位权的前提是债务人享有到期债权,但这并不等同于债务人的到期债权具备必然的财产清偿能力和现实实现条件。到期债权和该债权的实现能力完全是两回事。债务人的债务人即次债务人的债务清偿能力具备与否,不影响债权人代位向次债务人行使清偿债务的能力,只要债务人的债权已经到期即可。代位权制度的设立目的即在于拓展债权人债权实现的责任财产范围,充实债权人一般担保的实力;使得在债务人既不清偿到期债务而又怠于行使其到期债权给债权人造成损害的情况下,债权人代位行使权利,使所受到的损害得以补救。

《合同法司法解释(一)》第 20 条规定,债权人向次债务人提起的代位权诉讼经法院审理后认定代位权成立的,由次债务人履行清偿义务,债权人与债务人、债务人与次债务人之间的相应的债权债务关系即予消灭。这一规定表明,债权人行使代位权所做的代位权诉讼一经法院确认成立,就所确认的债权数额,次债务人向债权人负有直接清偿的义务和责任,原来相应的债权债务关系即予消灭,而在债权人与次债务人之间形成一种新的且为生效判决所确认的债权债务关系。这显然是一种债的转移即由债务人向债权人所负的债款数额转嫁为次债务人对债权人所负的债款数额。在债权人进行代位权诉讼中,债权人在取得向次债务人主张债权清偿权利同时却丧失了原本即有的对债务人所享有的债权主张和清偿权利。这样,债权人行使代位权的最终后果,不仅没有使债权人在债务人的责任财产范围拓展到次债务人责任财产范围,反而使债权人的权利实现又处于一种新的风险境地,甚至增添、扩大的债权人的债权风险。这无疑是与代位权制度设立的目的相违背的。由于债权人进行代位权诉讼,并不是一经判决确认即可得到债权必然实现的效果即次债务人并不一定具备用于清偿债务的责任财产和能力,所以,为了充分地、最大化地保障债权人的权利,在债权人进行代位权诉讼确认次债务人就债务数额向债权人负有清偿责任的同时,应确定债务人对该债款数额负有连带清偿责任。也就是说,债权人在取得次债务人向其清偿债务的权利同时,债务人对其原本所负有的清偿责任并不丧失;这才符合代位权诉讼制度的立法本意。《合同法》第 73 条第 2 款规定,代位权的行使范围以债权人的债权为限。这包括债权人提起代位权的主张数额不能超过其对债务人所享有的债权款额,同时也不能超过债务人对次债务人所享有的债权款额。这样,在共同的债务数额范围内,债务人、次债务人均负有对债权人承担全部清偿债务的责任。代位权制度的设立,也就设定了与债务人负有连带关系的次债务人对债权人承担债务责任;这实质上是一种连带责任,以此保证担保债权人债权的实现。所以,在代位诉讼中,债务人对代位要诉讼确认数额应负连带清偿责任。债务人不能以法院就代位权诉讼所做的由次债务人代位清偿为由,推卸其原本既有的债务清偿责任。

思考题

1. 试述合同履行抗辩权。

2. 试比较代位权与撤销权之异同。

3. 合同担保的主要形式有哪些?

第五章

合同的变更、转让和终止

合同依法成立并生效后,对双方当事人便具有法律约束力,任何一方不得擅自变更或解除合同。只有法律规定的情形出现使合同的履行成为不可能或不必要时,才可以变更或解除合同。

第一节 合同的变更

一、合同变更的概念

合同的变更有广义、狭义之分。广义指合同主体和内容的变更:前者指合同债权或债务的转让即由新的债权人或债务人替代原债权人或债务人,而合同内容并无变化;后者指合同当事人不变,而当事人的权利义务发生变化。狭义的合同变更指合同内容的变更。从我国《合同法》的第 5 章的有关规定看,合同的变更仅指合同内容的变更,合同主体的变更称为合同的转让。

合同变更是合同关系的局部变化如标的数量的增减、价款的变化以及履行时间、地点、方式的变化,而不是合同性质的变化如买卖变为赠与。合同性质的变化使合同关系失去了同一性,此为合同的更新或更改。合同标的变更是否属于合同变更,理论界有不同看法,关键在于变更协议是否以原合同的主要权利义务为基础。

合同的变更,从其原因与程序上着眼,在我国立法上可以有以下类型:

(1)基于法律的直接规定变更合同如债务人违约致使合同不能履行而履行合同的债务变为损害赔偿债务;

(2)在合同因重大误解而成立的情况下,有权人可诉请人民法院变更或撤销合同,法院裁决变更合同;

(3)在情事变更使合同履行显失公平的情况下当事人诉请变更合同,法院依职权裁决变更合同;

(4)当事人各方协商同意变更合同;

(5)形成权人行使形成权使合同变更。

二、合同变更的要件

(一)原已存在有效的合同关系

合同的变更,是改变原合同关系,无原合同关系便无变更的对象。所以,合同变更以原已存在合同关系为前提。同时,原合同关系若非合法有效如合同无效、合同被撤销、追认权人拒绝追认效力待定的合同,也无合同变更的余地。

(二)合同内容发生变化

合同内容的变化包括标的物数量的增减、标的物品质的改变、价款或者酬金的增减、履行期限的变更、履行地点的改变、履行方式的改变、结算方式的改变、所附条件的增添或除去、单纯债权变为选择债权、担保的设定或取消、违约金的变更、利息的变化。

（三）经当事人协商一致或依法律直接规定及法院裁决，有时依形成权人的意思表示

基于法律直接规定而变更合同，法律效果可直接发生。例如，因债务人违约使履行合同的债务变为损害赔偿的债务。经法院裁决而变更，主要适用于意思表示不真实的合同，如因重大误解而订立的合同。基于形成权人的单方意思表示而变更，如选择权人行使选择权。

（四）须遵守法律要求的方式

对合同的变更，法律要求采取一定方式的，须遵守这种要求。如《合同法》第 54 条规定，必须经过法院的裁决。如果当事人在合同中约定了合同的变更须采取特定的方式如书面形式，当事人必须遵守这种约定。债务人违约而变更合同一般不要求特定方式。《合同法》第 77 条第 2 款规定，法律、行政法规规定变更合同应当办理批准、登记等手续的，依照其规定。

三、合同变更的效力

合同变更具有以下效力：

（1）合同变更的实质在于使变更后的合同代替了原合同。因此，合同变更后，当事人应按变更后的合同内容履行。

（2）合同的变更以原合同的存在为前提，是合同部分权利义务的变化，未变更的部分继续有效。

（3）如无约定，合同变更原则上向将来发生效力，已经履行的债务不因合同的变更而失去合法性。因此，合同变更后不发生恢复原状的问题。

（4）合同的变更不影响当事人要求赔偿的权利。原则上，提出变更的一方当事人对对方当事人因合同变更所受损失应负赔偿责任。

（5）保证期间，债权人与债务人对主合同数量、价款、币种、利率等内容做了变动，未经保证人同意的，如果减轻债务人的债务的，保证人仍应当对变更后的合同承担保证责任；如果加重债务人的债务的，保证人对加重的部分不承担保证责任。债权人与债务人对主合同履行期限做了变动，未经

保证人书面同意的,保证期间为原合同约定的或者法律规定的期间。债权人与债务人协议变动主合同内容但并未实际履行的,保证人仍应当承担保证责任。

第二节　合同的转让

一、合同转让的概念

合同转让是合同权利义务的转让,即合同主体的变更。具体有以下三种情况:

(1)以新的债权人代替原合同的债权人——债权转让;

(2)以新的债务人代替原合同的债务人——债务转移;

(3)新的当事人承受债权又承受债务——概括承受。

二、合同转让的要件

(一)须有有效合同

无效合同约定的权利义务不为法律所承认,因此它们的转让也不为法律所承认。

(二)该合同须有可转让性

根据合同性质不得转让的合同、当事人约定不得转让的合同或依照法律规定不得转让的合同不能转让。如继承权可以随意转让吗?

(三)须符合法律规定

《合同法》第87条规定:"法律、行政法规规定转让权利或者转移义务应当办理批准、登记等手续的,依照其规定。"

(四)须有受让人和转让人之间的协议

让与人与受让人必须就合同的转让达成合意。

三、债权转让

（一）债权转让的概念

债权转让是债权人将合同的权利全部或部分转让给第三人。合同权利的转让可以分为全部转让或者部分转让。在后者场合,受让的第三人加入合同关系,与原债权人共享债权,因此,原合同债变为多数人之债。按照转让合同约定,原债权人与受让部分合同权利的第三人或者按份分享合同债权,或者共享连带债权。如果转让合同无此约定,以共享连带债权论。

债权转让须债权人与受让人达成合意。这种让与的合意叫债权让与合同。

（二）对债权转让的限制

《合同法》第79条规定:"债权人可以将合同的权利全部或者部分转让给第三人,但有下列情形之一的除外:(一) 根据合同性质不得转让;(二) 按照当事人约定不得转让;(三) 依照法律规定不得转让。"具体包括以下情形:

1. 根据合同性质不得转让

所谓"根据合同性质不得转让"的债权是指根据合同权利的性质只能在特定的当事人之间发生才能实现合同目的的权利,如果转让给第三人,将会使合同的内容发生变更。通常有以下几种情形:

(1) 根据特殊信任关系而发生的债权(如雇佣、租赁);

(2) 根据特殊目的而发生的债权(如公益赠与);

(3) 以当事人特殊能力为基础发生的债权(如演出、培训);

(4) 不作为债权,是相对于合同相对人不作为义务而言(如竞业禁止),如债权人发生变化,则合同的基础丧失;

(5) 不能独立存在的从权利(如保证债权)。

此外,处于诉讼阶段的债权不得转让;否则会导致诉讼当事人的变更,破坏合法的诉讼程序,浪费司法资源。

2. 按照当事人约定不得转让的权利

当事人在订立合同时可以对权利的转让做出特别的约定,禁止债权人将权利转让给第三人。这种约定只要是当事人真实意思的表示,同时不违反法律禁止性规定,那么对当事人就有法律的效力。债权人应当遵守该约定不得再将权利转让给他人,否则其行为构成违约。但是合同当事人的这种特别约定,不能对抗善意的第三人。如果债权人不遵守约定,将权利转让给了第三人,使第三人在不知实情的情况下接受了转让的权利,该转让行为就有效,第三人成为新的债权人。转让行为造成债务人利益损害的,原债权人应当承担违约责任。

3. 依照法律规定不得转让的债权

例如,《民法通则》第91条规定,依照法律规定应当由国家批准的合同,合同一方将权利转让给第三人,须经原批准机关批准。如果该批准机关未批准,该合同转让无效。

（三）债权转让的通知

《合同法》第80条规定:"债权人转让权利的,应当通知债务人。未经通知,该转让对债务人不发生效力。债权人转让权利的通知不得撤销,但经受让人同意的除外。"

在债权人转让权利上各国做法不同,主要有自由主义、通知主义和债务人同意主义。我国合同法采取的是通知主义。其理由在于,合同权利的转让要涉及两种关系:一是债权人与债务人之间的原合同关系;二是转让合同关系。转让合同关系作为转让人与受让人之间的合同关系完全可由当事人在不违背法律和社会公共利益的前提下自由约定,因此,应当允许合同权利的转让。但是就债权人与债务人的关系而言,尽管债权人转让权利乃是根据其意志和利益处分其权利的行为,但此种处分通常又涉及债务人的利益,这就产生了一个法律上的权益冲突现象:从保护和尊重权利人的权利、鼓励交易出发,应当允许权利人在不违反法律和公共利益及合同约定的前提下自由转让其权利;但是从维护债务人的利益出发,又应对权利转让作出适当限制,即转让应征得债务人同意或通知债务人。

转让债权的通知是不能撤销的,债务人接到债权人权利转让的通知后,权利转让就生效,随之会引起合同权利和义务关系的一系列变化。原债权人被新的债权人替代或者新债权人的加入使原债权人已不能完全享有原债权。因此,债权人一旦发出转让权利的通知,就意味着合同的权利已归受让人所有或者和受让人分享,债权人不得再对转让的权利进行处置;因此,原债权人无权撤销转让权利的通知。只有在受让人同意的情况下,债权人才能撤销其转让权利的通知。

债权转让不以债务人同意为前提,只需通知,法律有规定或当事人约定或按照债权性质不必通知的除外(如具有高度流通性的证券化债权)。

(四)债权转让的效力

1. 内部效力

债权转让的内部效力是指债权转让在让与人(债权人)与受让人之间的债权让与合同的效力。

债权全部让与的,让与人脱离债权债务关系;受让人取代原债权人的地位,有权要求债务人向自己履行义务。部分让与的,原债权人就转让的部分丧失债权,与受让人一起就各自的部分独立享有债权。

债权人转让权利的,受让人取得与债权有关的从权利,但该从权利专属于债权人自身的除外。

2. 外部效力

债权转让的外部效力是指债权让与合同之外有关法律关系的效力,包括让与人与债务人之间的效力和受让人和债务人之间的效力。

债权全部转让的,让与人与债务人完全脱离关系;部分转让的,让与人就转让的部分与债务人脱离关系。

债权转让给受让人后,债务人是受让人的债务人,受让人有权要求债务人履行债务。

债务人接到债权转让通知后,债务人对让与人的抗辩可以向受让人主张。债务人接到债权转让通知时,债务人对让与人享有债权,并且债务人的债权先于转让的债权到期或者同时到期的,债务人可以向受让人主张抵销。

四、债务的转移

（一）债务转移的概念

债务转移又叫债务承担，是指债务人将合同的全部义务或者部分义务转移给第三人。

债务转移的发生，通常由债务人与第三人达成协议，该协议就是债务转移合同，第三人为债务承担人。

债务的转移须经过债权人的同意，因为关系到债权人的利益。

（二）债务转移的种类

债务转移（承担）分为免责的债务承担和并存的债务承担。

免责的债务承担是指债务人将其全部合同义务转移给第三人，由该第三人取代债务人的地位。

免责的债务承担具有以下特点：

（1）债务的全部转移是新债务人对原债务人的全部债务的承担，新旧债务在内容上是完全相同的。

（2）在债务全部转移的情况下，原债务人已经脱离了原来的合同关系，新的债务人代替了其地位。原合同关系消灭，产生了新的合同关系。

免责的债务承担分为第三人与债权人订立债务承担合同和第三人与债务人订立债务承担合同两种方式：

（1）第三人与债权人订立债务承担合同。第三人与债权人订立债务承担合同时，债务于债务承担合同成立时移转于该第三人。该第三人成为债务人；原债务人则脱离合同关系，不再向债权人承担债务。

（2）第三人与债务人订立债务承担合同。第三人与债务人订立的债务承担合同，自债务人与第三人达成关于移转债务于第三人的合意时成立。

并存的债务承担是指债务人将其合同债务部分地转移给第三人，第三人与原债务人一起承担同一债务。第三人与原债务人可以是按份承担债务，或对全部债务承担连带责任。如果该债务人与第三人连带地向债权人负责，则按连带之债的规则处理;如果该债务人与第三人各自按份负其责任,则按按份之债的规则处理。因此,并存的债务承担又称债务加入,债务人并不脱离合同关系而由第三人与债务人共同承担债务。并存的债务承担成立后,债务人与第三人成为连带债务人。

并存的债务承担以原已存在的有效的债务为前提。原来的合同关系虽有可撤销或解除的原因,但在撤销或解除以前仍可成立并存的债务承担。第三人所承担的债务应与承担时的原债务具有同一内容,不得超过原债务的限度。承担后发生的利息及违约金、损害赔偿等,应一并承担。

(三)债务转移的条件

债务转移应具备以下条件:

(1)免责的债务转移,须存在有效的合同义务;

(2)合同义务具有可转移性;

(3)第三人须与债务人达成协议;

(4)应当取得债权人的同意。

(四)债务转移的效力

1. 对免责的债务承担

(1)原债务人对转让的债务全部免责,新债务人产生,原债务人对新债务人没有担保责任。

(2)抗辩权转移,新债务人可以主张原债务人对债权人的抗辩权。

(3)从债务转移,除专属于原债务人的从债务外,新债务人承担与主债务有关的从债务。

(4)新债务人以外的第三人对债务所做的担保不经担保人认可,随债务转移而消失;没有转让的部分,保证人继续承担保证责任。

2. 对并存的债务承担

新债务人是连带债务人,债权人既可以向原债务人主张债权也可以向新债务人主张债权。

五、概括转让(承受)

(一)概括转让的概念

概括转让又叫概括承受,是指合同一方当事人将自己在合同中的权利义务一并移转与第三人,由第三人概括继受这些债权债务。

《合同法》第 88 条规定:"当事人一方经对方同意,可以将自己在合同中的权利和义务一并转让给第三人。"

(二)概括转让的类型

概括转让可以划分为以下类型:

(1)全部的概括转让和部分的概括转让。和合同权利的转让、合同义务的转让一样,合同权利义务的概括转让也可以分为全部的概括转让和部分的概括转让。部分的概括转让,可以因对方当事人的同意而确定原当事人和承受人的份额。如无明确约定,在原当事人和承受人之间发生连带关系。

(2)意定的概括承受和法定的概括承受。意定的概括承受又叫合同承受,是基于转让人和受让人之间的转让合同而产生的。法定的概括承受是直接依据法律的规定产生的,主要是当事人的分立与合并。

(三)概括转让的要件

合同承受的生效须具备以下要件:

(1)须有有效的合同存在。合同承受以存在有效的合同为前提。对可撤销合同,原则上可成立合同承受。但合同承受时,原合同当事人享有的撤销权视为已经抛弃;承受人也不得因承受前的原因主张合同的撤销,否则将给他方当事人带来不测的损害。

(2)承受的合同须为双务合同。单务合同中只能成立单纯的债权让与或债务承担,故不能成为合同的标的。

(3)须原合同当事人与第三人达成合同承受的合意。关于合同承受的合意,应适用民法关于意思表示的规定。但依照法律规定应当由有关机关批准的合同,其合同承受也必须经过原批准机关的批准。

（4）须经对方当事人的同意。未经对方当事人同意,合同承受不发生效力。

（四）概括转让的效力

合同承受的效力在于承受人取得原合同当事人享有的一切权利和负担的一切义务,原合同当事人完全脱离合同关系。依附于原当事人的全部权利义务均移转于承受人,包括在合同权利转让或合同义务的转让中与原债权人或者原债务人的利益不可分割的权利如撤销权、解除权一并移转。在这一点上,债权债务的概括转让和合同权利转让或者是合同义务转让不同。嗣后合同的履行或者不履行以及合同的变更或解除,概与原合同当事人无关。

第三节　合同的终止

一、合同终止概述

（一）合同终止的含义

合同的终止即合同权利义务的终止,是指由于一定法律事实的发生使合同设定的权利义务归于消灭。

（二）合同终止的原因

《合同法》第91条规定:"有下列情形之一的,合同的权利义务终止:(一) 债务已经按照约定履行;(二) 合同解除;(三) 债务相互抵销;(四) 债务人依法将标的物提存;(五) 债权人免除债务;(六) 债权债务同归于一人;(七) 法律规定或者当事人约定终止的其他情形。"

合同的权利义务终止后,当事人应当遵循诚实信用原则,根据交易习惯履行通知、协助、保密等义务。

二、合同的解除

(一) 合同解除的概念与特征

合同的解除,是指合同有效成立后,在一定条件下通过当事人的单方行为或者双方合意终止合同效力或者溯及地消灭合同效力的行为。

合同解除有以下法律特征:

1. 合同解除是对有效合同的解除

合同解除以有效成立的合同为标的,其目的在于解决有效成立的合同提前消灭的问题。这是合同解除与合同无效、合同撤销及要约或承诺的撤回等制度的不同之处。

2. 合同的解除必须具有法定或约定解除事由

合同一经有效成立,即具有法律约束力,双方当事人必须遵守,不得擅自变更或解除。这是合同法的重要原则。只是在主客观情况发生变化使合同履行成为不必要或不可能的情况下,才允许解除合同。这不仅是合同解除制度的存在依据,也表明合同解除必须具备一定的条件,否则便构成违约。对合同解除的条件,我国合同法既有一般性规定,又有适用于个别合同的特殊规定。

3. 合同解除必须通过解除行为实现

具备合同解除的条件,合同并不必然解除。要使合同解除,一般还需要解除行为。解除行为有两种类型:一是当事人双方协商同意;二是享有解除权一方的单方意思表示。

4. 合同解除的效果是使合同关系消灭

合同解除的法律效果是使合同关系消灭,但其消灭是溯及既往还是仅向将来发生,各国立法主张和学术见解不尽相同。我国通说认为,合同解除无溯及力。但也有学者认为,对此问题应具体分析,不能一概而论。

合同解除可做如下分类:

(1) 单方解除与协议解除。单方解除是指依法享有解除权的一方当事人依单方意思表示解除合同关系,协议解除是指当事人双方通过协商同意将合同解除的行为。

（2）法定解除与约定解除。合同解除的条件由法律直接加以规定者，称为法定解除。在法定解除中，有的以适用于所有合同的条件为解除条件，有的则以仅适用于特定合同的条件为解除条件。前者称为一般法定解除，后者称为特别法定解除。约定解除，是当事人以合同形式约定一方或双方保留解除权的解除。其中，保留解除权的合意称为解约条款。解除权可以保留给当事人一方，也可以保留给当事人双方。保留解除权，可以在订立合同时约定，也可以在以后另订保留解除权的合同。

（二）合同解除的条件

1. 合同的法定解除条件

《合同法》第 94 条规定："有下列情形之一的，当事人可以解除合同：（一）因不可抗力致使不能实现合同目的；（二）在履行期限届满之前，当事人一方明确表示或者以自己的行为表明不履行主要债务；（三）当事人一方迟延履行主要债务，经催告后在合理期限内仍未履行；（四）当事人一方迟延履行债务或者有其他违约行为致使不能实现合同目的；（五）法律规定的其他情形。"具体如下：

（1）因不可抗力致使不能实现合同目的。不可抗力致使合同目的不能实现，该合同就失去意义，应归于消灭。在此情况下，我国合同法允许当事人通过行使解除权的方式消灭合同关系。

（2）在履行期限届满之前，当事人一方明确表示或者以自己的行为表明不履行主要债务，即债务人拒绝履行，也称毁约，包括明示毁约和默示毁约。作为合同解除条件，它一是要求债务人有过错，二是拒绝行为违法（无合法理由），三是有履行能力。

（3）当事人一方迟延履行主要债务，经催告后在合理期限内仍未履行，也叫债务人迟延履行。根据合同的性质和当事人的意思表示，履行期限在合同的内容中非属特别重要时，即使债务人在履行期届满后履行，也不致使合同目的落空。在此情况下，原则上不允许当事人立即解除合同，而应由债权人向债务人发出履行催告,给予一定的履行宽限期。债务人在该履行宽限期届满时仍未履行的,债权人有权解除合同。

(4)当事人一方迟延履行债务或者有其他违约行为致使不能实现合同目的。对某些合同而言,履行期限至为重要,如债务人不按期履行,合同目的即不能实现。在这种情形下,债权人有权解除合同。其他违约行为致使合同目的不能实现时,也应如此。

(5)法律规定的其他情形。法律针对某些具体合同规定了特别法定解除条件的,从其规定。

2. 合同协议解除的条件

合同协议解除的条件,是双方当事人协商一致解除原合同关系。其实质是在原合同当事人之间重新成立了一个合同,其主要内容为废弃双方原合同关系,使双方基于原合同发生的债权债务归于消失。

约定解除有两种方式:一是合同成立后,当事人协商一致解除合同;二是当事人约定了一方解除合同的条件,当条件成就时享有解除权的一方可以解除合同。解除权人未行使解除权或解除权消灭的,合同不解除。

协议解除采取合同(即解除协议)方式,因此,应具备合同的有效要件:

(1)当事人具有相应的行为能力;

(2)意思表示真实;

(3)内容不违反强行法规范和社会公共利益;

(4)采取适当的形式。

(三)合同解除的程序

1. 单方解除的程序

单方解除,即享有合同解除权的一方当事人通过行使解除权而解除合同。单方解除权属形成权,不需对方当事人的同意,只需解除权人的单方意思表示即可发生解除合同的法律效果。但解除权的行使并非毫无限制,合同法对其行使期限和行使方式均有明确规定。

关于解除权的行使期限,《合同法》第95条规定:"法律规定或者当事人约定解除权行使期限,期限届满当事人不行使的,该权利消灭。法律没有规定或者当事人没有约定解除权行使期限,经对方催告后在合理期限内不行使的,该权利消灭。"

关于解除权的行使程序,《合同法》第96条规定:"当事人一方依照本法第九十三条第二款、第九十四条的规定主张解除合同的,应当通知对方。合同自通知到达对方时解除。对方有异议的,可以请求人民法院或者仲裁机构确认解除合同的效力。法律、行政法规规定解除合同应当办理批准、登记等手续的,依照其规定。"

2. 协议解除的程序

协议解除实质为原合同当事人之间重新成立一个以解除原合同为目的的合同,因此,应遵循由要约到承诺的一般缔约程序及其他相关要求,以实现当事人双方意思表示一致。法律、行政法规规定解除合同应当办理批准、登记等手续的,依照其规定。

(四)合同解除的效力

1. 一般规定

《合同法》第97条规定:"合同解除后,尚未履行的,终止履行;已经履行的,根据履行情况和合同性质,当事人可以要求恢复原状、采取其他补救措施,并有权要求赔偿损失。"该条规定确立了合同解除的两方面效力:一是向将来发生效力即终止履行;二是合同解除可以产生溯及力(即引起恢复原状的法律后果)。学者认为,非继续性合同的解除原则上有溯及力,继续性合同的解除原则上无溯及力。

2. 合同解除与损害赔偿

《民法通则》第115条和《合同法》第97条均规定,合同解除与损害赔偿可以并存。但对于损害赔偿的范围,学者有不同观点。其一认为,无过错一方所遭受的一切损害均可请求赔偿,既包括债务不履行的损害赔偿,也包括因恢复原状所发生的损害赔偿。其二认为,对损害赔偿范围的确定应具体分析。在许多情况下,损害赔偿与合同解除是相互排斥的,选择了其一便足以使当事人利益得到充分的保护,没有必要同时采取两种方式,例如协议解除、因不可抗力而解除。

三、合同终止的其他原因

(一) 履行

"债务已经按照约定履行",在学理上称为清偿。清偿,是按照合同约定实现债权目的的行为。清偿和履行的意义相同。合同是当事人为达到其利益要求而达成的合意,合同目的的实现有赖于债务的履行。债务按照合同约定得到履行,一方面使合同债权得到满足,另一方面也使得合同债务归于消灭、产生权利义务终止的后果。债务已经按照约定履行,指债务人按照约定的标的、质量、数量、价款或者报酬、履行期限、履行地点和方式全面履行。债务得到部分履行,或者在双务合同中只有一方履行了合同债务,在这些情况下,合同债权未得到完全实现,合同部分终止。

(二) 抵销

抵销是指合同双方当事人互负债务时,一方通知对方以其债权充当债务的清偿或者双方协商以债权充当债务的清偿,以使双方的债务在对等数额内消灭的行为。

1. 抵销为法定抵销与合意抵销

《合同法》第99条规定:"当事人互负到期债务,该债务的标的物种类、品质相同的,任何一方可以将自己的债务与对方的债务抵销,但依照法律规定或者按照合同性质不得抵销的除外。当事人主张抵销的,应当通知对方。通知自到达对方时生效。抵销不得附条件或者附期限。"此为法定抵销。

《合同法》第100条规定:"当事人互负债务,标的物种类、品质不相同的,经双方协商一致,也可以抵销。"此为合意抵销。

法定抵销与合意抵销在以下三个方面相同:当事人互负到期债务、双方的债务在对等额内消灭、互负的债务不是按照合同性质或者依照法律规定不得抵销。但两者也有不同,主要表现在以下方面:

（1）抵销的根据不同。法定抵销是基于法律规定，只要具备法定条件，任何一方可将自己的债务与对方的债务抵销；对于合意抵销，双方必须协商一致，不能由单方决定抵销。

（2）对抵销的债务的要求不同。法定抵销要求标的物的种类、品质相同，而合意抵销标的物的种类、品质可以不同。

（3）对抵销的债务的期限要求不同。法定抵销当事人双方互负的债务必须均已到期；合意抵销，双方互负的债务即使没有到期，只要双方当事人协商一致，愿意在履行期到来前将互负的债务抵销，也可以抵销。

（4）程序要求不同。法定抵销，当事人主张抵销的应当通知对方；通知未到达对方，抵销行为不生效。合意抵销，双方达成抵销协议时，发生抵销的法律效力，不必履行通知义务。

合意抵销的基本效力与法定抵销基本相同，即消灭当事人之间同等数额的债权。但是因合意抵销更多地体现了当事人的意思自治，因此，当事人还可以约定合意抵销的一些特别效力。

2. 债务抵销应当具备的条件

债务相互抵销应当具备以下条件：

（1）必须是当事人双方互负债务，互享债权。抵销发生的基础在于当事人双方既互负债务，又互享债权；只有债务而无债权或者只有债权而无债务，均不发生抵销。

（2）当事人双方互负的债权债务，须均合法。其中一个债为不法时，不得主张抵销。

（3）按照合同的性质或者依照法律规定不得抵销的债权不得抵销。

法定抵销须具备以下要件：

（1）必须是双方当事人互负债务、互享债权。

（2）双方互负的债务，必须与其给付种类相同。

当事人互负债务，标的物种类、品质不相同的，经双方协商一致，也可以抵销；但是此为合意抵销，不是法定抵销。

（3）必须是债权已届清偿期。

（4）必须是非依债的性质不能抵销。

所谓非依债的性质不能抵销，是指依给付的性质。如果允许抵销，就不能达到合同目的。

依照法律规定，不能抵销的债务有以下特形：

（1）因侵权行为所付的债务，债务人不得以其债权为抵销。

（2）法律禁止扣押的债权，例如劳动报酬、抚恤金等，债务人不得主张抵销。

（3）约定应向第三人为给付的债务；第三人请求债务人履行时，债务人不得以自己对于他方当事人享有债权而主张抵销。他方当事人请求债务人向第三人履行时，债务人不得以第三人对自己负有债务而主张抵销。

因法定抵销而产生的抵销权属于形成权，抵销权人只要以通知的方式告诉对方抵销即可生效。但是，抵销不得附条件或附期限。附条件的抵销只有在条件成就时才能实行，而条件有可能不成就。附期限的抵销在期限尚未到来时也不能实现。抵销附条件和附期限，使得抵销不确定，不符合设立抵销制度的目的，并可能损害一方当事人的权利。

抵销为债的绝对消灭，所以抵销成立以后不得撤回。双方等额的债权因抵销而消灭；如果双方债权的数额不符时，对未抵销的部分，债权人仍有享受清偿的权利。当抵销生效时，双方债权的消灭效力溯及抵销权发生之时。因此，抵销权发生后支付的利息应按照不当得利返还；如果互生利息的，因抵销的溯及力同归消灭。抵销权发生后的迟延给付责任，归于消灭；抵销权发生后，免除债务人的违约责任。

抵销制度，一方面免除了当事人双方实际履行的行为，方便了当事人节省了履行费用。另一方面，当互负债务的当事人一方财产状况恶化，不能履行所负债务时，通过抵销，起到了债的担保的作用；特别是当一方当事人破产时，对方履行交付的财产将作为破产财产，而未收回的债权要在各债权人间平均分配，显然不利于对方当事人，而通过抵销，可以使对方当事人的债权迅速获得满足。

（三）提存

提存是债务人无法履行债务或者难以履行债务的情况下，将标的物交由提存机关保存，以终止合同权利义务的行为。

《合同法》第101条规定："有下列情形之一，难以履行债务的，债务人可以将标的物提存：（一）债权人无正当理由拒绝受领；（二）债权人下落不明；（三）债权人死亡未确定继承人或者丧失民事行为能力未确定监护人；（四）法律规定的其他情形。标的物不适于提存或者提存费用过高的，债务人依法可以拍卖或者变卖标的物，提存所得的价款。"

债务人已经按照约定履行债务，应当产生债务消灭的法律效力；但债权人拒绝受领或者不能受领，债务不能消灭。让债务人无期限地等待履行，承担债权人不受领的后果，显失公平。为此，最高人民法院《关于贯彻执行〈中华人民共和国民法通则〉若干问题的意见（试行）》明确规定提存是债消灭的原因。该意见第104条规定："债权人无正当理由拒绝债务人履行义务，债务人将履行的标的物向有关部门提存的，应当认定债务已经履行。因提存所支出的费用，应当由债权人承担。提存期间，财产收益归债权人所有，风险责任由债权人承担。"合同法将提存作为合同的权利义务终止的原因之一，对提存制度做了原则规定。

根据合同法的规定，有下列情形之一，难以履行债务的，债务人可以将标的物提存：

1. 债权人无正当理由拒绝受领

债权人无正当理由拒绝受领，指在合同约定的履行期间，债务人提出履行债务的请求，债权人能够接受履行，却无理由地不予受领。构成拒绝受领的正当理由如下：

（1）债权人受到了不可抗力的影响；

（2）债权人遇到了难以克服的意外情况，无法受领，比如得了传染病入院治疗又无可代为受领人；

（3）债务人交付的标的物存在严重质量问题,甚至与合同约定根本不符;

（4）债务人迟延交付致使不能实现合同目的;

（5）合同被解除、被确认无效等。

如果债权人拒绝受领提出了正当理由,债务人不能将标的物提存。以下情况不能认为是债权人拒绝受领:

（1）债务履行期间债务人没有提出履行请求;

（2）债务履行期限没有届至,债务人提前履行债务,债权人没有接受履行。

2. 债权人下落不明

所谓下落不明,并不需要构成债权人失踪,只要债权人的下落为债务人在通常情况下所无法知道,即可构成"债权人下落不明"。如果债务人知道债权人的下落,但是债权人所处的地方使其无法受领,解释上也应当发生债务人提存的权利。

3. 债权人死亡或者丧失行为能力而未确定继承人或者监护人

当债权人为自然人时,如果死亡,应当由其继承人管理其生前的财产;其继承人接受履行的,也应当履行相应的义务。债务人交付履行时,债权人死亡没有确定继承人的,债务人的履行无法受领,在这种情况下,为了消灭债务,保护债务人的利益,债务人应当将标的物提存。同样,当债权人丧失行为能力而没有确定监护人时,债务人也应当提存标的物。

4. 法律规定的其他情形

法律对提存问题有规定的,应当依照法律规定。比如,《合同法》第70条规定,债权人分立、合并或者变更住所没有通知债务人,致使履行债务发生困难的,债务人可以终止履行或者将标的物提存。《担保法》第69条和第70条也规定了提存;虽然在提存的方法和程序上和合同法上规定的提存接近,但是其提存的目的却与合同法上规定的提存完全不同。

具备提存的情形之一的,必须是构成难以履行债务才应当提存。所谓难以履行,指债权人不能受领给付的情形不是暂时的、无法解决的,而是不易克服的。以下情况不能认为是难以履行:

（1）债权人不是拒绝受领而是迟延受领，并且迟延时间不长；

（2）下落不明的债权人有财产代管人可以代为接受履行；

（3）债权人的继承人、监护人很快可以确定。

提存的主体，又称为提存的当事人，包括提存人、债权人（提存受领人）和提存部门。提存人，是指为履行给付义务或担保义务而向提存部门申请提存的人，是提存之债的债务人。提存受领人，是指提存之债的债权人。提存部门，按我国提存公正规则规定为公证处，但有的法律法规规定在加工承揽中债权人所在地的银行可办理提存事务。

提存标的，为债务人依约定应当交付的标的物。提存应依债务的本旨进行，否则不发生合同权利义务终止的效力。因此，债务人为提存时，不得以合同内容不相符的标的物交付提存部门；换言之，提存标的必须与合同标的相符，否则就是违约。

提存的标的物，以适于提存为限。标的物不适于提存或者提存费用过高的，债务人依法可以拍卖或者变卖标的物，提存所得的价款。适于提存的标的物，包括货币、有价证券、票据、提单、权利证书、贵重物品、担保物（金）或者替代物，以及其他适于提存的标的物。标的物为不动产的，在债权人受领迟延时，债务人可抛弃占有；且不动产在性质上也不适于提存，故不得作为提存的标的物。

提存人应在交付提存标的物的同时，提交提存书。提存书上应载明提存人的姓名（名称），提存物的名称、种类、数量以及债权人的姓名、住址等基本内容。此外，提存人应提交债务证据，以证明其所提存之物确系所负债务的标的物，提存人还应提交债权人受领迟延或下落不明等致使债务人无法履行的证据。如有法院或者仲裁机构的裁决书，也应一并提出。提交提存书的目的在于证明其债务已符合提存要件，以便提存部门判定是否准予提存。

提存部门通过审查确定提存人具有民事行为能力，意思表示真实，提存之债真实、合法，具备提存的原因，提存标的与合同标的相符时，应当准予提存。提存部门应当验收提存标的物并登记存档。

　　提存人应将提存事实通知提存受领人。以清偿为目的的提存或提存人通知有困难的,提存部门应在适当时间内以书面形式通知提存受领人。提存受领人不清或下落不明、地址不详无法送达通知的,提存部门应当适时公告。

　　提存的法律后果在于使债权债务关系归于消灭,债务人不再承担债务履行责任,同时将本属于债权人的财产移转到提存部门;根据诚实信用原则,债务人应当在提存后,将提存的事实告知债权人,以便日后债权人能够提取已提存的标的物。因此,法律规定债务人应当及时通知债权人。在债权人下落不明的情形下,债务人无法通知,债务人可以不履行通知义务;当然在日后债权人出现,债务人应当通知债权人。债权人死亡或者丧失行为能力,债务人依法提存后,在债权人的继承人或者监护人确定后,债务人应当立即通知该继承人或者监护人。通知应当告知提存的标的、提存的地点、领取提存物的时间和方法等有关提存的事项。提存通知的义务,是法律规定的后合同义务,债务人必须履行。

　　自提存之日起,债务人的债务归于消灭。债务人将标的物交给提存部门视为已交付给债权人,标的物的风险移转到债权人,由债权人承担标的物毁损灭失的风险。提存物在提存期间所产生的孳息归提存受领人所有。

　　提存费用由债权人承担。费用主要包括办理提存时的有关费用如债务人运输提存标的物的运输费、提存公正费、公告费、评估鉴定费以及在提存期间的保管费,处理提存物的费用等提存部分为合理保管、处理提存物所发生的费用。债权人或者其他提存受领人如继承人、监护人未支付提存费用的,提存部门有权留置提存物。

　　标的物提存后债务消灭;债权人取得提存物的所有权,他可以随时领取提存物。但是提存仅是消灭债务的措施;在双务合同中,只有合同当事人双方均履行了各自的义务,合同才能终止。有时,债务人虽然将标的物提存,按照合同履行了自己的债务,但与其互负到期债务的债权人并未履行对待给付的义务。为避免先行履行可能发生的风险、保证自己债权的实现,债务人可以对提存部门交付提存物的行为附条件:只有在债权人履行了对债务人的对待债务或者为履行提供相应的担保后,才能领取提存物。不符合所附条件的,提存部门应当拒绝债权人领取提存物。

同样是为了促使债权人及时行使合同权利,同时为了减轻提存部门的保管费用,规定了债权人领取提存物的期限。债权人在接到债务人的通知后,应当及时领取提存物:在提存之日起 5 年内不领取的,债权人丧失领取提存物的权利。在扣除提存费用后,该提存物归国家所有。

(四)免除

免除是指债权人免除债务人的债务,是债权人以消灭债务人的债务为目的的意思表示。

《合同法》第 105 条规定:"债权人免除债务人部分或者全部债务的,合同的权利义务部分或者全部终止。"

关于免除的性质有不同的学说。一种学说认为,免除是契约。其理由如下:其一,债的关系是债权人与债务人之间特定的法律关系,不能仅依一方当事人的意思表示成立;其二,债权人免除债务人的债务是一种恩惠,而恩惠不能滥施于人;其三,债权人免除债务可能有其他动机和目的,为防止债权人滥用免除权损害债务人利益,免除应经债务人同意。另一种学说认为,免除是债权人抛弃债权的单方行为。其理由如下:其一,免除使债务人享受利益,因此,没有必要征得同意;其二,如果免除一定要债务人同意,债务人不同意的,等于限制了债权人对权利的处分。从本条规定看,我国合同法规定的免除是单方的法律行为。但合同法也并不排除债权人与债务人订立免除协议,免除债务人的义务。

免除具有以下特点:

(1)免除是无因行为。债权人免除债务,不论是为了赠与、和解,还是别的什么原因,这些原因是否成立,都不影响免除的效力。

(2)免除为无偿行为。免除债务表明债权人放弃债权,不再要求债务人履行义务,因此,债务人不必免除为相应的对价。

(3)免除不需要特定的形式。免除的意思表示不需特定方式,无论以书面或言词为之,或者以明示或默示为之,均无不可。

(4)免除为债权人处分债权的行为,因而需要债权人具有处分该债权的能力。无行为能力人或限制行为能力人不得为免除行为。

（5）免除的债务可以到期也可以未到期，可以是金钱债务也可以是非金钱债务。

免除的行使及其效力如下：

（1）免除由债权人向债务人以意思表示为之，向第三人所为免除债务的意思表示不发生免除的法律效力。

（2）免除适用民法关于法律行为的规定。免除可以由债权人的代理人为之，也可以附条件或期限。

（3）免除的意思表示不得撤回。因为免除为单独行为，自向债务人或其代理人表示后，即产生债务消灭的效果。因而，一旦债权人做出免除的意思表示，即不得撤回。

（4）免除发生债务绝对消灭的效力。免除全部债务时全部债务绝对消灭。免除部分债务时部分债务消灭，合同不终止。因免除使债权消灭，故债权的从权利，如利息债权、担保债权等，也同时归于消灭。

（5）免除为处分行为，仅就各个债务成立免除。仅免除部分债务的，合同关系仅部分终止。同时免除不得损害第三人的合法权益。例如，已就债权设定质权的债权人不得免除债务人的债务而以之对抗质权人。保证债务的免除不影响被担保债务的存在，被担保债务的免除则使保证债务消灭。

（6）免除违反法律、行政法规的禁止性规定的无效。

（7）免除侵害第三人利益的，第三人可以请求人民法院撤销免除行为。

（五）混同

混同是债权债务归属于同一人的事实。

《合同法》第106条规定："债权和债务同归于一人的，合同的权利义务终止，但涉及第三人利益的除外。"

债权债务的混同，由债权或债务的承受而产生，其承受包括概括承受和特定承受两种。概括承受是发生混同的主要原因。例如企业合并，合并前的两个企业之间有债权债务关系，企业合并后，债权债务因同归于一个企业而消灭。

由特定承受而发生的混同,系指债务人由债权人受让债权,债权人承受债务人的债务。

混同为债的消灭的独立原因;合同权利义务因混同而绝对消灭,但涉及第三人的利益的除外。混同也使从权利如利息债权、违约金债权、担保权等归于消灭。为保护第三人的利益情况如债权为他人质权的标的,为了保护质权人的利益,不使债权因混同而消灭。合同法规定,合同终止涉及第三人利益的,合同不终止。

(六)法律规定或者当事人约定终止的其他情形

除了上述原因以外的其他的可以作为合同解除原因的情形,比较常见的有合同的撤销、作为合同主体的自然人的死亡而其债务又无人承担、作为合同主体的法人解散而没有履行债务的继受者、有期限的合同终期届至等。

另外,要注意有两种情况不允许变更和解除:

(1)合同不因承办人、法定代表人或负责人的变动而变更或解除,也不因合同当事人的姓名、名称的变更而变更或解除。

(2)合同也不因当事人一方发生合并、分立而变更或解除,应由变更后的当事人承担或分担合同义务、享受合同权利。《合同法》第 90 条作出了具体规定:"当事人订立合同后合并的,由合并后的法人或者其他组织行使合同权利,履行合同义务。当事人订立合同后分立的,除债权人和债务人另有约定的以外,由分立的法人或者其他组织对合同的权利和义务享有连带债权,承担连带债务。"

此规定能有效地防止假借合并或者分立逃避债务,更好地保护债权人的利益。

典型案例分析

【案情介绍】

甲公司与某乙订立生产线租赁经营合同。合同约定租期 3 年,租金为 3000 元/月,2010 年 10 月 1 日为合同开始履行期。甲公司同意某乙自投资金对生产线进行技术改造。另外,双方还约定若出现问题解除合同,甲公司应根据剩余租赁期返还某乙投入的资金。

合同订立后,某乙投入资金90000元对生产线进行了改造。履行3个月后,某乙以甲公司违约为由提出解除合同,甲公司不同意。某乙遂诉诸法院,要求法院判令解除合同。

诉讼过程中,某乙主张已就解除合同事宜事先通知了甲公司,但未举证证明。

一审法院判决双方订立的合同合法有效。鉴于双方信任基础已经不存在,故支持某乙解除合同的诉讼请求,同时判令在扣除3个月租金及水电费后,甲公司返还某乙投入资金78000元。

甲公司不服,提起上诉。

本案的争议点如下:甲公司在上诉状中认为,在合同履行3个月后即2011年3月份,甲公司仍在履行配合寻找货源以及水、电设施的维修工作,某乙诉请解除合同实际上是转嫁经营风险。在某乙事先没有通知甲公司解除合同的情况下,就应以甲公司收到某乙诉状的时间作为合同解除的时间,并以此为标准来计算租金。因此,不应仅仅扣除3个月的租金,同时,亦应根据合同的实际履行时间来相应扣减某乙投入的技改资金。两项总计约15000元。

【案情分析】

1. 合同的合法、有效性

关于合同的合法、有效性问题,《合同法》分别在第3、4、5、6、7条做了规定,学界将其概括为三要素:合同双方具有相应的民事行为能力;意思表示真实、一致,内容合法。

分析本案中双方订立的协议,符合以上要素,一审法院的认定是正确的。

2. 合同解除的前提条件与合同自由原则

所谓合同自由,又称契约自由。按照该原则,当事人得按照自己的意志去自由地决定是否订立合同,自由地决定对方当事人,自由地决定合同的内容,自由地决定合同的形式。其核心和实质是由当事人的意思决定当事人之间的权利义务。

同时,这种自由又受到一定限制,要受到合同的约束。正因如此,《合同法》第8条规定,依法成立的合同,对当事人具有法律约束力。当事人应当按照约定履行自己的义务,不得擅自变更或者解除合同。同时,《合同法》还对合同解除的情形进行了列举,学界将其归纳为如下三种:

(1)协商解除。《合同法》第93条第1款规定,当事人协商一致,可以解除合同。

(2)约定解除。《合同法》第93条第2款规定,当事人可以约定一方解除合同的条件。解除合同的条件成就时,解除权人可以解除合同。

(3)法定解除。具体情形规定在《合同法》第94条:(1)因不可抗力致使不能实现合同目的;(2)在履行期限届满之前当事人一方明确表示或者以自己的行为表明不履行主要债务;(3)当事人一方迟延履行主要债务,经催告后在合理期限内仍未履行;(4)当事人一方迟延履行债务或者有其他违约行为致使不能实现合同目的;(5)法律规定的其他情形。

此外,《合同法》第69条还赋予享有不安抗辩权的一方以合同解除权,应属于《合同法》第94条第5项规定的情形。

本案中,某乙以甲公司违约导致其不能实现合同目的为由,申请法院解除合同,当属于法定解除的情形。

3. 合同解除的方式

《合同法》第96条规定,当事人一方依照本法第93条第2款、第94条的规定主张解除合同的,应当通知对方。合同自通知到达对方时解除。对方有异议的,可以请求人民法院或者仲裁机构确认解除合同的效力。

由此可以看出,合同解除的方式采取的是通知,且必须通知到对方;至于通知的方式,是口头,还是书面或者其他形式,在所不问。其中,《合同法》第11条对"书面形式"进行了阐明,可做参考。

至于违约方是否可以主动通知解除合同问题,法律规定并不明确。但从《合同法》第107条、第110条(下有分析)以及司法实践来看,答案是肯定的。

4. 合同解除的时间

对此问题,《合同法》第 96 条做了规定。但在如何理解上,却存在两种观点。一种观点认为在法院判决未下达前,不产生合同解除的效力。理由是如果法院判决合同不解除,则非违约方根据合同已经解除状态所采取的行动就须回复原状,从而造成不必要的损失(见《最高人民法院司法观点集成》第 140—141 页,人民法院出版社 2009 年版);另一种观点认为,有解除权的一方只要将解除合同的意思表示通知对方当事人,合同即为解除。如果法院认为解除权行使不当,则合同自始未解除(同上)。

笔者认为,第一种观点有失偏颇:一是有违立法本意;二是理由不能成立。即使非违约方存在不必要的损失,也有相应的途径可以救济。固然,根据《合同法》第 119 条第 1 款之规定,在一方违约后,非违约方有减损义务;但该条第 2 款同时规定,当事人因防止损失扩大而支出的合理费用,由违约方承担。其一,从合同法的立法目的以及司法实践来看,多为非违约方首先提出解除合同。即使违约方首先提出解除合同,其也要承担继续履行或赔偿损失的责任。相较而言,对非违约方造成的损害不可能更大。其二,合同的订立与履行系建立在互信、合作的基础之上。一方发出解除合同的通知,这一事实本身就表明合同双方互信、合作的基础已经丧失。等到法院判决下达后才产生合同解除的效力,会使合同双方的权利义务长期处于悬而未决的状态,对合同双方都会造成不必要的损害。其三,应以通知到达对方时合同即告解除为原则,以法院判决合同解除不发生法律效力、合同自始未解除为例外。

在本案中,鉴于某乙不能举证证明其是否对甲公司履行了合同解除的通知义务,因此,应以甲公司收到法院应诉通知书的时间作为合同解除的时间。

5. 合同解除后的责任承担

《合同法》第 107 条规定:"当事人一方不履行合同义务或者履行合同义务不符合约定的,应当承担继续履行、采取补救措施或者赔偿损失等违约责任。"

根据我国立法规定和大多数学者的见解,可将实际违约行为分为不履行和不完全履行两类,而不完全履行又可分为迟延履行、不适当履行、部分履行。所以基本的违约形态主要是不履行、迟延履行、不适当履行、部分履行四种。从本案情况来看,某乙通过诉讼途径明确表达出不再继续履行合同的意思表示,在诉讼过程中甲公司也与某乙对水、电费进行了结算。从双方的行为来看,都同意合同不再继续履行当无异议,剩余的就是违约责任的承担问题。

《合同法》第 97 条规定:"合同解除后,尚未履行的,终止履行;已经履行的,根据履行情况和合同性质,当事人可以要求恢复原状、采取其他补救措施,并有权要求赔偿损失。"第 98 条规定:"合同的权利义务终止,不影响合同中结算和清理条款的效力。"第 99 条规定:"当事人互负到期债务,该债务的标的物种类、品质相同的,任何一方可以将自己的债务与对方的债务抵销,但依照法律规定或者按照合同性质不得抵销的除外。当事人主张抵销的,应当通知对方。通知自到达对方时生效。抵销不得附条件或者附期限。"

据此法律规定,甲公司依据合同中的违约责任条款所提出的上诉请求符合法律规定。

当然,在本案中还有一个需要解决的问题:甲公司或某乙单方构成违约,还是双方都存在违约事由。《民法通则》第 113 条规定:"当事人双方都违反合同的,应当分别承担各自应负的民事责任。"《合同法》第 120 条规定:"当事人双方都违反合同的,应当各自承担相应的责任。"鉴于本案中致合同不能履行的原因主要在于甲公司和某乙对经营中的风险都估计不足,且在前期履行阶段双方都具有履行合同的较大诚意,在违约责任的承担方面,一审法院采取"各打五十大板"的方法还是比较公平、合理的。

思考题

1. 合同变更的要件有哪些?

2. 合同转让的要件有哪些?

3. 合同终止的法定情形有哪些?

第六章

合同的违反和救济

第一节　违约

一、违约的概念与具体形态

（一）违约的概念

合同及合同法的全部意义在于合同的履行。一个成立并有效的合同,其主要的法律效力就是当事人对合同的正确履行,否则就构成对合同的违反,而这种对合同义务的违反就是违约。

违约,是指合同当事人在无法定免责原因的情况下不履行合同义务或者不按合同约定条件履行合同义务的行为。

这一定义表明:

（1）违约的主体是合同当事人。合同具有相对性，违反合同的行为只能是合同当事人的行为。如果由于第三人的行为导致当事人一方违反合同，对于合同对方来说只能是违反合同的当事人实施了违约行为，第三人的行为不构成违约。

（2）违约是一种客观的违反合同的行为。违约的认定以当事人的行为是否在客观上与约定的行为或者合同义务相符合为标准，而不管行为人的主观状态如何。

（3）违约行为侵害的客体是合同对方的债权。因违约行为的发生，债权人的债权就无法实现，从而侵害了债权。

违约并不一定引起违约责任。违约责任的构成需要一定的主客观条件，而且也可能因为存在约定的或法定的免责事由而免除责任。免责事由一般有不可抗力、免责条款约定、债权人的过错。

（二）违约形态

违约形态是对违约行为违反合同义务的性质和特点而进行的分类。由于合同义务的复杂性和多样性，违约也表现出极其复杂的形态，每个学者分类的标准及认识问题的角度不同，自然也就有不同的分类。

根据不同标准，可将违约行为做以下分类：

（1）单方违约与双方违约。双方违约，是指双方当事人分别违反了自己的合同义务。《合同法》第 120 条规定："当事人双方都违反合同的，应当各自承担相应的责任。"可见，在双方违约的情况下，双方的违约责任不能相互抵销。

（2）根本违约与非根本违约。以违约行为是否导致另一方订约目的不能实现为标准，违约行为可做此分类。其主要区别在于，根本违约可构成合同法定解除的理由。

（3）不履行与不当履行。不履行包括履行不能与履行拒绝，不当履行包括不完全履行与履行迟延。

（4）预期违约与实际违约。预期违约是指在合同履行期限到来之前，一方无正当理由明确表示其在履行期到来后不履行合同，或者其行为表明其在履行期到来后将不可能履行合同。实际违约指履行期限届至时实际发生的违约行为。

二、预期违约

（一）预期违约的概念和特点

预期违约也称先期违约,是指在合同履行期限到来之前,一方无正当理由明确表示其在履行期到来后不履行合同,或者其行为表明其在履行期到来后将不可能履行合同。

预期违约的特点是:

（1）是当事人在合同履行期到来之前的违约;

（2）侵害的是对方当事人期待的债权而不是现实的债权;

（3）与实际违约后果不同,主要是造成对方信赖利益的损害。

（二）预期违约的形态

预期违约包括两种形态,即明示预期违约(明示毁约)和默示预期违约(默示毁约)。

1. 明示毁约

明示毁约是指一方当事人无正当理由,明确、肯定地向对方表示在履行期到来之时不履行合同。

其要件为:

（1）一方当事人明确、肯定地向对方作出毁约的表示;

（2）须表明将不履行合同的主要义务;

（3）无正当理由。

2. 默示毁约

默示毁约是指在履行期到来之前,一方以自己的行为表明其将在履行期到来之前不履行合同。另一方有足够的证据证明一方将不履行合同,而一方既不愿履行合同,也不愿提供必要的履行担保。

其特点为:债务人虽然没有表示不履行合同,但其行为表明将不履行合同或不能履行合同。例如特定物买卖合同的出卖人在合同履行其届至前将标的物转卖给第三人,或买受人在付款期到来之前转移财产以逃避债务。

《合同法》第68、69条对此种毁约行为的构成要件做了规定:

(1)一方当事人具有《合同法》第68条所规定的情况。包括经营状况严重恶化;转移财产、抽逃资金,以逃避债务;丧失商业信誉;有丧失或者可能丧失履行债务能力的其他情形。

(2)另一方具有确凿证据证明对方具有上述情形。

(3)一方不愿提供适当的履约担保。如果第三方确有证据证明一方将不履行合同,还不能立即确定对方已构成违约。根据《合同法》第69条,另一方要确定对方违约,必须首先要求对方提供履约担保,只有在对方不提供履约担保的情况下,才能确定其构成违约并可以要求其承担预期违约的责任。

三、实际违约

实际违约,即实际发生的违约行为。实际违约的具体形态包括:

(一)不履行

不履行是指债务人根本未实施任何旨在清偿债务的给付行为,包括履行不能和履行拒绝。

1. 履行不能

履行不能是指债务在客观上已经不可能履行。如在提供劳务的合同中,债务人丧失了劳动能力;在以特定物为标的的合同中,该特定物灭失。这里的履行不能是社会普通观念及法律或经济学观念上的不能,而非物理意义或逻辑意义上的不能。如果因履行不得不付出不适当的代价或冒重大的生命危险或因此而违反更大的义务,也应认为是履行不能。

2. 履行拒绝

履行拒绝是指合同履行期到来之后,一方当事人能够履行而拒不履行合同规定的全部义务。从客观而言,拒绝履行为一种违法行为,故债务已不存在,或已过诉讼时效或债务人行使履行抗辩权不属于拒绝履行。从主观而言,债务人须有故意或过失。故意是指债务人明知自己有债务而且应当履行故意拒不履行;过失是指本有债务存在但当事人因过失而不知因而拒绝履行。

（二）不适当履行

不适当履行是指债务人虽然实施了给付行为,但其履行不符合当事人的约定或法律规定。包括迟延履行和瑕疵履行。前者是在给付时间上有瑕疵,后者是迟延履行外的其他不适当履行的行为。

1. 履行迟延

履行迟延是指合同债务已经到期,合同当事人能够履行而未履行。履行迟延是最为常见的一种违反合同的表现方式。在许多情况下,履行迟延的债务人于迟延后一段时间内仍会履行债务,故与拒绝履行不同;就其尚能履行而言,与履行不能不同,但债务人迟延履行后也可能拒绝履行或因种种原因而致不能履行。

履行迟延的构成要件是:

（1）合同债务已经到期;

（2）给付须有可能;

（3）须因可归责于债务人的事由而未履行;

（4）须无法律上的正当理由。

2. 瑕疵履行

瑕疵履行,是指债务人虽然履行了债务,但其履行有瑕疵,即履行不符合法律规定或约定的条件,以致减少或丧失履行的价值或效应,或者给债权人造成损害的情形。

瑕疵履行（瑕疵给付）主要是指给付有关的因素有瑕疵,而使该履行本身的价值减少或丧失,其所侵害的是债权人因债务人的履行而能取得的利益。如给付的数量或质量不完全、给付的方法不符合约定、给付的时间和地点不当,因附随义务的不履行而为不完全给付等。当债务人的瑕疵履行使债权人的其他人身利益或财产利益受到损害时便构成加害给付。因加害给付而造成对方的其他权益遭受损害的,无论是人身伤害还是财产损失,无论是既得利益的损失还是可得利益的损失,债务人均应赔偿。如出售不合格产品导致买受人的损害,因出租车误时使飞机票作废等。

不适当履行的构成要件是:

(1)须有履行行为;

(2)须债务人履行不当,即履行行为未达到债务履行的目的;

(3)须可归责于债务人。

第二节　违约责任和违约救济

一、违约责任的概念和特征

(一)违约责任的概念

违约责任是违反合同的民事责任的简称,是指合同当事人一方不履行合同义务或履行合同义务不符合合同约定所应承担的民事责任。

《民法通则》第 111 条、《合同法》第 107 条对违约责任均做了概括性规定。《合同法》第 107 条规定:"当事人一方不履行合同义务或者履行合同义务不符合约定的,应当承担继续履行、采取补救措施或者赔偿损失等违约责任。"

(二)违约责任的特征

违约责任具有以下特征:

1. 违约责任是一种民事责任

法律责任有民事责任、行政责任、刑事责任等类型。民事责任是指民事主体在民事活动中,因实施民事违法行为或基于法律的特别规定,依据民法所应承担的民事法律后果。《民法通则》专设"民事责任"一章(第 6 章),规定了违约责任和侵权责任两种民事责任。违约责任作为一种民事责任,在目的、构成要件、责任形式等方面均有别于其他两种法律责任。

2．违约责任是违约的当事人一方对另一方承担的责任

合同关系的相对性决定了违约责任的相对性,即违约责任是合同当事人之间的民事责任,合同当事人以外的第三人对当事人之间的合同不承担违约责任。具体而言:

(1) 违约责任是合同当事人的责任,不是合同当事人的辅助人(如代理人)的责任。

(2) 合同当事人对于自己一方的第三人的原因导致的违约承担责任。《合同法》第 121 条规定,当事人一方因第三人的原因造成违约的,应当向对方承担违约责任。当事人一方和第三人之间的纠纷,依照法律规定或者按照约定解决。

3．违约责任是当事人不履行或不完全履行合同的责任

(1) 违约责任是违反有效合同的责任

合同有效是承担违约责任的前提和基础。这一特征使违约责任与合同法上的其他责任形式区别开来,如缔约过失责任、无效合同的责任等。

(2) 违约责任以当事人不履行或不完全履行合同为条件

能够产生违约责任的违约行为有两种情形:一是一方不履行合同义务,即未按合同约定提供给付;二是履行合同义务不符合约定条件,即其履行存在瑕疵。

4．违约责任具有补偿性

(1) 违约责任以补偿守约方因违约方违约所受的损失为主要目的,以损害赔偿为主要责任形式,故具有补偿性质。

(2) 违约责任可以由当事人在法律规定的范围内约定,具有一定的任意性。

《合同法》第 114 条第 1 款规定:"当事人可以约定一方违约时应当根据违约情况向对方支付一定数额的违约金,也可以约定因违约产生的损失赔偿额的计算方法。"

（三）违约责任的原则

违约责任遵循"以严格责任为一般，以过错责任为特殊"的责任原则，即除法律有特别规定（如不可抗力是法定免责情形）以外，不履行合同义务或者履行合同义务不符合约定的，主观上不管是否有过错都要依法承担违约责任。

二、违约救济

合同虽然是当事人双方意思表示一致的结果，但这种结果一经成立并生效，就成为当事人各方意思的对立物而独立存在，任何一方无权任意改变它。当一方不按合同的约定履行义务时，另一方有权请求法律救济，要求其承担违约责任。违约责任的承担和法律救济的寻求是一个问题的两个方面。

《合同法》第 107 条规定："当事人一方不履行合同义或者履行合同义务不符合约定的，应当承担继续履行、采取补救措施或者赔偿损失等违约责任。"当然，对对方来讲还可以采取解除合同的方式。

（一）继续履行

1. 继续履行的概念与特征

继续履行也称强制实际履行，是指对方当事人要求违约方继续履行合同规定的义务。违约方既然已经违约，通常就不能自愿地接受对方的要求做实际履行。因此，实际履行事实上是受害方向法院或仲裁机构提起实际履行之诉，请求法院或仲裁机构作出要求违约方实际履行的判决。继续履行的特征为：

（1）继续履行是一种违约救济的措施或手段，不同于一般意义上的合同履行。具体表现在：继续履行以违约为前提，体现了法的强制，不依附于其他责任形式。

（2）继续履行的内容表现为按合同约定的标的履行义务，这一点与一般履行并无不同。

（3）继续履行以对方当事人请求为条件，法院不得主动干预。

2. 继续履行的构成要件

（1）必须有违约行为的存在。继续履行责任是一方不履行合同的后果，只有在一方不履行合同义务或者履行合同义务不符合约定的情况下,另一方才有权要求其继续履行。由于迟延履行中违约当事人已经作出了履行,因而不适用于继续履行。同时,针对不适当履行而采取的修理、重做、更换的补救措施不包括在继续履行中,因此,可适用于继续履行的违约行为不包括不适当履行行为,继续履行主要包括拒绝履行、部分履行行为。

（2）必须要由非违约方在合理的期限内提出继续履行的请求。我国合同法从保护债权人的利益出发,将是否请求实际履行的选择权交给非违约方,由非违约方决定是否采取实际履行的方式。如果他认为实际履行可以更有利于保护其利益,则可以采取这种措施。如果采取实际履行的措施,必须要在合理的期限内提出实际履行的请求。如果在违约方违约后,非违约方未在合理的期限内提出实际履行的请求,则依据《合同法》第 110 条第 3 项的规定,不得再提出此种要求。

（3）必须能够履行。一般来说,在金钱债务中,当事人一方不支付价款或者报酬的,另一方有权要求其实际履行,违约的一方不得以任何理由拒绝履行。在非金钱债务中,如果依据法律和合同的性质不能实际履行,则违约方也可以拒绝非违约方的继续履行的要求。具体来说:

第一,法律上不能继续履行,即实际履行不能违反法律的规定。例如提供个人服务的合同,在法律上不能采取实际履行。如果采取实际履行措施,则将对个人实施某种人身强制,这与我国宪法和法律关于公民的人身自由不受侵害的规定是相违背的。而且法律从保护债权人的利益和交易秩序考虑,也不允许在某些情况下强制实施实际履行。例如在债务人破产时,如果允许强制实际履行与某个债权人所订立的合同,这实际上赋予了该债权人某种优先权,使其优先于违约方的其他债权人而受偿,这与破产法的有关规定是相违背的。

第二,依据合同的性质不能继续履行的。对一些基于人身依赖关系而产生的合同,例如委托合同、信托合同、合伙合同等,往往是因信任对方的特殊技能、业务水平、忠诚等产生的,因此,具有严格的人身性质,如果强制债务人履行义务,则与合同的根本性质是相违背的。

（4）实际履行在实施上是可能,和在经济上是合理的如果在事实上不能实际履行,或者债务的标的不适合于强制履行或履行费用过高的,则不能采取实际履行措施。

3. 继续履行的适用继续履行的适用,因债务性质的不同而不同

（1）金钱债务。无条件适用继续履行。金钱债务只存在迟延履行,不存在履行不能,因此,应无条件适用继续履行的责任形式。

（2）非金钱债务。有条件适用继续履行。对非金钱债务,原则上可以请求继续履行,但下列情形除外：

第一,法律上或者事实上不能履行(履行不能)；

第二,债务的标的不适用强制履行或者强制履行费用过高；

第三,债权人在合理期限内未请求履行(如季节性物品之供应)。

（二）赔偿损失

1. 赔偿损失的概念与特点

赔偿损失,在合同法上也称违约损害赔偿,是指违约方因不履行合同或者不完全履行合同而给对方造成的损失,应当依法承担赔偿责任。违约损害赔偿是违约救济中最广泛、最主要的救济方式。其基本目的是用金钱赔偿的方式弥补一方因违约给对方所造成的损害。

违约损害赔偿具有如下特点：

（1）违约损害赔偿是最重要的违约救济方式。赔偿损失具有根本救济功能,任何其他责任形式都可以转化为损害赔偿。

（2）违约损害赔偿是以支付金钱的方式弥补损失。合同关系一般为交易关系,而交易关系一般可以用金钱来表示或折合为金钱。任何损失一般都可以转化为金钱。因此,赔偿损失主要指金钱赔偿。但在特殊情况下,也可以以其他物代替金钱作为赔偿。

（3）违约损害赔偿的前提是因债务人违约而使债权人遭受损害由违约方赔偿。

这样合同双方当事人原来的合同权利义务关系就转化为损害赔偿的债权债务

关系。赔偿是对违约所造成的损失的赔偿,与违约行为无关的损失不在赔偿之列。

(4)违约损害赔偿具有补偿性。违约损害赔偿一般是为了弥补当事人因一方违约而产生的损害,而不是对违约行为的惩罚,一般不具有惩罚性。

(5)违约损害赔偿具有一定的任意性。违约赔偿的范围和数额,可由当事人约定。

2. 赔偿损失的确定方式

赔偿损失的确定方式有两种:法定损害赔偿和约定损害赔偿。

(1)法定损害赔偿。法定损害赔偿是指由法律规定的,由违约方对受害方因违约而遭受的损失承担的赔偿责任。根据《合同法》的规定,法定损害赔偿应遵循以下原则:

第一,完全赔偿原则。违约方对于受害方因违约所遭受的全部损失承担的赔偿责任。具体包括:直接损失与间接损失,即积极损失与消极损失(可得利益损失)。《合同法》第 113 条规定,损失"包括合同履行后可以获得的利益",可见其赔偿范围包括现有财产损失和可得利益损失。前者主要表现为标的物灭失、为准备履行合同而支出的费用、停工损失、为减少违约损失而支出的费用、诉讼费用等。后者是指在合同适当履行后可以实现和取得的财产利益。

第二,合理预见规则。违约损害赔偿的范围以违约方在订立合同时预见到或者应当预见到的损失为限。合理预见规则是限制法定违约损害赔偿范围的一项重要规则,其理论基础是意思自治原则和公平原则。对此应把握以下几点:其一,合理预见规则是限制包括现实财产损失和可得利益损失的损失赔偿总额的规则,不仅用以限制可得利益损失赔偿;其二,合理预见规则不适用于约定损害赔偿;其三,是否预见到或者应当预见到可能的损失,应当根据订立合同时的事实或者情况加以判断。

第三,受损害方减轻损失的义务规则。一方违约后,另一方应当及时采取合理措施防止损失的扩大,否则,不得就扩大的损失要求赔偿。其特点是:一方违约导致了损失的发生;相对方未采取适当措施防止损失的扩大;造成了损失的扩大。《合同法》第 119 条规定:"当事人一方违约后,对方应当采取适当措施防止损失的扩大;没有采取适当措施致使损失扩大的,不得就扩大的损失要求赔偿。当事人因防止损失的扩大而支出的合理的费用,由违约方承担。"

（2）约定损害赔偿约定损害赔偿是指当事人在订立合同时,预先约定一方违约时应当向对方支付一定数额的赔偿金或约定损害赔偿额的计算方法。它具有预定性(缔约时确定)、从属性(以主合同的有效成立为前提)、附条件性(以损失的发生为条件)。

（三）采取补救措施

1. 采取补救措施的含义

采取补救措施是指矫正合同不适当履行(质量不合格),使履行缺陷得以消除的具体措施。与继续履行(解决不履行问题)和赔偿损失具有互补性。

2. 采取补救措施的类型

关于采取补救措施的具体方式,我国相关法律做了不同规定。(1)《合同法》第111规定,修理、更换、重作、退货、减少价款或者报酬等;(2)《消费者权益保护法》第44条规定,修理、重作、更换、退货、补足商品数量、退还货款和服务费用、赔偿损失;(3)《产品质量法》第40条规定,修理、更换、退货。

3. 采取补救措施的适用

在采取补救措施的适用上,应注意以下几点:

（1）采取补救措施的适用以合同对质量不合格的违约责任没有约定或者约定不明确,而依《合同法》第61条仍不能确定违约责任为前提。换言之,对于不适当履行的违约责任形式,当事人有约定者应依其约定;没有约定或约定不明者,首先按照《合同法》第61条规定确定违约责任;没有约定或约定不明又不能按照《合同法》第61条规定确定违约责任的,才适用这些补救措施。

（2）应以标的物的性质和损失大小为依据确定与之相适应的补救方式。

（3）受害方对补救措施享有选择权,但选定的方式应当合理。

《合同法》第61条规定:"合同生效后,当事人就质量、价款或者报酬、履行地点等内容没有约定或者约定不明确的,可以协议补充;不能达成补充协议的,按照合同有关条款或者交易习惯确定。"

（四）违约金

1. 违约金的概念和性质

违约金是指当事人一方违反合同时应当向对方支付的一定数量的金钱或财物。依不同标准,违约金可分为:(1) 法定违约金和约定违约金;(2) 惩罚性违约金和补偿性(赔偿性)违约金。合同法施行之前,我国的违约金制度兼容以上各种形态,《合同法》则做了全新的规定。

根据现行《合同法》的规定,违约金具有以下法律特征:

(1) 是在合同中预先约定的(合同条款之一);

(2) 是一方违约时向对方支付的一定数额的金钱(定额损偿金);

(3) 是对承担赔偿责任的一种约定(不同于一般合同义务),是一种违约后生效的责任形式。

关于违约金的性质,一般认为,现行合同法所确立的违约金制度是不具有惩罚性的违约金制度,而基本属于赔偿性违约金制度。即使约定的违约金数额高于实际损失,也不能改变这种基本属性。关于当事人是否可以约定单纯的惩罚性违约金,《合同法》未做明确规定。通说认为此种约定并非无效,但其性质仍属违约的损害赔偿。

2. 违约金的增加或减少

违约金是对损害赔偿的预先约定,既可能高于实际损失,也可能低于实际损失。畸高和畸低均会导致不公平结果。为此,各国法律规定法官对违约金具有变更权,我国《合同法》第 114 条第 2 款也做了规定:"约定的违约金低于造成的损失的,当事人可以请求人民法院或者仲裁机构予以增加;约定的违约金过分高于造成的损失的,当事人可以请求人民法院或者仲裁机构予以适当减少。"其特点是:

(1) 以约定违约金"低于造成的损失"或"过分高于造成的损失"为条件;

(2) 经当事人请求;

(3) 由法院或仲裁机构裁量;

(4)"予以增加"或"予以适当减少"。

对违约金的适用还应该注意以下几个问题：

（1）一般来说，合同中约定的违约金可以视为约定的损害赔偿。当然，如果违约金的支付不足以弥补实际损失，受害人还可以要求赔偿损失，因而违约金责任与损害赔偿责任可以并存。违约金责任与损害赔偿责任的区别首先表现在违约金是事先约定的，而损害赔偿则是在违约发生后具体计算出来的。其次，违约金的适用不以实际损害为前提，不管是否发生了损害，当事人都应当支付违约金，而损害赔偿的适用则要以实际发生的损失为前提。如果非违约方在违约发生后不能证明违约造成的实际损害，则不能适用损害赔偿。

（2）违约金的支付是独立于履行之外。如果当事人没有特别的约定，当事人不得在支付违约金后而免除履行主债务的义务，即违约金的支付并没有给债务人一种违约的权利，债务人不得以支付违约金完全代替实际履行。《合同法》第114条第3款规定当事人就迟延履行约定违约金的，违约方支付违约金后，还应当履行债务。这说明违约金的支付与实际履行可以并用。

（3）对同一违约行为来说，违约金和解除合同是可以并用的。在一方违约导致合同解除的情况下，不能免除有过错的一方支付违约金的责任。

（五）定金

所谓定金，是指合同当事人为了确保合同的履行，依照法律和合同的规定，由一方按合同标的额的一定比例预先给付对方的金钱或其他替代物。对此《担保法》做了专门规定。

《合同法》第115条也规定："当事人可以依照《中华人民共和国担保法》约定一方向对方给付定金作为债权的担保。债务人履行债务后，定金应当抵作价款或者收回。给付定金的一方不履行约定的债务的，无权要求返还定金；收定金的一方不履行约定的债务的，应当双倍返还定金。"据此，在当事人约定了定金担保的情况下，如一方违约，定金罚则即成为一种违约责任形式。

定金责任的特征如下：

（1）我国合同法所规定的定金在性质上属于违约定金，适用于债务不履行的行为。定金责任具有明显的制裁违约行为的性质，因此，它应适用于较为严重的违约行为。

（2）定金责任是一种独立于其他责任形式的制裁措施。其基本内容是：给付定金的一方不履行约定的债务的，无权要求返还定金；收受定金的一方不履行约定的债务的，应当双倍返还定金。

（3）从性质上看，约定定金具有从合同的性质，它以主合同的存在为必要条件。

（4）由于定金是由当事人约定的，对当事人的约定自由也应有所限制。

按照《担保法》第91条的规定，定金的数额不得超过合同标的额的20%。

适用定金责任应当注意：

（1）定金责任是一种独立的责任形式，其适用不以实际损害的发生为前提，定金责任的承担也不能代替损害赔偿。因此，既不能将定金责任作为损害赔偿的最高限额，也不能在计算损害赔偿时将定金列入其中。

（2）由于我国法律规定的定金是违约定金，因此一方违约以后，违约方承担定金责任不得免除其继续履行的义务，可见定金责任能够与实际履行相并存。

（3）当事人既约定违约金，又约定定金的，一方违约时，对方可以选择适用违约金或者定金条款。

定金和违约金的性质不同，定金是一种担保方式，而违约金是对违约的一种制裁或补偿手段。合同的一方可以在对方违约时，当事人有选择权，可以分析自己的具体情况，选择一种更能补偿自己损失的方法。但如果允许守约方并用违约金和定金，其数额可能远远高于因违约所造成的损失，既加重了对违约方的惩罚，也可能使守约方获得的补偿高于其所受的损失，这与合同的公平原则相悖的。因此，本条规定合同当事人选择适用违约金条款或定金条款是必要的，也是合理的。

（六）合同解除

合同解除有法定解除和约定解除。作为救济措施的合同解除属于法定解除。在各种救济措施中，这是一种最严厉的救济措施。

我国《合同法》第 94 条规定了合同解除的条件。"有下列情形之一的,当事人可以解除合同:(1) 因不可抗力致使不能实现合同目的;(2) 履行期限届满之前,当事人一方明确表示或者以自己的行为表明不履行主要债务;(3) 当事人一方迟延履行主要债务,经催告后在合理期限内仍未履行;(4) 当事人一方迟延履行债务或者有其他违法行为致使不能实现合同目的;(5) 法律规定的其他情形。"

合同解除原则上具有溯及力,但持续性合同无溯及力;合同解除不影响当事人要求赔偿的权利,但这时的损害赔偿不应包括因违约而产生的可得利益的损失。因为合同解除的效力是使当事人恢复到合同订立前的状态,而可得利益是在合同履行后才达到的状态。由于救济手段具有多样性,当事人完全可以选择一种最有利于自己的方式,当事人一旦选择了解除合同意味着他不愿再维持合同的效力,就不应得到合同履行后能得到的可得利益。

三、违约的免责事由

(一)免责事由的概念

免责事由也称免责条件,是指当事人即使违约也不承担责任的事由。合同法的免责事由可分为两大类,即法定免责事由和约定免责事由。法定免责事由是指法律直接规定,不需要当事人约定即可援用的免责事由。主要指不可抗力;约定免责事由是指当事人约定的免责条款。有人认为,抗辩权也可成为免责事由。其实,行使抗辩权并不构成违约,因而无责可免。

(二)不可抗力

1. 不可抗力的概念

我国《合同法》第 117 条规定:"因不可抗力不能履行合同的,根据不可抗力的影响,部分或者全部免除责任,但法律另有规定的除外。当事人迟延履行后发生不可抗力的,不能免除责任。本法所称不可抗力,是指不能预见、不能避免并不能克服的客观情况。"

根据我国法律的规定,所谓不抗力,是指不能预见、不能避免并不能克服的

客观情况。一般认为,上述定义采取了折衷说,也有人认为系采客观说。具体而言,不可抗力的要件为:

(1) 不能预见,即当事人无法知道事件是否发生、何时何地发生、发生的情况如何。对此应以一般人的预见能力为标准。

(2) 不能避免,即无论经当事人采取什么措施,或即使尽了最大努力,都不能防止或避免事件的发生。

(3) 不克服,即以当事人自身的能力和条件无法战胜这种客观力量。

(4) 客观情况,即外在于人的行为的客观现象(包括第三人的行为)。

2. 不可抗力的范围

不可抗力主要包括以下几种情形:(1) 自然灾害,如台风、洪水、冰雹;(2) 政府行为,如征收、征用;(3) 社会异常事件,如罢工、骚乱。

在不可抗力的适用上,有以下问题值得注意:

(1) 合同中是否约定不可抗力条款,不影响直接援用法律规定。

(2) 不可抗力条款是法定免责条款,约定不可抗力条款如小于法定范围,当事人仍可援用法律规定主张免责;如大于条款范围,超出部分应视为另外成立了免责条款。

(3) 不可抗力作为免责条款具有强制性,当事人不得约定将不可抗力排除在免责事由之外。

3. 不可抗力的免责效力

因不可抗力不能履行合同的,根据不可抗力的影响,部分或全部免除责任。但有以下例外:其一,金钱债务的迟延责任不得因不可抗力而免除;其二,迟延履行期间发生的不可抗力不具有免责效力。同时,根据《合同法》第118条规定:"当事人一方因不可抗力不能履行合同的,应当及时通知对方,以减轻可能给对方造成的损失,并应当在合理期限内提供证明。"

4. 不可抗力与意外事件

我国已失效的《经济合同法》曾将不可抗力与"一方当事人虽无过失但无法防止的外因"并列规定为合同变更或解除的事由,学术上通常称之为"意外事件"。为区分不可抗力与意外事件,中外学者提出了种种标准,但在操作上并非易事。实际上,《民法通则》和《合同法》均未将意外事件作为免责条件。因此,多数学者主张意外事件不应该作为免责事由。

（三）免责条款

免责条款是指当事人在合同中约定免除将来可能发生的违约责任的条款,其所规定的免责事由即约定免责事由。对此,《合同法》未做一般性规定(仅规定格式合同的免责条款)。值得注意的是:免责条款不能排除当事人的基本义务,也不能排除故意或重大过失的责任。

典型案例分析

【案情介绍】

2001 年 10 月 8 日上午 10 时,吴某与李某签订了一份汽车买卖合同,合同约定:原车主李某应将正在运输途中的货车,返回水边后(双方住所),于 10 月 16 日交付车辆。车价款为 96800 元,吴某当先付定金 50000 元,待交车时定金抵作车款,且一并付清余车款。同时合同还约定了迟延交车和迟延付款约定应每天罚款 100 元。而且若一方有其他违约行为,应向对方支付违约金 10000元。合同签订后,李某之子驱车前往广东送货,吴某为检验车子的使用状况,亦跟车去了广东。10 月 9 日,当车行至广州附近一加油站旁边时,因修路堵车,司机采取措施不当,使该车与前方的一辆大货车发生追尾的轻微撞车事故,车头受损。李某之子当时就将该车放在附近一家修理厂进行了修理,吴某返回水边。2001 年 10 月 30 日,李某将车子交付给吴,吴某同时付清了余车款。第二天,吴某在运行中因发动机出现故障而使该车停在路上三天,货主要求吴某赔偿其经济损失。后经检查,结果发现是李某的车子在撞车后发动机尚未完全修理好,出现管漏的情况。

吴遂诉至法院,要求李某支付 10000 元违约金和每日罚款 100 元的迟延履行违约金,因其不能履行对第三人的运输而造成的经济收入损失 5000 元。

法院经审理,确认吴某与李某的汽车买卖合同合法有效。判决李某支付吴某 10000 元违约金,并支付每天罚款 100 元的迟延履行违约金 1500 元,赔偿吴某经营损失 5000 元。

【案情分析】

1. 本案中汽车买卖合同合法有效,货车受损应由李负责。货车受损时,所有权尚未转移,依照《合同法》第 142 条规定,标的物毁损、灭失的风险,在标的物交付之前由出卖人承担。此时卡车尚未交付,故应由出卖人李某承担。

2. 李某支付 10000 元违约金和支付每日 100 元的迟延履行罚金。这两种违约金适用的情形并不相同,李某同时构成了迟延履行和瑕疵履行两种违约行为,故这两种违约责任可以并用。但应该引申的是,由于违约金法则和定金法则不能同时并用。本案在审理中只适用了违约金法则,未适用定金法则,若吴某要求李某双倍返还定金,则不能支持。依照《合同法》第 116 条规定,当事人既约定违约金,又约定定金的,一方违约时,对方可以适当适用违约金或定金条款。

3. 李某应赔偿吴某的经营损失。我国《合同法》第 113 条第 1 款规定,当事人一方履行合同义务不符合约定,给对方造成损失的,损失赔偿应当相当于因违约所造成的损失,包括合同履行后可以获得的利益,但不得超付违反合同一方订立合同时预见或者应当预见到的因违反合同可能造成的损失。本案中,吴某经营收入损失可视为李某因履行义务不符合约定而给吴某造成的可得利益的损失,且这种损失能为李某在订立合同时所预见。

思考题

1. 试分析违约的形态。

2. 试分析违约损害赔偿的特点。

3. 试比较定金与违约金之异同。

4. 试述违约的免责事由。

第七章

转移财产权利的合同

第一节　买卖合同

一、买卖合同的概念和特征

（一）买卖合同的概念

买卖合同是出卖人转移标的物的所有权于买受人，买受人支付价款的合同。转移所有权的一方为出卖人或卖方，支付价款而取得所有权的一方为买受人或者买方。

买卖是商品交换最普遍的形式，也是典型的有偿合同。根据《合同法》第174 条、第 175 条的规定，法律对其他有偿合同的事项未做规定时，参照买卖合同的规定；互易等移转标的物所有权合同，亦参照法律对买卖合同的规定。

（二）买卖合同的特征

（1）买卖合同是有偿合同。买卖合同的实质是以等价有偿方式转让标的物的财产所有权，即出卖人移转标的物的财产所有权于买方，买方向出卖人支付价款。这是买卖合同的基本特征，使其与互易、赠与等其他合同相区别。

（2）买卖合同是双务合同。在买卖合同中，买方和卖方都享有一定的权利，承担一定义务。而且，其权利和义务存在对应关系，即买方的权利就是卖方的义务，买方的义务就是卖方的权利。

（3）买卖合同是诺成合同。买卖合同自双方当事人意思表达一致就可以生效，不需要交付标的物，因而是诺成合同。

（4）买卖合同一般是不要式合同。通常情况下，买卖合同的成立、有效并不需要具备一定的形式，但法律另有规定的除外。

二、买卖合同当事人的权利和义务

（一）出卖人的主要义务

1. 交付标的物

交付标的物是出卖人的首要义务，也是买卖合同最重要的合同目的。标的物的交付可分为现实交付和拟制交付。现实交付是指标的物交由买受人实际占有；拟制交付是指将标的物的所有权证书交给买受人以代替标的物的交付，如不动产所有权证书的交付和仓单、提单的交付等。标的物在出卖前就已经被买受人占有的，合同生效的时间即为交付的时间。

2. 转移标的物的所有权

买受人的最终目的是获得标的物的所有权，将标的物所有权转移给买受人是出卖人的另一项主要义务，这也是买卖合同区别于其他涉及财产移转占有的合同的本质特性之一。

3. 物的瑕疵担保责任

出卖人对其所转让的财产负权利瑕疵和物的瑕疵的担保责任。

（1）标的物权利瑕疵担保责任。标的物权利瑕疵担保义务是指出卖人就其所移转的标的物,担保不受他人追夺以及不存在未告知权利负担的义务。标的物的权利瑕疵,可表现为出卖人未告知该标的物上负担着第三人的权利,或者是出卖人未告知对标的物无权处分。根据《合同法》规定,权利瑕疵须为在买卖合同成立时即已存在,且于合同成立后仍未能除去,同时买受人不知道权利瑕疵的存在。此时,出卖人承担权利瑕疵担保责任。标的物存在权利瑕疵时,买受人可请求出卖人除去权利负担,并可根据债务不履行的规定,请求出卖人负不履行债务或损害赔偿的责任。

(2)物的瑕疵担保责任。是指出卖人就其所交付的物欠缺约定或法定品质所需负担的责任。即出卖人要保证标的物移转于买受人之后,不存在品质或使用价值降低、效用减弱的瑕疵。标的物欠缺约定或法定品质的,称为物的瑕疵。依其被发现的难易程度,物的瑕疵或划分为表面瑕疵和隐蔽瑕疵。

认定物的瑕疵的标准,合同有约定的,依合同约定;如无约定而由出卖人提供标的物的样品或有关标的物的质量说明的,以该样品或说明的质量标准为依据。不存在上述两种依据时,如当事人事后协商标准,依协商标准;如无协商标准,按照合同的有关条款或交易习惯所确定的标准。如标准仍不能确定的,按照国家标准、行业标准履行;没有国家标准、行业标准的,按照通常标准或者符合合同目的特定标准履行。

标的物的瑕疵应由出卖人负担保责任时,买受人可以请求减少价款,也可以要求出卖人更换、修理,或者自行修理,费用由出卖人负担。因标的物的瑕疵使合同目的不能实现时,买受人可以拒绝接受标的物或者解除合同。

标的物主物有瑕疵而解除合同时,解除合同的效力及于从物;反之,从物有瑕疵的,仅能部分解除合同,解除的效力不及主物。标的物为数物时,其中一物有瑕疵的,买受人仅有瑕疵的物解除合同;数物之价值不能分离的,则可就数物解除合同;买卖标的物是分批交付的,买受人只能就不能达到合同目的的该批标的物部分解除合同,但各批标的物有关联的,则可就该批以及以后的各批标的物解除合同。

（二）买受人的主要义务

1. 支付价款

价款是买受人获取标的物的所有权利的对价或代价。买受人应依合同的约定向出卖人支付价款，这是买受人的主要义务。买受人须按合同约定的数额、时间、地点支付价款，并不得违反法律以及公共秩序和善良风俗。合同无约定或约定不明的，应依法律规定、参照交易惯例确定。

2. 受领标的物

对于出卖人交付标的物及其有关权利和凭证，买受人有受领义务。

3. 对标的物检查通知的义务

买受人受领标的物后，应当在当事人约定或法定期限内，依通常程序尽快检查标的物。若发现应由出卖人负担保责任的瑕疵时，应妥善保管标的物并将其瑕疵立即通知出卖人。

三、标的物所有权的转移和风险责任负担及孳息归属

（一）标的物所有权的转移

买卖的标的物，除法律另有规定或当事人另有约定外，自交付时起发生所有权转移。

（二）标的物的风险责任承担

标的物风险责任承担，是指买卖过程中发生标的物意外毁损灭失的风险分配给当事人那一方负担。在买卖合同中，对于债务不履行或不协助履行，标的物的风险通常由有过失的一方负担。在标的物非因双方当事人的故意或过失而发生意外毁损灭失的情况下，根据我国《合同法》的规定，风险负担按交付原则由当事人承担。具体说来，即标的物毁损灭失的风险，在标的物交付之前由出卖人承担，交付之后由买受人承担，但法律另有规定或当事人另有约定的除外。对于不动产或船舶、航空器等以登记为权利变动公示的，风险应由所有人负担。

对各种不同的交付方式，合同法确定的风险负担原则是：

（1）标的物毁损、灭失的风险，在标的物交付之前由出卖人承担，交付之后由买受人承担。法律另有规定或当事人另有约定的除外；

因买受人的原因致使标的物不能按照约定的期限交付的，买受人应当自违反约定之日起承担标的物毁损、灭失的风险；

（2）出卖人出卖运输的在途标的物的，除有约定外，自合同成立时起，在途风险由买受人承担；

（3）对于需要运输的标的物，没有约定交付地点或约定不明确的，自出卖人将标的物交付给第一承运人起，风险由买受人承担；

（4）出卖人按照约定将标的物置于交付地点，或不需要运输的标的物合同订立时知道标的物在某一地点的，出卖人应当在该地点交付；不知道标的物在某一地点的，应当在出卖人订立合同时的地点交付。买受人违反约定没有收取的，标的物毁损、灭失的风险自违反约定之日起由买受人承担；

（5）出卖人未按照约定交付有关标的物的单证和资料的，不影响风险的转移；

（6）因标的物质量不符合要求，致使不能实现合同目的的，买受人可以拒绝接受标的物或者解除合同。买受人拒绝接受标的物或者解除合同的，风险由出卖人承担；

（7）标的物毁损、灭失的风险由买受人承担的，不影响因出卖人履行债务不符合约定，买受人要求其承担违约责任的权利。

（三）孳息归属

交付前产生孳息物，归出卖人；交付之后产生的孳息物，归买受人。

四、特种买卖合同

（一）分期付款买卖

分期付款买卖，是指买受人将其应付的总价款，在一定期限内分次向出卖人支付的买卖合同。其特点在于，合同成立之时，出卖人将标的物交付给买受人，价款则依合同约定分期支付。除法律另有规定或合同另有约定外，标的物所有权自出卖人交付时起转移给买受人。买受人应按期履行支付价金的义务，若未按期付款,应承担法律或合同规定的财产责任。

（二）样品买卖

样品买卖,又称货样买卖,是指买卖标的物依一定样品模型而定的买卖。即按照约定的样品买卖的,视为出卖人已保证交付的货物与样品具有同一品质,其意义是出卖人提供一种质量担保。凭样品买卖的当事人应当封存样品,并可对样品质量作出说明。出卖人交付的标的物应与样品及其说明的质量相同。

（二）试用买卖

试用买卖,又称为试验买卖,是指合同成立时出卖人将标的物交付给买受人试用,买受人在试用期间内决定是否购买的买卖。一般认为试用买卖合同属于附停止条件的买卖合同,即在所付买卖条件成就前,出卖人应将标的物交付给买受人试验使用,最终是否同意购买取决于买受人的意思,常见于新产品的买卖等。

（四）拍卖

根据我国拍卖法,拍卖是指以公开竞价的形式,将特定物品或财产权利转让给最高应价者的买卖方式。具体地说,买卖公开进行,参加竞拍的人在拍卖现场根据拍卖师的叫价决定是否应价,当某人的应价经拍卖师三次叫价无人竞价时,拍卖师以落锤或以其他公开表示买定的方式确认拍卖成交。

五、房屋买卖合同

房屋买卖合同是指出卖人将房屋所有权移转给买受人所有,买受人支付价金的买卖合同。房屋买卖合同与一般买卖合同的不同在于房屋是属于不动产,对于不动产买卖法律有如下限制:

（1）房屋买卖合同需要采用书面形式,买卖双方需将买卖房屋的位置、面积、价金等约定于书面。

（2）买卖房屋之所有权须经房屋登记机构登记后,才发生转移,未发生登记即使交付也不发生权利转移效果。

（3）出卖共有房屋或出租房屋时,其他共有人或承租人享有同等条件下的优先购买权。

第二节　供用电、水、气、热力合同

一、供用电、水、气、热力合同的概念和特征

（一）供用电、水、气、热力合同的概念

供用电、水、气、热力合同,是当事人约定,一方在一定期限内供给一定种类、品质和数量的电、水、气、热力于他方,而由他方给付价金的合同。

（二）供用电、水、气、热力合同的特征

供用电、水、气、热力合同的主要特征有:

（1）公益性。电、水、气、热力的使用人是社会公众,而供应人往往是独此一家,具有垄断性质。因此,供应人对于相对人的缔约要求无拒绝权,其收费标准由国家规定。

（2）持续性。电、水、气、热力的提供不是一次性的,而是在一定时间内持续的、不间断的,而使用人则是按期付款。

（3）格式性。供用电、水、气、热力合同是格式合同,适用法律对格式合同的规定。

二、供用电合同当事人的权利和义务

供用电、水、气、热力合同在权利义务上有相似性,供用电合同的法律规则,供水、供气、供热等合同也可准用。供用电、水、气、热力合同作为特殊买卖合同,一般买卖合同的规定也适用于该类合同,但于特殊处,须遵循法律的特殊规定。

（一）供电人的主要义务

（1）按照国家规定的标准和约定供电。未按国家规定的供电标准和约定安全供电,造成用电人损失的,应承担损害赔偿责任。

（2）中断供电的通知。供电人因供电设施检修等原因,需中断供电时,应当按照国家有关规定事先通知用电人。未事先通知用电人中断供电,造成用电人损失的,应当承担损害赔偿责任。

（3）及时抢修。因自然灾害等原因断电,供电人应当按照国家有关规定及时抢修。未及时抢修造成用电人损失的,应当承担损害赔偿责任。

（二）用电人的主要义务

（1）支付电费。逾期不交付电费的,应当按照约定支付违约金。没有约定违约金的,应当支付电费的逾期利息。经催告在合理的期限内仍拒绝交付电费的,供电人可按国家规定的程序终止供电。

（2）安全用电。用电人应该按照国家有关规定和当事人的约定安全用电。用电人擅自改动供电人的用电设计装置和供电设施、擅自超负荷用电等,造成供电人损失的,应当承担损害赔偿责任。

第三节　赠与合同

一、赠与合同的概念和特征

（一）赠与合同的概念

赠与合同,指一方当事人将自己的财产无偿给予他方,他方受领该赠与财产的合同。将财产无偿给予对方的人称为赠与人,无偿接受他人财产的人称为受赠人,赠与的财产为赠与物或受赠物。赠与财产应为赠与人合法所有,并为法律允许其处分的具有财产价值的物、货币、有价证券及其他财产权。赠与的动产所有权自交付时起转移,不动产所有权依不动产权利转移方式转移。

（二）赠与合同的特征

赠与合同具有下列特征：

（1）赠与合同是无偿合同。在赠与合同中，赠与人依约转移其赠与财产的所有权于受赠人，受赠人取得赠与物的所有权而不必向赠与人为相应的给付。但因赠与人的过失给受赠人造成损失的，受赠人有权请求赔偿。如赠与人故意不告知其赠与财产之瑕疵或保证无瑕疵的，对受赠人因物之瑕疵所受的损害负赔偿责任。

（2）赠与合同是单务合同。赠与人只承担将赠与物无偿地交付给受赠人的义务，而受赠人只享受接受赠与物的权利。即使赠与合同附义务，该义务与给予赠与物之间不存在对待给付关系。

（3）赠与合同是诺成合同。赠与合同是实践合同还是诺成合同各国立法规定不一。我国合同法规定赠与合同为诺成合同，赠与自当事人意思表示一致起成立。

赠与合同是双方法律行为，须双方当事人意思表示一致才能成立。

二、赠与合同的效力

（一）赠与人的权利和义务

赠与人的权利和义务有：

（1）交付赠与物的义务。赠与人应按约定将赠与物之所有权交付给受赠人，在赠与物为不动产时，还要协助办理有关登记手续。赠与物的所有权转移时间，可准用买卖合同的规定。根据我国合同法规定，在具有救灾、扶贫等社会公益、道德义务性质的赠与合同，以及经过公正的赠与合同中，受赠人可以请求交付。

（2）撤销赠与的权利。赠与合同的撤销，可分为任意撤销和法定撤销两种。

《合同法》第 186 条规定："赠与人在赠与财产的权利转移之前可以撤销赠与。具有救灾、扶贫等社会公益、道德义务性质的赠与合同或者经过公证的赠与合同，不适用前款规定。"这是任意撤销。

《合同法》第 192 条规定："受赠人有下列情形之一的,赠与人可以撤销赠与:(一)严重侵害赠与人或者赠与人的近亲属;(二)对赠与人有扶养义务而不履行;(三)不履行赠与合同约定的义务。赠与人的撤销权,自知道或者应当知道撤销原因之日起一年内行使。"《合同法》第 193 条规定:"因受赠人的违法行为致使赠与人死亡或者丧失民事行为能力的,赠与人的继承人或者法定代理人可以撤销赠与。赠与人的继承人或者法定代理人的撤销权,自知道或者应当知道撤销原因之日起六个月内行使。"《合同法》第 194 条规定:"撤销权人撤销赠与的,可以向受赠人要求返还赠与的财产。"这是法定撤销。

(3)损害赔偿责任。《合同法》第 189 条规定:"因赠与人故意或者重大过失致使赠与的财产毁损、灭失的,赠与人应当承担损害赔偿责任。"

(4)瑕疵担保责任。《合同法》第 191 条规定:"赠与的财产有瑕疵的,赠与人不承担责任。附义务的赠与,赠与的财产有瑕疵的,赠与人在附义务的限度内承担与出卖人相同的责任。赠与人故意不告知瑕疵或者保证无瑕疵,造成受赠人损失的,应当承担损害赔偿责任。"

(5)履行赠与义务的免除。《合同法》第 195 条规定:"赠与人的经济状况显著恶化,严重影响其生产经营或者家庭生活的,可以不再履行赠与义务。"

(二)受赠人权利和义务

(1)接受赠与物的权利。受赠人有无偿取得赠与物有权利,但赠与合同约定负担义务的,受赠人须按约定履行义务。

(2)请求赠与人履行赠与合同的权利。对具有救灾、扶贫等社会公益、道德义务性质的赠与合同,以及经过公正的赠与合同,赠与人不交付赠与物的,受赠人可以请求交付。

(3)履行赠与所负的义务。在赠与属于附义务赠与时,受赠人应在赠与物的价值限度内履行所附义务,受赠人不履行其义务叶,赠与人有权请求赠与人履行或撤销其赠与。

(4)请求损害赔偿的权利。这种权利限于受赠人可以请求交付赠与财产的赠与合同类型。

三、赠与合同终止

赠与合同既可基于合同终止的一般原因而终止,也有其特有的终止方式,即赠与的撤销。

赠与的撤销有任意撤销与法定撤销之分。

(一)任意撤销

赠与合同成立后,除具有救灾、扶贫等社会公益、道德义务性质的赠与合同外,赠与人在赠与物交付前得任意撤销合同。

(二)法定撤销

对于已经履行的赠与合同,受赠人有如下情形的,赠与人可以撤销合同:

(1)受赠人对赠与人或其近亲属有严重侵害行为;

(2)对赠与人有抚养的义务而不履行的;

(3)不履行赠与合同约定的义务的;

(4)对于受赠人违法行为致使赠与人死亡或丧失民事行为能力的,赠与人的继承人或法定代理人可以撤销赠与。

前三项撤销权自赠与人知道有撤销原因时起 1 年内有效;第四项撤销权的行使期限为 6 个月。

第四节　借款合同

一、借款合同的概念和特征

(一)借款合同的概念

借款合同,是当事人约定一方将一定种类和数额的货币权移转给他方,他方于一定期间返还同类同数额货币的合同,也称借贷合同。其中,提供货币的一方称贷款人,受领货币的一方称借款人。

（二）借款合同的特征

借款合同的特征主要有：

（1）借款合同的标的物是金钱。借款合同的标的物是一种作为特殊种类物的金钱。因此，原则上只发生履行迟延，不发生履行不能。

（2）借款合同是转让货币所有权的合同。当贷款人将借款即货币交给借款人后，货币的所有权转移给了借款人，借款人可以处分所得的货币。这是借款合同的目的决定的，也是货币这种特殊种类物作为其标的物的必然结果。

（3）借款合同可以是有偿合同，也可以是无偿合同。

（4）借款合同中，除自然人之间的借款合同为实践性合同外，为诺成性合同。

（5）借款合同一般为要式合同。借款合同一般应当采用书面形式，自然人之间借款合同的形式可以由当事人约定。

二、借款合同当事人的权利和义务

（一）贷款人的权利义务

贷款人的主要义务是按照约定的日期、数额提供借款。贷款人未按照约定的日期、数额提供借款，造成借款人损失的，应当赔偿损失。

在借款合同中，贷款人不得利用优势地位预先在本金中扣除利息，不得将借款人的营业秘密泄露于第三方。否则，应承担相应的法律责任。

贷款人的权利主要有：

（1）有权请求返还本金和利息。

（2）对借款使用情况的监督检查权；贷款人可以按照约定监督、检查贷款的使用情况。

（3）停止发放借款、提前收回借款和解除合同权。

借款人未按照约定借款用途使用借款的，贷款人可以停止发放借款、提前收回借款或者解除合同。

（二）借款人的权利义务

（1）提供真实情况。订立借款合同，借款人应当按照贷款人的要求提供与借款有关的业务活动和财务状况的真实情况。

（2）按照约定收取和使用借款。借款人未按照约定的日期、数额收取借款的，应当支付逾期利息。合同对借款有约定用途的，借款人须按照约定用途使用借款，接受贷款人对贷款使用情况实施的监督检查。借款人未按照约定的借款用途使用借款的，贷款人可以停止发放借款、提前收回借款或者解除合同。

（3）归还借款本金和利息。当借款为无偿时，借款人须归还借款本金；当借款为有偿时，借款人除须归还借款本金外，还必须按约定支付利息。

三、自然人间的借款合同

根据《合同法》的规定，自然人间的借款合同的特殊规定有：

（1）自然人间的借款合同是不要式合同，借款合同的形式可由当事人约定；

（2）自然人间的借款未约定利息的，视为无偿借款；

（3）自然人间的有偿借款，其利率不得高于法定限制。

最高人民法院发布的《关于审理借贷案件的若干意见》规定，民间借贷的利率可以适当高于银行的利率，但最高不得超过银行同类贷款利率的4倍；不允许计复利。

第五节　租赁合同

一、租赁合同的概念、特征和种类

（一）租赁合同的概念

租赁合同是指出租人将租赁物交付给承租人使用、收益，承租人支付租金的合同。在当事人中,提供物的使用或收益权的一方为出租人;对租赁物有使用或收益权的一方为承租人。租赁物须为法律允许流通的动产和不动产。

（二）租赁合同的特征

租赁合同的特征有:

（1）租赁合同是转移租赁物使用收益权的合同。在租赁合同中,承租人的目的是取得租赁物的使用收益权,出租人也只转让租赁物的使用权,而不转让其所有权。在租赁合同终止时承租人要返还租赁物。这是租赁合同区别于买卖合同等的根本特征。

（2）租赁合同是双务、有偿合同。租赁合同是双务、有偿合同,即交付租金和转移租赁物的使用收益之间存在着对价关系,交付租金是获取租赁物使用收益权的对价,而获取租金是出租人出租财产的目的。

（3）租赁合同是诺成合同。租赁合同的成立和生效不以租赁物的交付为要件,当事人只要依法达成协议即具有法律拘束力。

（4）租赁合同具有期限性和连续性。

（5）租赁合同能引起物权性效力。表现为:同一物上只能设一个租赁权;出租人在租赁合同存续期间出售租赁物的行为不影响租赁合同的效力,在同等条件下承租人有优先购买权。

（三）租赁合同的种类

（1）动产租赁和不动产租赁。根据租赁物的不同,可以划分为动产租赁和不动产租赁。动产租赁是指以动产为租赁物的租赁;不动产租赁包括房屋租赁和土地使用权租赁等。

（2）一般租赁和特殊租赁。根据法律对租赁是否具有特殊的规定,可以划分为一般租赁和特殊租赁。特殊租赁是相对于一般租赁而言的,指法律有特别要求的租赁,例如,房地产管理法对房地产的租赁、海商法对船舶的租赁以及航空法对航空器的租赁等都有特殊的规定。

（3）定期租赁和不定期租赁。根据租赁合同是否确定期限,可以划分为定期租赁和不定期租赁。当事人可以在租赁合同中约定租赁期间,没有约定租赁期间的则为不定期租赁。对于不定期租赁,任何一方当事人都有权以自己的意愿随时解除合同,但在解除合同之前,应预先通知对方。但是,无论是否约定租赁期间,租赁期间都受 20 年法定期间的限制。

二、租赁合同的内容和形式

(一)租赁合同的内容

租赁合同的内容包括租赁物的名称、数量、用途、租赁期限、租金以及其支付期限和方式、租赁物维修等条款。

(二)租赁合同的形式

租赁期限 6 个月以下的,可以由当事人自由选择合同的形式。无论采用书面形式还口头形式,都不影响合同的效力。租赁期限 6 个月以上的,应当采用书面形式,未采用书面形式的,不论当事人对租赁期限是否做了约定,都视为不定期租赁。

三、租赁合同当事人的权利和义务

(一)出租人的义务

1. 交付出租物

出租人应依照合同约定的时间和方式交付租赁物。物的使用以交付占有为必要的,出租人应按照约定交付承租人占有使用。物的使用不以交付占有为必要的,出租人应使之处于承租人得以使用的状态。如果合同成立时租赁物已经为承租人直接占有,从合同约定的交付时间起承租人即对租赁物享有使用收益权。

2. 在租赁期间保持租赁物符合约定用途

租赁合同是继续性合同,在其存续期间,出租人有继续保持租赁物的法定或者约定品质的义务,使租赁物合于约定的使用收益状态。倘发生品质降低而害及承租人使用收益或其他权利时,则应维护修缮,恢复原状。因修理租赁物而影响承租人使用、收益的,出租人应相应减少租金或延长租期,但按约定或习惯应由承租人修理,或租赁物的损坏因承租人过错所致的除外。

3．瑕疵担保

当租赁物有瑕疵或存在权利瑕疵致使承租人不能依约使用收益时,承租人有权解除合同。承租人因此所受损失,出租人应负赔偿责任,但承租人订约时明知有瑕疵的除外。

（二）承租人的义务

1．支付租金

承租人应当按照约定的期限支付租金。承租人无正当理由未支付租金或延期支付租金的,出租人可以要求承租人在合理期限内支付。承租人逾期不支付的,出租人可以解除合同。

2．按照约定的方法使用租赁物

承租人应按照约定的方法使用租赁物;无约定或约定不明确的,可以由当事人事后达成补充协议来确定;如不能达成协议的,按合同的有关条款或交易习惯确定;仍不能确定的,应根据租赁物的性质所确定的方法使用。承租人按照约定的方法或者租赁物的性质使用致使租赁物受到损耗的,因属于正常损耗,不承担损害赔偿责任。承租人不按照约定的方法或者租赁物的性质使用致使租赁物受到损耗的,视为承租人违约,出租人可以解除合同并要求赔偿损失。

3．妥善保管租赁物

承租人应妥善保管租赁物,未尽妥善保管义务,造成租赁物毁灭损失的,应当承担损害赔偿责任。

4．不得擅自改善和增设他物

承租人经出租人同意,可以对租赁物进行改善和增设他物。承租人未经出租人同意对租赁物进行改善和增设他物的,出租人可以请求承租人恢复原状或赔偿损失。

5．瑕疵通知

在租赁关系存续期间,出现以下情形之一的,承租人应当及时通知出租人:

（1）租赁物有修理、防止危害的必要。

（2）其他依诚实信用原则应该通知的事由。承租人怠于通知,致出租人不能及时救济而受到损害的,承租人应负赔偿责任。

6. 返还租赁物

租赁合同终止时,承租人应将租赁物返还出租人。逾期不还,即构成违约,须给付违约金或逾期租金,并须负担逾期中的风险。经出租人同意对租赁物进行改善和增设他物的,返还的租赁物应当按照约定或者租赁物的性质使用后的状态。

（三）承租人的转租权

承租人转租租赁物的,须经出租人同意。转租与债的转移不同,转租期间,承租人与出租人的租赁合同继续有效,第三人不履行对租赁物妥善保管义务的,由承租人向出租人负赔偿责任。承租人未经同意而转租的,出租人可终止合同。

（四）买卖不破租赁

《合同法》第229条规定:"租赁物在租赁期间发生所有权变动的,不影响租赁合同的效力。"即在租赁合同有效期间,租赁物因买卖、继承等使租赁物的所有权发生变更的,租赁权对新所有权人仍然有效。即新所有权人不履行租赁义务时,承租人得以租赁权对抗新所有权人,学理上称之为"买卖不破租赁"。根据"买卖不破租赁"规则,租赁权得对抗不特定第三人,此又称为租赁权的物权化。

第六节　融资租赁合同

一、融资租赁合同的概念和特征

（一）融资租赁合同的概念

融资租赁合同,是指出租人根据承租人对出卖人、租赁物的选择,向出卖人购买租赁物,提供给租赁人使用,承租人交付租金的合同。

（二）融资租赁合同的特征

融资租赁集借贷、租赁、买卖于一体,是将融资与融物结合在一起的交易方式。融资租赁合同是由出卖人与买受人(租赁合同的出租人)之间的买卖合同和出租人与承租人之间的租赁合同构成的,但其法律效力又不是买卖和租赁两个合同效力的相加。租赁合同的主体为三方当事人,即出租人(买受人)、承租人和出卖人(供货商)。承租人要出租人为其融资购买承租人所需的设备,然后由供货商直接将设备交给承租人。因此,其法律特征是:

(1)融资租赁合同的出卖人向承租人履行交付标的物和瑕疵担保义务,而不是向买受人(出租人)履行义务,即承租人享有买受人的权利但不承担买受人的义务。

(2)融资租赁合同的出租人根据承租人对出卖人和租赁物的选择出资购买租赁物,交付承租人使用和收益,不负担租赁物的维修与瑕疵担保义务。

(3)承租人须向出租人履行交付租金义务。租金不是使用租赁物的代价,是承租人融资的代价。

(4)融资租赁合同主体具有特殊性。出租人只能是专营融资租赁业务的租赁公司,承租人一般是法人而非自然人。

(5)期满后租赁物的归属特殊。根据约定以及支付的价款数额,融资租赁合同的承租人有取得租赁物之所有权或返还租赁物的选择权,即如果承租人支付的是租赁物的对价,就可以取得租赁物之所有权,如果支付的仅是租金,则于合同期间届满时将租赁物返还出租人,也可以续租。

(6)对第三人责任特殊。承租人占有租赁物期间租赁物造成第三人人身伤害或者财产损害的,出租人不承担责任。

(7)融资租赁合同是诺成、双务、有偿、要式合同。

二、融资租赁合同当事人的权利和义务

(一)出卖人的义务

(1)向承租人交付租赁物;

(2)承担标的物的瑕疵担保义务和损害赔偿义务。

（二）出租人义务

相对于出卖人，出租就是买受人，其主要义务有：

（1）向出卖人支付标的物的价款；

（2）保证承租人对租赁物的占有和使用的义务；

（3）在承租人向出卖人行使索赔权时，负有协助义务；

（4）不变更买卖合同中与承租人有关条款的不作为义务。

出租人在租赁期间享有租赁物的所有权，有权收取租金。

（三）承租人义务

（1）根据约定，向出租人支付租赁物的租金；

（2）妥善保管和使用租赁物并担负租赁物的维修义务；

（3）租赁期间届满时，返还租赁物。

承租人有选择出卖人和租赁物的权利，请求交付租赁物的权利，索赔的权利，在租赁期间对租赁物的独占、使用、收益的权利。

典型案例分析

【案情介绍】

甲公司（破产企业）与乙公司（承租方）于 2008 年签订一份租赁合同，合同约定：乙方承租甲方四层办公楼，租期为 10 年，租金每年 10 万元，付款方式为每年一月份缴纳当年租金，违约责任为：甲方或乙方单方面解除合同的，向另一方支付 30 万元违约金，但未约定解除合同的情形。后甲方因资不抵债被人民法院依法宣告破产，甲公司名下办公楼被依法拍卖，丙公司（现房产所有权人）通过竞拍取得该房屋所有权。丙公司要求与乙公司解除租赁合同，但乙公司以"买卖不破租赁"抗辩，拒绝解除合同，要求丙公司继续履行合同，后经人民法院调解未果。

【案情分析】

以下通过三个方面分析保障丙公司权益的有效途径：

1．对抗"买卖不破租赁"原则的可行性

（1）《最高人民法院关于贯彻执行〈中华人民共和国民法通则〉若干问题的意见（试行）》第119条第2款规定："私有房屋在租赁期间，因买卖、赠与或者继承发生房屋产权转移的，原租赁合同对承租人和新房主继续有效。"

（2）《合同法》第229条规定："租赁物在租赁期间发生所有权变动的，不影响租赁合同的效力。"

（3）《最高人民法院关于审理城镇房屋租赁合同纠纷案件具体应用法律若干问题的解释》第20条规定："租赁房屋在租赁期间发生所有权变动，承租人请求房屋受让人继续履行原租赁合同的，人民法院应予支持。但租赁房屋具有下列情形或者当事人另有约定的除外：（一）房屋在出租前已设立抵押权，因抵押权人实现抵押权发生所有权变动的；（二）房屋在出租前已被人民法院依法查封的。"

（4）《最高人民法院关于人民法院民事执行中拍卖、变卖财产的规定》第31条第2款规定："拍卖财产上原有的租赁权及其他用益物权，不因拍卖而消灭，……"

根据现有法律、司法解释，"买卖不破租赁"原则的适用范围应当包括企业破产拍卖在内的所有权变动等方式。

2．拍卖程序有无瑕疵

根据《中华人民共和国拍卖法》第18条第2款规定："拍卖人应当向竞买人说明拍卖标的的瑕疵。"

第27条规定："委托人应当向拍卖人说明拍卖标的的来源和瑕疵。"

第35条规定："竞买人有权了解拍卖标的的瑕疵，有权查验拍卖标的和查阅有关拍卖资料。"

第61条规定："拍卖人、委托人违反本法第十八条第二款、第二十七条的规定，未说明拍卖标的的瑕疵，给买受人造成损害的，买受人有权向拍卖人要求赔偿；属于委托人责任的，拍卖人有权向委托人追偿。拍卖人、委托人在拍卖前声明不能保证拍卖标的的真伪或者品质的，不承担瑕疵担保责任。因拍卖标的存在瑕疵未声明的,请求赔偿的诉讼时效期间为一年,自当事人知道或者应当知道权利受到损害之日起计算。"

据此可知,如果拍卖机构未向竞买人履行标的物瑕疵告知义务,或义务履行不完全,因此,造成买受人利益损失的,拍卖机构应当依法承担赔偿责任。具体到本案,如果拍卖机构未告知拍卖标的上存在租赁关系等权利瑕疵,或告知不完全,则丙公司有权向拍卖机构主张赔偿。

3. 从租赁合同内容及相关法律考虑丙公司单方解除合同的可行性

丙公司依据合同可能难以达到单方解除合同的目的,而且有可能面临巨额的违约金赔偿。故可以依照法律、规章等赋予的法定解除权通过创造条件从而达到该目的。

《城市房屋租赁管理办法》第 24 条承租人有下列行为之一的,出租人有权终止合同,收回房屋,因此而造成损失的,由承租人赔偿:

(1) 将承租的房屋擅自转租的;

(2) 将承租的房屋擅自转让、转借他人或擅自调换使用的;

(3) 将承租的房屋擅自拆改结构或改变用途的;

(4) 拖欠租金累计 6 个月以上的;

(5) 公用住宅用房无正当理由闲置 6 个月以上的;

(6) 租用承租房屋进行违法活动的;

(7) 故意损坏承租房屋的;

(8) 法律、法规规定其他可以收回的。

《合同法》第 94 条规定,有下列情形之一的,当事人可以解除合同:

(1) 因不可抗力致使不能实现合同目的;

(2) 在履行期限届满之前,当事人一方明确表示或者以自己的行为表明不履行主要债务;

(3) 当事人一方迟延履行主要债务,经催告后在合理期限内仍未履行;

(4) 当事人一方迟延履行债务或者有其他违约行为致使不能实现合同目的;

（5）法律规定的其他情形。

《合同法》第 224 条第 2 款规定，承租人未经出租人同意转租的，出租人可以解除合同。

《合同法》第 227 条承租人无正当理由未支付或者迟延支付租金的，出租人可以要求承租人在合理期限内支付。承租人逾期不支付的，出租人可以解除合同。

建设部的《城市房屋租赁管理办法》第 24 条第 1 款第 4 项的规定与《合同法》第 227 条的规定存在不一致的情形，前者规定了承租人拖欠租金达到 6 个月以上出租人方可解除合同，而后者规定只要承租人拖欠租金而出租人又给予其合理履行期限，承租人仍不履行义务的，出租人即可单方解除合同。两种不同规定对出租人行使解除权造成的影响是有明显不同的，因为 6 个月是固定期限，只要承租人拖欠房租不满 6 个月，出租人就不可以解除合同。但合理期限即出人只要给予承租人能够在一般情况下皆能履行的期限即可，这个期限甚至可以是三五天。至于具体应如何适用法律，可依据上位法优于下位法、新法优于旧法的原则选择法律适用。《合同法》位阶高于《城市房屋租赁管理办法》，且前者颁布时间较后者晚，故应适用合同法关于出租人因承租人迟延履行义务而解除合同的规定。依据《合同法》第 227 条规定，本案中丙公司可待乙公司超过合同约定的交纳租金期限后，发出催告函，若乙公司在催告期限内仍未履行，丙公司即可向乙公司发出解除合同通知书，从而解除合同。

为避免法院在执行破产程序时发生类似争议，买受人在竞拍时一定要详细调查了解标的物的权属情况、他项权情况，若存在他项权瑕疵，要慎重考虑利益风险和法律后果再做竞拍决定。而破产管理人在进行破产清算过程中，可依照《破产法》第 18 条将房屋上的租赁关系依法解除，并告知承租人将其租赁损失核算据以申报债权。这样通过无瑕疵房屋的拍卖，既可以保障承租人和买受人的利益，也帮助债权人更好地实现了债权。

思考题

1. 买卖合同的主要特征有哪些？

2. 试述赠与合同的终止。

3. 试析自然人间的借款合同特性。

4. 试述"买卖不破租赁"规则。

5. 试述融资租赁合同的主要特征。

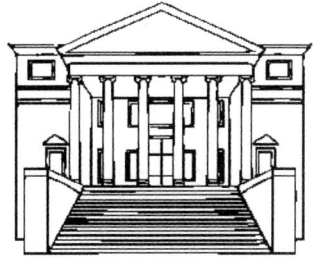

第八章

完成工作成果的合同

第一节 承揽合同

一、承揽合同的概念、特征和种类

（一）承揽合同的概念

承揽合同,是指当事人一方按他方的特别要求完成一定工作,并将工作成果交付他方,他方按约定接受工作成果并给付酬金的合同。提出工作要求,按约定接受工作成果并给付酬金的一方是定作人;按指定完成工作成果,收取酬金的一方是承揽人。

承揽合同的承揽人可以是一人,也可以是数人。在承揽人为数人时,数个承揽人即为共同承揽人,如无相反约定,共同承揽人对定作人负连带清偿责任。

（二）承揽合同的特征

承揽合同有以下特征：

（1）承揽合同以完成一定的工作并交付工作成果为标的。在承揽合同中，承揽人必须按照定作人的要求完成一定工作。但定作人的目的不是要工作过程，而是要工作成果，这是与单纯地提供劳务的合同的不同之处。按照承揽合同所要完成的工作成果可以是体力劳动成果，也可以是脑力劳动成果；既可以是物，又可以是其他财产。

（2）承揽合同的标的物具有特定性。承揽合同是为了满足定作人的特殊要求而订立的，因而定作人对工作质量、数量、规格、形状等的要求使承揽标的物特定化，使它同市场上的物品有所区别，以满足定作人的特殊需要。

（3）承揽人的工作具有独立性。承揽人以自己的设备、技术、劳力等完成工作任务，不受定作人的指挥管理，其独立承担完成合同约定的质量、数量、期限等责任，在交付工作成果之前，对标的物意外灭失或工作条件意外恶化风险所造成的损失承担责任。故承揽人对完成工作有独立性，这种独立性受到限制时，其承受意外风险的责任亦可相应减免。

（4）承揽合同是具有一定人身性质的合同。承揽人一般必须以自己的设备、技术、劳力等完成工作并对工作成果的完成承担风险。承揽人不得擅自将承揽的工作交给第三人完成，且对完成工作过程中遭受的意外风险责任负责。

（5）承揽合同为双务、有偿、诺成和不要式合同。

（三）承揽合同的种类

承揽合同具有多种多样的具体形式。按照《合同法》第 251 条的规定，承揽包括加工、定作、修理、复制、测试、检验等工作，因而也就有相应类型的合同。

二、承揽合同当事人的权利义务

（一）承揽人的义务

（1）亲自完成工作。承揽人应按合同约定的时间、方式、数量、质量完成交付的工作。承揽人应以自己的设备、技术和劳力亲自完成约定的工作，未经定作人同意,承揽人不得将承揽的主要工作交由第三人完成。承揽人将承揽的辅助工作交由第三人完成,或依约定将承揽的主要工作交由第三人完成,承揽人就第三人完成的工作对定作人负责。

(2)提供或接受原材料。完成定作所需的原材料,可以约定由承揽人提供或由定作人提供。承揽人提供原材料的,应按约定选购并接受定作人检查;定作人提供的,承揽人应及时检查,妥善保管,并不得更换材料。

(3)及时通知和保密义务。对于定作人提供的原材料不符合约定的,或定作人提供的图纸、技术要求不合理的,应及时通知定作人。对于完成的工作,定作人要求保密的,承揽人应保守秘密,不得留存复制品或技术资料。

(4)接受监督检查。承揽人在完成工作时,应接受定作人必要的监督和检验,以保证工作成果适合定作人的要求。

(5)交付工作成果。承揽人完成的工作成果要及时交付给定作人,并提交与工作成果相关的技术资料、质量证明等文件。但在定作人未按约定给付报酬或材料价款时,承揽人可以留置工作成果。

(6)保管义务。承揽人对定作人提供的材料及完成的工作成果应当妥善保管。因保管不善造成毁损、灭失的,应当承担损害赔偿责任。

(7)对工作成果的瑕疵担保。承揽人交付的工作成果应符合约定的质量,承揽人对已交付工作成果的隐蔽瑕疵及该瑕疵所造成的损害承担责任。交付的工作成果有隐蔽瑕疵,验收时用通常的方法或约定的方法不能发现,验收后在使用过程中暴露或致承揽人或第三人受损害的,承揽人应按合同约定或法律的规定,承担损害赔偿责任。

承揽人有获得报酬权和留置权。

(二)定作人的义务

(1)按照约定提供材料、图纸和技术要求。《合同法》规定,由定作人提供材料的,定作人应按照约定提供材料。

(2)支付报酬。定作人应依约定的期限和数额向承揽人支付报酬;合同中对支付期限不明确的,按交易惯例;如还不能确定,应依同时履行原则给付酬金。

（3）协助义务。为了使承揽人及时完成工作成果,定作人应依约及按诚实信用原则,积极协助承揽人的工作。定作人不履行协助义务的,承揽人有期限延迟抗辩权,并在定作人对所提供的不符合要求的原材料及图纸等拒绝补正时有合同解除权。

（4）验收并受领工作成果。对承揽人完成并交付的工作成果,定作人应及时检验,对符合约定要求的,接受该工作成果。超过约定期限领取定作物的,定作人负受领迟延责任。

定作人有监督检验承揽人工作的权利,请求交付工作成果的权利。

三、承揽合同的终止

承揽合同属于合同之债,合同终止的一般规定也适用于承揽合同。但承揽合同是以当事人之间的信赖关系为基础的,当在合同履行中,这种信赖关系受到破坏时,法律允许当事人解除合同。因此,承揽合同当事人除了可以因合同关系引起的共同的法定原因或约定的原因解除外,还有以下特殊的法定终止合同的原因:

（一）承揽人解除权

对于定作人不履行协助义务的,承揽人可催告其在合理期限内履行,定作人逾期仍不履行的,承揽人有合同解除权。

（二）定作人解除权

承揽人未经许可将主要的承揽工作交由第三人完成的,定作人可以解除合同。定作人在不做解释任意解除合同时,对解除合同造成承揽人损失的,负损害赔偿责任。

第二节 建设工程合同

一、建设工程合同的概念和特征

（一）建设工程合同的概念

建设工程合同，是指施工人依约定完成建设工程，由建设人按约定验收工程并支付酬金的合同。建设人称发包人，施工人称为承包人。建设工程合同属于承揽合同的特殊类型，因此，法律对建设工程合同没有特别规定的，适用法律对承揽合同的相关规定。

（二）建设工程的特征

建设工程合同作为承揽合同的特殊类型，除具有承揽合同的一般法律属性外，还有以下特点：

（1）建设工程合同是一种特殊类型的承揽合同，它完成的工作构成不动产，通常要涉及对土地的利用，受强行性公法规范的限制，当事人不得违反公法规范自行约定，而且施工的承包人必须是经国家认可的具有一定建设资质等级的法人。

（2）建设工程合同属要式合同，必须以书面方式订立。

二、建设工程合同的订立和主要条款

（一）勘察、设计合同的订立

勘察、设计包括初步设计和施工设计。勘查、设计单位接到发包人的要约和计划任务书、建设地址报告后，经双方协商一致，在书面合同签字或盖章后合同生效。

勘察、设计如由一单位完成，则应签订一个勘察设计合同；若由两个不同单位承担，则应分别订立合同。

建设工程的设计由几个设计单位共同进行时,建设单位可与主体工程设计人签订总承包合同,由总承包人与分承包人签订分包合同。总承包人对全部工程设计向发包人负责,分包人就其承包的部分对总承包人负责并对发包人承担连带责任。

(二) 施工、安装工程承包合同的订立

发包人和承包人根据已获批准的初步设计、技术设计、施工图和总概算等文件,就合同的内容协商一致时,即可签订建筑施工和安装工程承包合同。

发包人可以将全部施工安装工程发包给一个单位总承包,也可以发包给几个单位分别承包,一个承包人总承包的,可以将承包的工程部分分包给其他分包单位,签订分包合同,总承包人对发包人负责,分包人对总承包人负责并对发包人负连带责任。

(三) 分承包的禁止

根据建设工程的性质,对于应当由一个施工人完成的工作,总承包人不得将工程肢解发包给若干个分承包人;总承包人经发包人许可,可将承包的部分工作交由第三人完成,但不得将全部工程交由第三人完成。如果违反上述法律规定,可以准用承揽合同,发包人有合同解除权。

(四) 建设工程合同的主要条款

根据《合同法》第274条规定,勘查、设计合同的主要条款包括提交有关基础资料和文件(包括概算)的期限、质量要求、费用以及其他协作条件等条款。

根据《合同法》第275条规定,施工合同的主要条款包括工程范围、建设工期、中间交工工程的开工和竣工时间、工程质量、工程造价、技术资料交付时间、材料和设备供应责任、拨款和结算、竣工验收、质量保修范围和质量保证期、双方相互协作等条款。

三、建设工程合同当事人的权利和义务

(一) 发包人的主要义务

发包人的主要义务有:

（1）发包方为按期施工做好必要的准备工作。发包人除按规定向对方交付施工图和有关施工的技术资料外，要做好土地征用、房屋拆迁、障碍物拆除和领取建筑许可证等工作。

（2）按双方商定的分工，按时按质按量供应建筑材料和设备。

（3）及时进行验收工程、单项工作和全部工程的验收工作。

2．承包人的主要义务

（1）按双方商定的分工，做好建筑材料、设备和构件的采购、供应和保管工作；

（2）严格按照施工图纸和操作规程进行施工，保证工程质量；

（3）接受对方对工程进度、工程质量的监督；

（4）按期完成建设工程，提出竣工验收资料及竣工图，及时向对方交付；

（5）依据合同在一定期限内进行保修。

典型案例分析

【案情介绍】

2004 年 12 月，浙江某保温材料厂（以下简称材料厂）与吉安某建筑工程公司（以下简称建筑公司）签订了一份合同书，约定"由材料厂为建筑公司承建的 A 楼房进行室内聚氨酯喷涂发泡工程，工程交付期为 2005 年 8 月 31 日，工程按国家标准验收，底部刷防火漆，建筑公司应交预付款 10 万元，工程总造价 30 万元，实行由材料厂包工包料"。之后，建筑公司如约交付了预付款 10 万元，材料厂即进入工地现场开始施工。2005 年 8 月 16 日，突然发生火灾，将材料厂部分尚未刷防火漆的发泡工程烧毁，此时，双方对已完成工程造价 28 万元均无异议。火灾发生后，经公安消防部门认定，失火原因为：N 公司进入 A 工程地域内进行电焊，未采取防护措施所致。一个月后，建筑公司向法院起诉，称材料厂未能如约交付工程，现工程烧毁，请求材料厂返还其预付款 10 万元。材料厂拒绝给付，并反诉称，工程最终未能交付，是因建筑公司整个工程安排不利，造成火灾,与其无关,建筑公司还应支付其已完工的工程款 18 万元。

【案情分析】

首先应确定本案的法律关系,本案属承揽合同纠纷,本案起诉及反诉的内容均为合同之诉,因此,审理案件时应仅就该合同内容进行审查,看当事人双方的履约情况,对于这点是无可置疑的。本案审理中产生争议的焦点是:承揽的工程到底是否交付,发生火灾导致部分工程被毁的风险责任应由谁来承担?对于此问题,有四种意见:

(1)工程没有交付,风险责任由材料厂承担。理由是:双方签订合同约定底部刷防火漆,之后才能交付。现工程显然没有完工,也就无从交付,且材料厂在规定时间内未能交付工程,属违约行为,按照我国合同法关于承揽合同的规定,工作成果未能交付的,其风险责任由承揽人即材料厂承担。因此,应支持建筑公司的诉讼请求,由材料厂将预付的 10 万元工程款返还建筑公司。

(2)工程已部分交付,建筑公司承担风险责任。笔者同意该种意见。理由是:该合同虽为承揽合同,但该案涉及的标的物本身及最终未能交付的原因均有其特殊性,因此,不能完全用承揽合同原则处理本案。该案标的物的完整交付,应在防火漆刷完之后,但除此工序之外的喷涂等大部分工程,确已附着于建筑公司的建筑物之上,应认定是一种事实上的交付;部分工程发生火灾被毁,材料厂与建筑公司双方都没有过错;材料厂未能如期完工,并不是工程最终不能交付的根本原因,在我国法律对意外事故发生毁损、灭失的风险责任尚无明确规定的情况下,应以标的物的实际转移来认定风险责任的承担,而不能单纯按其他一般标的物的交付形式来约束,因此,应视为标的物已部分交付,依照《合同法》第 263 条的规定,承揽人交付部分工作成果的,定作人应当相应支付报酬,故应由建筑公司就已完工的工程支付工程款。

(3)同意第二种意见,但又要求材料厂承担一定的违约责任。该种意见认为,材料厂未能交付工程,与其工程逾期有一定的关系,应承担一定的过错责任,可以从建筑公司应给予的工程款中适当扣除。

(4)处理合同纠纷时还应同时处理侵权纠纷,追加 N 公司为本案第三人。

该种意见认为,导致本案发生的根本原因是第三人电焊保护不力,N 公司的行为无论对材料厂还是建筑公司,均是一种侵权行为,其应对本案造成的损失承担赔偿责任。

本案标的物是否交付问题是关键,其决定了最终由谁来承担风险责任。标的物风险负担,是指合同成立后,因不可归责于双方当事人的事由,致使标的物毁损、灭失时,其损失的归属。标的物风险,必须是因不可抗力或者意外事故所造成,而并非当事人双方或当事人一方所造成。

对标的物风险由谁负担,主要有两种不同的主张:一是依"物主承担风险"的原则,即以所有权的转移时间作为标的物风险转移的时间。换而言之,就是标的物所有权归谁,由谁承担风险责任。二是依"交付转移风险"的原则,即无论标的物的所有权何时转移,都以标的物的实际交付作为标的物风险责任转移的标志。我国《民法通则》第 72 条的规定,按照合同或者其他合法方式取得财产的,财产所有权一般自交付时起转移,法律另有规定或者当事人另有约定的除外。我国《合同法》第 133 条、第 142 条对买卖合同标的物风险责任的承担又做了具体规定,买卖合同标的物的所有权自标的物交付时起转移,但法律另有规定或者当事人另有约定的除外;买卖合同标的物毁损灭失的风险,在标的物交付之前由出卖人承担,交付之后由买受人承担,但法律另有规定或者当事人另有约定的除外。由此可见,标的物的风险,在法律无特别规定或当事人没有约定的情况下,应自标的物交付时起转移。

笔者认为,本案亦应运用第二个原则即依"交付转移风险"。但本案标的物又与买卖合同、租赁合同的标的物有所不同。其特殊性在于标的物的完整交付不能一次性即时完成,而是须经过一定期限和程序逐渐完成。因此,不能笼统地说标的物没有交付。对于实际附着于不动产之上的部分,应认定为已经交付于不动产所有人,其风险责任亦发生转移。故对于这类案件,应作为一种特殊标的物,规定出其交付的特殊标准,而不应套用一般性标的物的交付来决定风险责任的承担。综上所述,本案的风险责任应由定作人建筑公司承担。

思考题

1. 承揽人的主要义务有哪些？

2. 试述承揽合同的终止。

3. 建设工程合同的概念和特征是什么？

第九章
提供劳务的合同

第一节　运输合同

一、运输合同的概念和特征

（一）运输合同的概念

运输合同又称为运送合同，是指承运人将旅客或者货物从起运地点运输到约定地点，旅客、托运人或者收货人支付票款或者运输费用的合同。将旅客或货物从起运地点运输到约定地点的一方称为承运人，支付票款或运输费用的一方为旅客、托运人或者收货人。运输合同分为客运合同、货运合同和多式联运合同。

（二）运输合同的特征

运输合同具有下列特征：

（1）运输合同的标的是运送行为。运输合同的标的是承运人的运送行为，而不是被运送的货物或旅客本身。运输合同双方当事人的权利与义务均围绕运送行为而产生。

（2）客运合同可为诺成或实践合同，或依交易习惯确定，货运合同通常是诺成合同。货运合同，通常是诺成合同，承运人接受托运人发出的要约，假如接受托运人支付的运费，即形成承诺，运输合同成立，无需依交付运送对象为成立要件。但当当事人有约定或法律有特殊规定时，货运合同也可为实践合同。

（3）运输合同是双务有偿合同。承运人有义务为托运人运送物品或旅客，同时有权获得报酬；托运人或旅客有义务支付运费或票款，同时有权要求承运人完成运送行为。

（4）运输合同多为格式合同。合同条款由承运人事先拟定，托运人和旅客仅有就此条款同意与否的权利。

二、客运合同的概念和特征

（一）客运合同的概念

客运合同又称为旅客运输合同，是指承运人与旅客签订的由承运人将旅客及其行李运输到目的地而由旅客支付票款的合同。

（二）客运合同的特征

客运合同有以下特征：

（1）旅客既是合同一方当事人，又是运输对象。

（2）客运合同通常采用票证形式。客运合同通常由承运人预先拟定，采用票证形式，如火车票、汽车票、飞机票等。客票为客运合同的书面表现形式。

（3）客运合同包括对旅客行李的运送。

三、客运合同当事人的权利和义务

（一）旅客的义务

旅客的义务为：

（1）持有效客运票乘运的义务。旅客应当持有效客运票乘运。旅客无票乘运、超程乘运、超级乘运或者持失效客运票乘运的，应当补交票款；旅客不交付票款的，承运人可以拒绝运输。

（2）限量携带行李义务。旅客在运输中应当按照约定的限量携带行李。超过限量携带行李的，应当办理托运手续。

（3）不得携带或夹带危险品或其他违禁品的义务。旅客违反上述规定的，承运人可以将违禁品卸下、销毁或送交有关部门。旅客坚持携带或夹带危险品或其他违禁品的，承运人应当拒绝运输。

（二）承运人的义务

承运人的义务为：

（1）告知义务。承运人应当向旅客及时告知有关不能正常运输的重要理由和安全运输应当注意的事项。

（2）按约定运输旅客义务。承运人应当按照客票载明的时间和班次运输旅客。承运人迟延运输的，应当根据旅客的要求安排改乘其他班次或退票。

（3）救助义务。承运人在运输过程中，应当尽力救助患有疾病、分娩、遇险的旅客。

（4）对旅客伤亡的赔偿责任。承运人应当对运输过程中的旅客的伤亡承担损害赔偿责任，但伤亡是旅客自身原因造成的或承运人证明伤亡是旅客故意、重大过失造成的除外，上述规定适用于按照规定免票、持优待票或经承运人许可搭乘的无票乘客。

（5）对行李的损害赔偿责任。在运输过程中，旅客自带物品毁损、灭失，承运人有过错的，应当承担损害赔偿责任。旅客托运的行李毁损、灭失的，适用货物运输的有关规定。

（6）强制缔约义务。对于旅客通常、合理的要约，承运人不得拒绝承诺。

四、货运合同当事人的权利和义务

货物运输合同，是指承运人将托运人交付的货物运输到指定的地点，而由托运人支付运费的合同。根据运输工具的不同，货物运输合同分为公路货运合同、铁路货运合同、航空货运合同等。

（一）托运人的主要义务

托运人的主要义务为：

（1）支付运输费用。这是托运人的基本义务。不支付运费、保管费等应付费用的，除有相反约定外，完成运送的承运人有留置权。运送货物因不可抗力发生毁损灭失的，托运人可以免交运费，已交的可以请求返还。

（2）准确提供收货人和告知必要情况的义务。托运人办理货物运输，应当向承运人准确表明收货人的名称或姓名或者凭指示的收货人，货物的名称、性质、重量、数量、收货地点等有关货物运输的必要情况。

（3）包装义务。凡必须由托运人包装的货物，托运人应当按照约定或适宜保护货物的方法包装。

（4）托运危险物品的要妥善包装、警示等义务。

（二）承运人的主要义务

承运人的主要义务为：

（1）运送义务。承运人要按照约定的时间、地点，安全无损地将物品运抵目的地。如因承运人的原因错运到货地点或逾期运到的，应承担违约责任。

（2）及时通知收货人的义务。货物运输到达后，承运人知道收货人的，应当及时通知收货人。收货人逾期领取货物的，承运人可以收取保管费；收货人不明或无正当理由拒绝受领的，可以提存。

（3）货物毁损灭失的赔偿责任。承运人对于运输过程中货物毁损、灭失承担损害赔偿责任，但承运人证明货物的毁损灭失是因不可抗力、货物本身的自然性质或者合理损耗以及托运人、收货人的过错造成的，不承担赔偿责任。

（4）强制缔约义务。对于托运人通常、合理的订立货物运输合同的要约，承运人不得拒绝承诺。

（5）多个运送人的连带责任。两个以上的同一种方式承运人承运货物的，由与托运人订立合同的承运人对全程运输承担责任。运送货物有损害的，缔约之承运人与致害运送人负连带赔偿责任。

（三）收货人的主要义务

收货人的主要义务为：

当托运人与收货人不是同一人时，托运人的部分义务便依托运人与收货人的约定而转移于收货人，例如领取货物、支付费用等。但收货人不履行义务，仍由托运人承担责任。

五、多式联运合同的特殊效力

多式联运合同是指多式联运经营人将分区段的不同方式的运输联合起来为承运人履行承运义务的运输合同。

多式联运合同的特殊效力体现在：

（1）承运人权利和义务由多式联运的经营人享有，多式联运的承运人之间的内部责任划分约定，不得对抗托运人。

（2）支付费用的总括性。托运人将全程不同运送设备的运费一次性支付多式联运经营人，并取得多式联运单据。多式联运单据分可转让和不可转让两种。

（3）对于联合运输过程中的货物灭失或毁损的赔偿责任以及赔偿数额，首先适用法律的特别规定或国际公约的规定；发生损害的运输区段不能确定的，由多式联运经营人负赔偿责任，承运人之间的内部责任依约定或法定分配。

第二节 保管合同

一、保管合同的概念和特征

（一）保管合同的概念

保管合同，又称寄托合同、寄存合同，是指当事人一方将物品交付他方，他方给予保管并获得保管费用的合同。在保管合同中，对他人物品进行保管的人称保管人，将自己的物品交托保管人的人称寄存人。

（二）保管合同的特征

保管合同的特能为：

1. 保管合同为实践合同

《合同法》第 367 条规定："保管合同自保管物交付时成立，但当事人另有约定的除外。"据此规定，保管合同除当事人另有约定外，为实践合同，其成立以交付保管物为要件。

2. 保管合同可以为无偿合同，也可以为有偿合同

当事人对保管费没有约定或者约定不明确，依照《合同法》第 61 条的规定仍不能确定的，视为无偿保管。

3. 保管合同的标的为保管行为

保管合同以物品的保管为目的，保管合同的标的为保管行为，尽管物应处于保管人的占有或控制之下，但保管只是对物的保存行为，而不是管理行为，因而保管人只应保持物的原状，而不得对物为利用或改良。

二、保管合同当事人的权利义务

（一）保管人的主要义务

1. 保管义务

保管人的首要义务即是保管标的物的义务。其内容包括：

（1）妥善保管保管物。因保管不善导致保管物毁损灭失的，保管人应负损害赔偿责任，但无偿保管人负重大过失责任，有偿保管人负一般过失责任。

（2）按约定或有利于寄存人利益的保管方式保管物品

（3）亲自保管物品。未经寄存人同意的，不得擅自将保管物转交第三人保管，否则，保管人对第三人保管导致的损失负赔偿责任。

2. 不得使用保管物

非经寄存人许可，保管人不得使用或允许第三人使用保管物。

3. 返还保管物

寄存人领取保管物的，保管人应及时交还。即使有第三人对保管物主张权利，非经执行程序强制，保管人仍应向寄存人返还保管物。

4. 附随义务

保管人的附随义务包括：

（1）危险告知义务。当保管物品发生危险或者被法院保全、执行时，保管人要及时通知寄存人。

（2）孳息返还义务。保管事务完成，保管人要将保管物及其产生的孳息全部返还给寄存人。

（二）寄存人的主要义务

1. 支付报酬义务

在有偿保管，在保管人完成保管义务时，寄存人应支付约定的报酬。寄存人不支付约定的报酬的，保管人有权留置保管物。在无偿保管，寄存人对保管人为保管支付的必要费用，应偿还。

2. 告知义务

保管物有瑕疵，或需要采取特殊措施保管的，应将情况告知保管人。未履行此义务的，保管物因此而受的损害，保管人不负赔偿责任；保管人因此而受损害的，寄存人负赔偿责任。

3. 贵重物品声明义务

未声明的，对造成的毁损灭失，保管人可以按一般物品赔偿。

第三节　仓储合同

一、仓储合同的概念和特征

（一）仓储合同的概念

仓储合同又称仓储保管合同,是指保管人储存存货人交付的仓储物,存货人支付仓储费的合同。提供仓储保管服务的一方为仓储保管人,将仓储物交由保管人仓储保管的一方为存货人。仓储保管合同是保管合同的一种特殊类型,仓储保管是一种商事行为,仓储保管人通常是有仓储营业资格的企业,该企业称为仓储营业人。

（二）仓储合同的特征

仓储保管合同具有以下特征:

（1）仓储保管人必须是有仓储设备并具有从事仓储业务资格的人。仓储是一种商事行为,有无仓储设备是仓储保管人是否具备营业资格的重要表征。仓储设备是指可以用于储存和保管仓储物的设施。从事仓储业务资格是指仓储保管人必须取得专门从事或者兼营仓储业务的营业许可。

（2）仓储保管的对象为动产。不动产不能成为仓储合同中的仓储物。

（3）存货人的货物交付或返还请求权以仓单为凭证。仓单具有仓储物所有权凭证的作用。

（4）仓储合同是双务、有偿、诺成合同。仓储合同的双方当事人互负给付义务,一方提供服务,另一方给付报酬和其他费用。通说认为,只要存货人与仓储保管人就仓储货物达成意思表示一致,合同即告成立并生效,并不以仓储物的实际交付为生效要件。《合同法》第382条规定:"仓储合同自成立时生效。"

二、仓储合同当事人的权利和义务

(一)仓储保管人的主要义务

仓储保管人主要有以下义务:

(1)验收和接受仓储物的义务。仓储保管人应当按照约定对仓储物进行验收,如验收发现入库仓储物与约定不符的,应当及时通知存货人。验收合格的,仓储保管人应当对存货人交付的仓储物予以接受。

(2)给付仓单的义务。存货人交付仓储物的,仓储保管人应当给付仓单。

(3)仓储和保管的义务。仓储保管人应按合同的约定的保管条件和方式妥善保管货物,不得擅自改变保管条件和方式。对于易燃、易爆、有毒、有腐蚀性、有放射性等危险物品的保管,仓储保管人应当具备相应的资格和保管条件,并应依照法定或者约定的要求进行储存操作。

(4)危险通知和及时处置的义务。仓储保管人发现仓储物有变质或其他损坏的危险的,应当及时通知存货人或仓单持有人,此危险危及其他仓储物的安全和正常保管的,仓储保管人应当催告存货人或仓单持有人作出必要的处置。情况紧急的,仓储保管人可自行作出必要处置,但应当将该情况及时通知存货人或仓单持有人。

(5)容忍义务。在仓储期间,存货人和仓单持有人要求检查仓储物或者提取样品的,仓储保管人应当允许。

(6)返还仓储物的义务。仓储期间届满,保管人应当将仓储物返还给存货人或交付给仓单持有人,如仓储合同未约定储存期间,则存货人或仓单持有人有权随时要求提取货物,仓储保管人也有权随时要求存货人或仓单持有人提货,但应给予必要的准备时间。

(二)存货人的主要义务

存货人的主要义务为:

(1)说明义务。储存易燃、易爆、有毒、有腐蚀性、有放射性等危险物品或者易变质物,存货人应当说明该物品的性质,提供有关资料。违反此项义务的,仓储保管人可拒收仓储物,也可采取相应措施以避免损失,由此而产生的费用由存货人承担。

(2)支付仓储费的义务。存货人应按合同约定支付仓储费,逾期提货的,应加付仓储费,提前提取的,不减收仓储费。

(3)提取仓储物的义务。储存期间届满时存货人应提取仓储物,逾期不提取的,保管人可提存仓储物。

第四节　委托合同

一、委托合同的概念和特征

(一)委托合同的概念

委托合同又称委任合同,是指委托人和受托人约定,由受托人处理委托人事务的合同。其中,委托他人为自己处理事务的人称委托人,接受他人委托的人称受托人。

(二)委托合同的特征

委托合同具有以下特征:

(1)委托合同的标的是处理委托事务的行为。处理委托事务的行为既可是法律行为,也可是事实行为,但委托合同不适用于须当事人亲自履行的身份行为和需要利用他人特定技能完成的行为。

(2)委托合同建立在双方的相互信任关系的基础上。委托人委托受托人处理事务是以委托人对受托人的能力和信誉表示信任为基础的,因此,受托人必须亲自办理委托事务。

(3)委托合同既可是有偿合同,也可是无偿合同。

二、委托合同当事人的权利和义务

（一）受托人的主要义务

受托人主要有以下义务：

（1）依委托人指示处理委托事务。受托人应当在委托人授权范围内按照诚实信用原则处理事务。需要变更委托人指示的,应当经委托人同意;因情况紧急,难以和委托人取得联系的,受托人应当妥善处理委托事务,但事后应当将该情况及时报告委托人。

（2）亲自处理委托事务。经委托人同意,受托人可以转委托。转委托经同意的,委托人可就委托事务直接指示转委托的第三人,受托人仅就第三人的选任及其对第三人的指示承担责任。转委托未经委托人同意的,受托人应当对转委托的第三人的行为承担责任,但在紧急情况下受托人为了委托人的利益需要转委托的除外。

（3）报告义务。受托人应当按照委托人的要求报告委托事务的处理情况。委托合同终止的,受托人应当报告委托事务的结果。

（4）交付财产义务。受托人因处理委托事务取得的财产应当转交给委托人。

（5）谨慎处理义务。受托人处理委托事务应尽必要的注意义务。有偿的委托合同,因受托人的过错给委托人造成损失的,委托人可以要求赔偿损失。无偿的委托合同,因受托人的故意或者重大过失给委托人造成损失的,委托人可以要求赔偿损失。

（6）披露义务。受托人以自己的名义,在委托人的授权范围内与第三人订立合同,第三人不知道受托人与委托人之间的代理关系的,受托人因第三人的原因对委托人不履行义务,受托人应当向委托人披露第三人,委托人因此可以行使受托人对第三人的权利,但第三人与受托人订立合同时如果知道该委托人就不会订立合同的除外。受托人因委托人的原因对第三人不履行义务,受托人应当向第三人披露委托人,第三人因此可以选择受托人或者委托人作为相对人主张其权利,但第三人不得变更选定的相对人。

(二) 委托人的主要义务

受托人的主要义务为:

(1) 支付费用的义务。委托人应当预付处理委托事务的费用。受托人为处理委托事务垫付的必要费用,委托人应当偿还该费用及利息。

(2) 支付报酬的义务。受托人完成委托事务的,委托人应当向其支付报酬。因不可归责于受托人的事由,委托合同解除或者委托事务不能完成的,委托人应当向受托人支付相应的报酬。当事人另有约定的,按照其约定。

(3) 赔偿义务。受托人在处理事务过程中,因不可归责于自己的事由而造成损失的,有权要求委托人赔偿损失。委托人经受托人同意,在受托人之外委托第三人处理事务,因此给受托人造成损失的,受托人可以向委托人要求赔偿损失。

三、委托合同的终止

委托合同终止主要有以下情形:

(1) 委托事务完成或双方协商解除委托合同。

(2) 委托人或者受托人单方解除委托合同。委托人或者受托人可以随时解除委托合同,因解除合同给对方造成损失的,除不可归责于该当事人的事由以外,应当赔偿损失。

(3) 委托人或者受托人死亡、丧失民事行为能力或者破产的,委托合同终止。但当事人另有约定或者根据委托事务的性质不宜终止的除外。

(4) 因委托人死亡、丧失民事行为能力或者破产,致使委托合同终止将损害委托人利益的,在委托人的继承人、法定代理人或者清算组织承受委托事务之前,受托人应当继续处理委托事务。

第五节　行纪合同

一、行纪合同的概念和特征

（一）行纪合同的概念

行纪合同是行纪人以自己的名义为委托人从事贸易活动，委托人支付报酬的合同。以自己名义为他人从事贸易活动的一方为行纪人，委托行纪人为自己从事贸易活动并支付报酬的一方为委托人。

（二）行纪合同的特征

行纪合同具有以下特征：

（1）行纪人以自己的名义为委托人从事贸易活动。

行纪人为了委托人的利益，以自己的名义与第三人为交易活动，由此产生的法律效果由行纪人自己承担。

（2）行纪合同的标的是行纪人为委托人进行贸易活动。

行纪人为委托人购销的物品的所有权属于委托人，不属于行纪人自己所有。

（3）行纪合同属于双务、有偿合同。

二、行纪合同当事人的权利义务

（一）行纪人的主要权利和义务

1. 行纪人的主要义务

（1）为委托人从事贸易活动的义务。行纪人按照委托人的指示完成行纪行为，并应当尽注意义务，以使委托人的利益不受损失或少受损失。

（2）依委托人指示处理事务的义务。委托人指定了卖出价格或买入价格的情况下，行纪人应当按委托人的指定价格处理事务。行纪人低于委托人指定的价格卖出或者高于委托人指定的价格买入的,应当经委托人同意。未经委托人同意,行纪人补偿其差额的,该买卖对委托人发生效力。行纪人高于委托人指定的价格卖出或者低于委托人指定的价格买入的,可以按照约定增加报酬。委托人对价格有特别指示的,行纪不得违背该指示卖出或者买入。

(3)妥善保管的义务。行纪人占有委托物的,应当妥善保管委托物。

(4)委托物处置的义务。委托物交付给行纪人时有瑕疵或者容易腐烂、变质的,经委托人同意,行纪人可以处分该物;与委托人不能及时取得联系的,行纪人可以合理处分。

(5)负担行纪费用的义务。行纪人处理委托事务支出的费用由行纪人负担,但当事人另有约定的除外。

2. 行纪人的主要权利

(1)报酬请求权。行纪人完成或者部分完成委托事务的,委托人应当向其支付相应的报酬。委托人逾期不支付报酬的,行纪人对委托物享有留置权,但当事人另有约定的除外。

(2)介入权。行纪人接受委托实施行纪行为时,可以自己的名义介入买卖活动。行纪人买人或卖出市场定价的商品时,只要委托人没有相反的意思,可以自己作为买受人或出卖人。行纪人行使介入权后,仍可要求委托人支付报酬。

(3)提存权。行纪人按照约定买入委托物,委托人应当及时受领。经行纪人催告,委托人无正当理由拒绝受领的,行纪人可提存委托物。委托物不能卖出或者委托人撤回出卖,经行纪人催告,委托人不取回或者不处分该物的,行纪人可提存委托物。

(二)委托人的主要权利义务

1. 委托人的主要义务

(1)及时受领委托物的义务。如果因委托人迟延接受而造成的损失,由委托人承担。

(2)支付报酬的义务。委托人应当按约定向行纪人支付报酬及其他约定的费用。行纪人高于委托人指定的价格买入的,可按照约定增加报酬。

2. 委托人的主要权利

(1) 验收权。对于行纪结果,委托人有权检验。如行纪人未按照指示实施行纪行为,委托人有权拒绝接受行纪结果,并可要求行纪人赔偿损失。

(2) 损害赔偿请求权。在行纪人与第三人订立合同的情况下,如果第三人不履行义务致使委托人受到损害的,委托人有权要求行纪人赔偿损失。

行纪合同与委托合同的区别:

(1) 行纪合同中所指事物,法律对其范围有特别规定,仅限于动产、有价证券买卖以及其他商事交易活动;委托合同中所指事物范围广泛,不以上述商事交易活动为限。

(2) 行纪合同的一方当事人即行纪人有特殊资格,即为专事动产、有价证券买卖的商人;委托合同的当事人则无此限制。

(3) 行纪合同为有偿合同;委托合同可以为有偿,也可以为无偿。

(4) 行纪合同中,行纪人为委托人处理委托事务所支出的费用,除当事人另有约定外,由行纪人负担;在委托合同中,受托人为委托人处理委托事务所支出的费用,应该由委托人负担。

(5) 行纪合同中,行纪人只能以自己的名义进行活动,由此发生的法律后果由其承担,行纪人与第三人订立的合同不能对委托人直接发生效力;委托合同中,受托人以委托人的名义进行活动,其与第三人订立的合同对委托人直接产生效力。

第六节　居间合同

一、居间合同的概念和特征

(一) 居间合同的概念

居间合同,是指居间人向委托人报告订立合同的机会或者提供订立合同的媒介服务,委托人支付报酬的合同。在民法理论上,居间合同又称为中介合同或者中介服务合同。向他方报告订立合同的机会或者提供订立合同的媒介服务的一方为居间人,接受他方所提供的订约机会并支付报酬的一方为委托人。

(二)居间合同的特征

居间合同具有以下特征:

(1)居间合同是由居间人向委托人提供居间服务的合同。居间人向委托人报告订立合同的机会或者提供订立合同的媒介服务,委托人是否与第三人订立合同,与居间人无关,居间人不是委托人与第三人之间的合同的当事人。

(2)居间人对委托人与第三人之间的合同没有介入权。居间人只负责向委托人报告订立合同的机会或者为委托人与第三人订约居中斡旋,传达双方意思,起牵线搭桥的作用,对合同没有实质的介入权。

(3)居间合同是双务、有偿、诺成合同。

二、居间合同当事人的权利义务

(一)居间人的主要义务

居间人主要有以下义务:

(1)报告订约机会或者提供订立合同媒介的义务。居间人应当就有关订立合同的事项向委托人如实报告。

(2)忠实义务。居间人应当如实报告订立合同的有关事项和其他有关信息。居间人故意隐瞒与订立合同有关的重要事实或者提供虚假情况损害委托人利益的,不得要求支付报酬并应当承担损害赔偿责任。

(3)负担居间费用义务。居间人促成合同成立的,居间活动的费用由居间人负担。

(二)委托人的主要义务

1. 支付居间报酬义务

居间人促成合同成立的,委托人应当按照约定支付报酬。未订立合同的,委托人可以拒绝支付报酬。因居间人提供订立合同的媒介服务而促成合同成立的,由该合同的当事人平均负担居间人的报酬。

2. 偿付费用义务

居间人未促成合同成立的,不得要求支付报酬,但可以要求委托人支付从事居间活动支出的费用。

行纪合同与居间合同的区别:

(1)行纪合同中,行纪人受托办理的事务为民事法律行为;居间合同中,居间人所办理报告订约机会或充任订约媒介事务,本身不具有法律意义。

(2)行纪合同中,行纪人只能从委托人处取得报酬;而在居间合同中,居间人在为订约媒介居间时可以从委托人和其相对人双方取得报酬。

(3)行纪合同中,行纪人有将处理事物的后果移交给委托人的义务和报告义务;而居间合同中,居间人并无此义务。

典型案例分析

【案情介绍】

甲商场委托乙公司代购 VCD2000 台。甲、乙双方在合同中约定,乙方与 VCD 厂成交后,由乙方通知甲方直接向 VCD 厂支付货款,甲方在乙方收货后向乙方支付报酬 5000 元。乙方随后找到丙电子有限公司,与其签订了 VCD 买卖合同,规定由丙电子有限公司提供 VCD2000 台,并于乙方收到 VCDZ 后立即支付价款 18 万元。不久,丙方在合同规定的期间内向乙方交付了 VCD,乙方在收到货物之后,立即通知甲方向丙方付款,并向自己支付报酬。甲方收到通知后,向乙方支付了报酬 5000 元,并取走货物,却未向丙方支付价款。丙电子有限公司由于一直未收到货款,遂要求乙方支付货款并承担迟延履行的违约责任。乙方则称:依照与甲方签订的行纪合同,它无向丙方付款的义务,自已并未违约,丙方应向甲方主张权利。丙方遂提起诉讼。

【案情分析】

本案争议的焦点为甲、乙两方之间签订的行纪合同是否能对抗乙方与丙方签订的买卖合同。即乙方能否以行纪合同之内容权利之约定,主张免除与丙方签订的买卖合同中的付款义务。根据《合同法》第 421 条第 1 款规定,行纪人与第三人订立合同的,行纪人对该合同直接享有权利、承担义务。同时,根据本法规定,行纪合同没有规定的,适用委托合同有关规定。在《合同法》第 402 条中规定,受托人以自己的名义,在委托人的授权范围内与第三人订立的合同,第三人在订立合同时知道受托人与委托人之间的代理关系的,该合同直接约束委托人和第三人,但有确切证据证明该合同只约束受托人和第三人的除外。由于本案乙方与丙方订立合同时,丙方并不知道乙方的行为系代理行为,故属于该条之"除外"情况,从而乙方与丙方之买卖合同不能约束甲方。因此,丙方为维护自己的合法权益应向乙方主张权利。而乙方则可以依据行纪行为之规定,以甲方未履行向第三人付款之义务为由向甲方行使追索权。

思考题

1. 承运人的义务有哪些?
2. 试析保管合同的特征。
3. 试析行纪合同与委托合同的区别。
4. 试析行纪合同与居间合同的区别。

第十章

技术合同

第一节 技术合同概述

一、技术合同的概念和特征

（一）技术合同的概念

技术合同是当事人就技术开发、转让、咨询或者服务订立的确立相互之间权利和义务的合同。

（二）技术合同的特点

技术合同主要具有以下特点：

（1）技术合同的标的与技术有密切联系，不同类型的技术合同有不同的技术内容。

技术转让合同的标的是特定的技术成果,技术咨询与服务合同的标的是特定的技术行为,技术开发合同的标的兼具技术成果与技术行为的内容。

(2) 技术合同环节多,履行期限长,价款、报酬或者使用费的计算复杂,一些技术合同的风险性很强。

(3) 技术合同的法律调整具有多样性的特点。

技术合同的标的物是人类智力活动的成果,这些技术成果中许多是知识产权法调整的对象,涉及技术权益的归属、技术风险的承担、技术专利权的获得、技术产品的商业标记、技术的保密、技术的表现形式等,受专利法、商标法、商业秘密法、反不正当竞争法、著作权法等调整。

(4) 当事人一方具有特定性,通常应当是具有一定专业知识或技能的技术人员。

(5) 技术合同是双务有偿合同。

二、技术合同的订立和主要内容

(一) 技术合同的订立

《合同法》第 330 条、第 342 条分别规定技术开发合同、技术转让合同应当采用书面形式,但对技术咨询合同、技术服务合同未做规定。

根据合同法的规定,技术合同订立当事人应恪守诚实信用原则,技术合同不得以妨碍技术进步、损害他人技术成果,或以垄断技术为目的。

(二) 技术合同的主要内容

合同法对技术合同的主要条款做了示范性规定,包括项目名称、标的、履行、保密、风险责任、成果以及收益分配、验收、价款、违约责任、争议解决办法和专门术语的解释等条款。体现技术合同特征的条款主要有:

(1) 保密条款。保守技术秘密是技术合同中的一个重要问题。在订立合同前,当事人应当就保密问题达成保密协议,在合同的具体内容中更要对保密事项、保密范围、保密期限及保密责任等问题清晰约定,防止因泄密而造成的侵犯技术权益与技术贬值情况的发生。

（2）成果归属条款。即合同履行过程中产生的发明、发现或其他技术成果，应定明归谁所有，如何使用和分享。对于后续技术的改进技术的分享办法，当事人可以按照互利的原则在技术转让合同中明确约定，没有约定或者约定不明确的，可以达成补充协议；不能达成补充协议的，参考合同相关条款及交易习惯确定；仍不能确定的，一方后续改进的技术成果，其他各方无权分享。

（3）特殊的价款或报酬支付方式条款。如采取收入提成方式支付价款的，就要对按产值还是利润为基数、提成的比例等作出约定。

（4）专门名词和术语的解释条款。由于技术合同专业性较强，当事人应对合同中出现的关键性名词，或双方当事人认为有必要明确其范围、意义的术语，以及因在合同文本中重复出现而被简化了的略语作出解释，避免事后纠纷。

三、技术合同的价款、报酬和使用费的支付

技术合同的价款、报酬和使用费如何支付，可由当事人在合同中约定。

技术合同价款的支付有如下方式：

（1）一次总算一次总付。指当事人将合同价款一次算清并一次全部支付。这种方式下，交易风险全部由受让方承担，对转让方极为有利，技术价格则相对低些；但对于价格较低的技术合同，这种支付方式简捷便利，能及时结清。

（2）一次总算分期支付。指当事人将合同价款一次算清但分多次支付。

（3）提成支付方式。指受让方将技术实施后产生的经济效益按一定比例与期限支付给对方，作为支付给转让方的价款。提成支付的方式旨在让双方当事人公平合理地分担交易风险，在那些技术比较成熟、市场前景稳定、技术合同价格较高的技术交易项目中经常采用。

（4）提成附加预付"入门费"的方式。指受让方首先在一定期限内向转让方支付一部分固定的价款，称为"入门费"，其余的价款则采取提成方式分期支付。这种方式既可以公平分担交易风险，又可以给已为技术投入了大量成本的转让方一些固定的补偿，十分适于履行期长、技术价格高、技术水平高而技术产品所花时间长的技术合同。

四、技术合同成果的权利归属和风险负担

（一）成果归属

（1）委托开发所完成的发明创造。除当事人另有约定的以外，申请专利的权利属于研究开发人。研究开发人取得专利权的，委托人可以免费实施该专利，研究开发人转让专利申请权的，委托人可以优先受让该专利申请权。

（2）合作开发所完成的发明创造。除当事人另有约定的以外，申请专利的权利属于合作开发的各方共有。当事人一方转让其专利申请权的，其他各方可以优先受让其共有的专利申请权。合作开发的一方声明放弃其共有的专利申请权的，可由另一方单独或其他各方共同申请。申请人取得专利权的，放弃专利权的一方可免费实施该项专利。但合作开发的一方不同意申请专利的，另一方或其他各方不得申请专利。

（3）委托开发或合作开发完成的技术秘密成果的使用权、转让权和利益的分配办法由当事人约定。没有约定或约定不明确的，依照《合同法》第61条的规定仍不能确定的，当事人均有使用和转让的权利。但是委托开发的研究开发人不得在向委托人交付研究开发成果前，将研究开发成果转让给第三人。

（4）在技术转让合同中当事人可以按照合理的原则约定实施专利、使用技术秘密的后续改进技术成果的分享办法。在合同没有约定或约定不明确的情况下，当事人可以协议补充；不能达成补充协议的，按照合同中有关条款或者交易习惯确定；依照合同有关条款或者交易习惯仍不能确定的，一方后续改进的技术成果，其他各方无权分享，而由后续改进方享有。

（二）风险的负担

在履行技术开发合同过程中，因出现无法克服的技术困难而导致研究开发全部或部分失败的，其风险负担由当事人约定；没有约定的，可以补充约定或按交易习惯确定；仍不能确定的，由当事人合理分担。

五、技术合同无效的特殊规定

除《合同法》第52条规定的情形之一的技术合同无效外，根据技术合同的

特点,《合同法》第329条专门规定,非法垄断技术、妨碍技术进步或者侵害他人技术成果的技术合同无效。

非法垄断技术、妨碍技术进步,是指通过合同条款限制合同对方在合同标的技术的基础上进行新的研究开发,或者限制对方从其他渠道吸收先进技术,或者阻碍对方根据市场的需求,按照合理的方式充分实施专利和使用技术秘密。

侵害他人技术成果指侵害另一方或者第三方的专利权、专利申请权、专利实施权、技术秘密的使用权、转让权或者发明权、发现权等的行为。

第二节　技术开发合同和技术转让合同

一、技术开发合同的概念和特征

(一) 技术开发合同的概念

技术开发合同是指当事人之间就新技术、新产品、新工艺或者新材料及其系统的研究开发所订立的合同。

(二) 技术开发合同的特征

技术开发合同主要有以下特征:

(1) 标的具有新颖性,包括新技术、新产品、新工艺或者新材料及其系统;

(2) 技术开发合同的内容是进行研究开发工作;

(3) 技术开发合同是双务有偿合同,履行具有协作性;

(4) 技术开发合同的风险具有双方共同负担性。

二、技术开发合同当事人的权利义务

(一) 委托开发合同当事人的权利义务

1. 委托人的主要义务

(1) 按照约定支付研究开发费用和报酬;

（2）按照合同约定提供技术资料、原始数据并完成协作事项；

（3）按期接受研究开发成果。

委托方一旦接受了研究开发成果，就表明了对该成果的认可。由于委托方无故拒绝或延迟接受成果，造成该研究开发成果被合同外第三人以合法形式善意获取时，或者该成果的使用价值丧失其应有的新颖性，或该成果遭到意外毁损或灭失时，委托方应承担责任。

2. 研发人的主要义务

（1）制定和实施研究计划。研究开发计划是指导研究开发方实现委托开发合同的预期目的的指导性文件，是技术开发合同的组成部分。

（2）合理地使用研究开发费用。研究开发人员必须按照合同约定的研究开发经费的使用范围使用研究开发经费，精打细算，并应注意及时向委托方通报经费使用情况，接受委托方监督。

（3）按期完成研究开发工作，交付研究开发成果。研究开发方提交的成果必须真实、正确、充分、完整，以保证委托方实际应用该成果。

（4）为委托方提供技术资料和具体技术指导，帮助委托方掌握研究开发成果。

（二）合作开发合同当事人的权利义务

合作开发各方当事人的主要义务是：

（1）合作各方当事人应按照约定进行投资，包括以技术进行投资；

（2）合作各方当事人应按照约定分工参与研究开发工作；

（3）合作各方当事人应配合完成研究工作；

（4）保守技术情报和资料的秘密。

三、技术转让合同的概念和特征

（一）技术转让合同的概念

技术转让合同是指一方当事人将技术成果的所有权或使用权转让给另一方，另一方支付约定的价款的合同。

技术转让合同包括以下四种：专利权转让合同、专利申请权转让合同、专利实施许可合同、技术秘密转让合同。

（二）技术转让合同的特征

技术转让合同具有如下特征：

（1）合同的标的是一个相对完整的技术方案。技术咨询合同和技术服务合同中当事人一方向对方提供的是一定的技术意见和技术知识。

（2）合同的标的是现有的技术方案。开发合同中技术成果在合同订立时尚不存在或尚未形成。

（3）合同的标的必须是研究权利化的技术成果。权利化包括设定专利权、专利申请权的转让、专利实施权的许可或技术秘密成果权的转让等权属关系。

四、技术转让合同当事人的权利义务

（一）专利权转让合同中当事人的义务

1. 让与人的主要义务

（1）按合同约定的时间将专利权转让给受让人。但专利权中的人身权不因专利权的转让而转让；

（2）保证自己是转让专利的合法拥有者，保证专利权的合法有效；

（3）按合同约定交付与转让的专利权有关的技术资料，并向受让人提供必要的技术指导；

（4）按合同的约定承担保密义务。

2. 受让人的主要业务

（1）向让与人支付合同约定的价款；

（2）按合同的约定承担保密义务。

（二）专利申请权转让合同中当事人的义务

1. 让与人的主要义务

（1）将合同约定的发明创造申请专利的权利移交受让人，并提供申请专利

和实施发明创造所需要的技术情报和资料;

(2) 保证作为申请权标的发明创造为让与人自己或自己与他人合作通过创造性劳动合法获得,或者通过委托开发合同获得,即让与人保证自己是所提供的技术的合法拥有者;

(3) 按合同的约定承担保密义务。

2. 受让人的主要业务

(1) 向让与人支付合同约定的价款;

(2) 按合同的约定承担保密义务。

(三)专利实施许可合同中当事人的义务

1. 让与人的主要义务

(1) 保证自己是所提供的专利技术的合法拥有者。即是自己提出专利申请、经专利机关审查后授予了专利权的技术,或者是让与人通过合法的转让合同获得。

(2) 提供的专利技术完整无误,能够达到约定的目的,并许可受让人在合同约定的范围内实施专利技术。

(3) 交付与实施该项专利技术有关的资料,并按约定提供技术指导。

2. 受让人的主要义务

(1) 在合同约定的范围内实施专利技术,并不得违反许可合同约定以外的第三人实施该项专利;

(2) 支付合同约定的价款。

(四)技术秘密转让合同中当事人的义务

1. 让与人的主要义务

(1) 让与人应是该项技术秘密成果的合法拥有者,保证在订立合同时该项技术秘密未被他人申请获得专利;

(2) 按约定提供技术资料进行技术指导;

(3) 保证此项技术的实用性、可靠性;

(4) 承担合同约定的保密义务。

2．受让人的主要义务：

（1）在合同约定的范围内使用技术；

（2）按合同约定支付使用费；

（3）承担合同约定的保密义务。

第三节　技术咨询合同和技术服务合同

一、技术咨询合同和技术服务合同的概念和特征

（一）技术咨询合同的概念和特征

1．技术咨询合同的概念

技术咨询合同是指当事人一方为另一方就特定技术项目提供可行性论证、技术预测、专题技术调查、分析评价报告等所订立的合同。

2．技术咨询合同的特征

（1）主体构成的特定性。合同主体的一方即受托人是具有知识和经验，能够对咨询问题给出答案、提出建议、拿出方案的专门机构或专门人才；

（2）标的内容的综合性。技术咨询合同不同于技术服务合同，技术服务合同的标的主要是解决具体的技术问题，技术咨询合同的标的是科技咨询课题；

（3）成果的决策参考性。受托人提供的咨询报告或意见是委托人决策的依据和参考。

（二）技术服务合同的概念和特征

1．技术服务合同的概念

技术服务合同是指当事人一方以技术知识为另一方解决特定技术问题所订立的合同。

2. 技术服务合同的特征

技术服务合同具有以下特征：

（1）合同标的是解决特定技术问题的项目；

（2）履行方式是完成约定的专业技术工作；

（3）工作成果有具体的质量和数量指标

（4）有关专业技术知识的传递不涉及专利和技术秘密成果的权属问题。

二、技术咨询合同和技术服务合同当事人的权利义务

（一）技术咨询合同当事人的权利和义务

1. 委托人的主要义务

委托人的主要义务有：

（1）按照合同的约定阐明咨询的问题，提供技术背景材料及有关技术资料、数据；

（2）按期接受受托人的工作成果，并支付报酬。

2. 受托人的主要义务

受托人的主要义务为：

按照合同约定的期限完成咨询报告或者解答问题，受托人提出的咨询报告应当达到合同约定的要求。

（二）技术服务合同当事人的权利和义务

1. 委托人的主要义务

委托人的主要义务有：

（1）按照约定提供工作条件，完成配合事项；

（2）接受工作成果并支付报酬。

2. 受托人的主要义务

（1）按约完成服务项目，解决技术问题，并保证工作质量；

（2）传授解决技术问题的知识。

典型案例分析

【案情介绍】

原告 A 诉称:2000 年 5 月 22 日,某电子中心与某研究所签订了《合作开发协议》,约定双方合作开发"电气 X 系统",研究所负责部分的工期应在 2000 年 7 月底完成,造价不超过 10 万元。系统研制成功后,成果归双方共有。同时约定违约金为 5 万元。后电子中心、研究所与原、被告四方签订了《协议书》,约定合作开发协议的权利义务分别转让给原被告承担。协议签订后,电子中心提供了 15 万元的研发资金和相关技术条件,全面、正确地履行了合同,但被告 B 不积极履约,造成研发工作的延误和费用超支,直至 2001 年 7 月才完成其负责的部分,应承担违约金 5 万元。合同权利义务转让后,该违约责任应由被告 B 公司承担,同时根据成果共有的约定,被告应向原告提供由其负责部分有关的技术资料和必要的技术指导,但至今拒不交出,导致合同目的不能实现。原告诉请法院解除上述《合作开发协议》及《协议书》,并判令被告支付违约金 5 万元及承担本诉全部诉讼费用。

被告 B 公司辩称其已向原告交付了相关技术资料并提供了技术指导,被告并无重大违约行为,上述两份协议不应被解除。同时被告反诉称原告在 2002 年初单方面以共有技术成果向国家知识产权局申请发明专利并经初步审查合格。被告知悉后,2002 年 11 月 4 日与原告签订了《协议书》,约定原告应于 2002 年 12 月 4 日前撤回发明专利申请,逾期被告将追究其违约责任。但原告至今未撤回申请。被告以双方已受让全部权利义务的《合作开发协议》第 7 条为据,诉请法院判令原告支付违约金 5 万元并由原告承担反诉诉讼费用。

原告 A 公司承认其至今未撤回发明专利申请,但辩称《合作开发协议》第 7 条约定的违约责任不适用于双方后来签订的《协议书》,并且原告未按期撤回发明专利申请并未给被告造成损失,其承担违约责任的方式首先应是实际履行而非支付违约金。

法院查明:2000 年 5 月 22 日,电子中心与研究所签订《合作开发协议》,约定有双方分工合作开发"电气 X 系统"、研制经费的支付及数额、工期、技术成果的权属、后续合作、违约责任等内容;2002 年 11 月 4 日,电子中心、研究所与原、被告四方签订《协议书》约定合作开发协议的权利义务分别转让给原、被告承担等内容,并确认、协商了相关事宜。

【案情分析】

1. 根据合同法原理,承担违约责任的前提是合同一方不履行或不正确履行合同义务。《合作开发协议》第 2 条虽约定有"样机制造费用由电子中心负责,研究所进行负责研制的部分造价不超过 10 万元"的内容,但探究其性质,不是针对研究所的义务条款,而是针对作为合作开发一方的电子中心的投资条款,即其对对方负责研制所进行的部分投资不超过 10 万元。后因其超出合同约定的数额继续支付研制费用的行为实为一种追加投资的行为,而不是对方的违约行为。因此,原告称被告对研发超支应承担违约责任的意见不能成立。

2. 关于原告认为被告超期完成研发项目也违约的意见,法院认为《合作开发协议》约定了被告完成研发项目的履行期至 2000 年 9 月,超过该期限如果被告没有完成研发,原告就应知道合同约定的权利受到侵害,就有权要求被告承担违约责任,但至 2002 年 9 月之前原告都未提出权利主张,且这期间也无法律规定引起诉讼时效中断、中止的任何情形,因此原告的该主张已过法律规定的两年诉讼时效,不能得到实体权利的支持。

3. 违约责任条款在合同中是一个独立条款,它不等同于权利义务条款。一个合同仅转移权利义务到新的合同,而不是整个合同并入新合同,那么原合同中的违约责任条款并不当然也随之转移。因此,《合作开发协议》的权利义务虽由电子中心、研究所分别转让给本案原被告,但可能由研究所承担的违约责任并不当然地转移给被告。

综上几点,法院认为被告 B 公司不承担支付 5 万元违约金的责任。

针对本案两份协议的解除问题,原告指出被告不交出由被告负责研制部分的技术资料导致原告不能共有该技术成果,违反了两份协议关于成果共有的约定,导致成果共有与继续合作的合同目的不能实现。原告还当庭提交一份落款日期为 2003 年 9 月 24 日的原告要求解除合同的通知。被告辩解称其已向原告交付有关资料,否则原告无法进行技术成果鉴定及申请专利。合同目的也已基本实现,不具备解除条件。对原告要求解除合同的通知,被告不予认可。

法院认为,根据《合同法》第 96 条规定,当事人一方依照本法第 93 条第 2 款、第 94 条的规定主张解除合同的,应当通知对方。合同自通知到达对方时解除。对方有异议的,可以请求人民法院或者仲裁机构确认解除合同的效力。据此,如果原告要单方行使解除权,仅需通过通知行为便可实现,法院在对方未通过诉讼提出异议的情况下不应主动审理,因此该诉讼请求不在法院裁判本案的权限之内。

关于被告反诉的原告违约未撤回专利申请的事实,原告予以承认,仅对违约责任承担方式产生异议,法院对原告违约事实予以确认。至于原告违约责任承担方式,法院认为不适用被告所引用《合作开发协议》第 7 条 8 万元违约金的约定。理由在于:《合作开发协议》第 7 条约束的是双方在合作开发 X 系统过程违约行为的责任承担方式,未涉及申请专利之事,因此原告违反后来签订的《协议书》的约定未撤回专利申请的行为不在《合作开发协议》第 7 条的约束范围内,况且《协议书》第 5 条第 1 点对此行为单独、直接做了违约责任的约定,只是约定不明罢了。两个协议的违约责任条款指向事项不同,虽然第二份协议明确了第一份协议权利义务的转让,但权利义务条款与违约责任条款均为合同的独立条款,因此不是对第一份协议所有内容的当然承继。故被告反诉请求也不能成立。

综上,根据《民事诉讼法》第 64 条“当事人对自己提出的主张,有责任提供证据”的基本规定,以及《最高人民法院关于民事诉讼证据的若干规定》第 2 条“当事人对自己提出的诉讼请求所依据的事实或者反驳对方诉讼请求所依据的事实有责任提供证据加以证明。没有证据或者证据不足以证明当事人的事实主张的,由负有举证责任的当事人承担不利后果”之规定,判决如下:驳回原告 A 公司的诉讼请求。

思考题

1. 技术合同的主要特征有哪些？
2. 技术合同的主要条款有哪些？
3. 简述技术合同的成果归属。
4. 简述技术合同的风险承担。

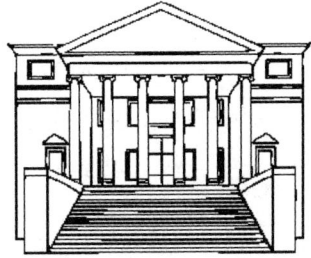

[附]中华人民共和国合同法

（1999 年 3 月 15 日第九届全国人民代表大会 第二次会议通过）

总　　则

第一章　一般规定

第一条　为了保护合同当事人的合法权益,维护社会经济秩序,促进社会主义现代化建设,制定本法。

第二条　本法所称合同是平等主体的自然人、法人、其他组织之间设立、变更、终止民事权利义务关系的协议。

婚姻、收养、监护等有关身份关系的协议,适用其他法律的规定。

第三条　合同当事人的法律地位平等,一方不得将自己的意志强加给另一方。

第四条　当事人依法享有自愿订立合同的权利,任何单位和个人不得非法干预。

第五条　当事人应当遵循公平原则确定各方的权利和义务。

第六条　当事人行使权利、履行义务应当遵循诚实信用原则。

第七条　当事人订立、履行合同,应当遵守法律、行政法规,尊重社会公德,不得扰乱社会经济秩序,损害社会公共利益。

第八条　依法成立的合同,对当事人具有法律约束力。当事人应当按照约定履行自己的义务,不得擅自变更或者解除合同。

依法成立的合同,受法律保护。

第二章　合同的订立

第九条　当事人订立合同,应当具有相应的民事权利能力和民事行为能力。

当事人依法可以委托代理人订立合同。

第十条　当事人订立合同,有书面形式、口头形式和其他形式。

法律、行政法规规定采用书面形式的,应当采用书面形式。当事人约定采用书面形式的,应当采用书面形式。

第十一条　书面形式是指合同书、信件和数据电文(包括电报、电传、传真、电子数据交换和电子邮件)等可以有形地表现所载内容的形式。

第十二条　合同的内容由当事人约定,一般包括以下条款:

(一)当事人的名称或者姓名和住所;

(二)标的;

(三)数量;

(四)质量;

(五)价款或者报酬;

(六)履行期限、地点和方式;

(七)违约责任;

(八)解决争议的方法。

当事人可以参照各类合同的示范文本订立合同。

第十三条 当事人订立合同,采取要约、承诺方式。

第十四条 要约是希望和他人订立合同的意思表示,该意思表示应当符合下列规定:

(一)内容具体确定;

(二)表明经受要约人承诺,要约人即受该意思表示约束。

第十五条 要约邀请是希望他人向自己发出要约的意思表示。寄送的价目表、拍卖公告、招标公告、招股说明书、商业广告等为要约邀请。

商业广告的内容符合要约规定的,视为要约。

第十六条 要约到达受要约人时生效。

采用数据电文形式订立合同,收件人指定特定系统接收数据电文的,该数据电文进入该特定系统的时间,视为到达时间;未指定特定系统的,该数据电文进入收件人的任何系统的首次时间,视为到达时间。

第十七条 要约可以撤回。撤回要约的通知应当在要约到达受要约人之前或者与要约同时到达受要约人。

第十八条 要约可以撤销。撤销要约的通知应当在受要约人发出承诺通知之前到达受要约人。

第十九条 有下列情形之一的,要约不得撤销:

(一)要约人确定了承诺期限或者以其他形式明示要约不可撤销;

(二)受要约人有理由认为要约是不可撤销的,并已经为履行合同做了准备工作。

第二十条 有下列情形之一的,要约失效:

(一)拒绝要约的通知到达要约人;

(二)要约人依法撤销要约;

(三)承诺期限届满,受要约人未作出承诺;

(四)受要约人对要约的内容作出实质性变更。

第二十一条 承诺是受要约人同意要约的意思表示。

第二十二条 承诺应当以通知的方式作出,但根据交易习惯或者要约表明可以通过行为作出承诺的除外。

第二十三条　承诺应当在要约确定的期限内到达要约人。

要约没有确定承诺期限的,承诺应当依照下列规定到达:

(一)要约以对话方式作出的,应当即时作出承诺,但当事人另有约定的除外;

(二)要约以非对话方式作出的,承诺应当在合理期限内到达。

第二十四条　要约以信件或者电报作出的,承诺期限自信件载明的日期或者电报交发之日开始计算。信件未载明日期的,自投寄该信件的邮戳日期开始计算。要约以电话、传真等快速通讯方式作出的,承诺期限自要约到达受要约人时开始计算。

第二十五条　承诺生效时合同成立。

第二十六条　承诺通知到达要约人时生效。承诺不需要通知的,根据交易习惯或者要约的要求作出承诺的行为时生效。

采用数据电文形式订立合同的,承诺到达的时间适用本法第十六条第二款的规定。

第二十七条　承诺可以撤回。撤回承诺的通知应当在承诺通知到达要约人之前或者与承诺通知同时到达要约人。

第二十八条　受要约人超过承诺期限发出承诺的,除要约人及时通知受要约人该承诺有效的以外,为新要约。

第二十九条　受要约人在承诺期限内发出承诺,按照通常情形能够及时到达要约人,但因其他原因承诺到达要约人时超过承诺期限的,除要约人及时通知受要约人因承诺超过期限不接受该承诺的以外,该承诺有效。

第三十条　承诺的内容应当与要约的内容一致。受要约人对要约的内容作出实质性变更的,为新要约。有关合同标的、数量、质量、价款或者报酬、履行期限、履行地点和方式、违约责任和解决争议方法等的变更,是对要约内容的实质性变更。

第三十一条　承诺对要约的内容作出非实质性变更的,除要约人及时表示反对或者要约表明承诺不得对要约的内容作出任何变更的以外,该承诺有效,合同的内容以承诺的内容为准。

第三十二条 当事人采用合同书形式订立合同的,自双方当事人签字或者盖章时合同成立。

第三十三条 当事人采用信件、数据电文等形式订立合同的,可以在合同成立之前要求签订确认书。签订确认书时合同成立。

第三十四条 承诺生效的地点为合同成立的地点。

采用数据电文形式订立合同的,收件人的主营业地为合同成立的地点;没有主营业地的,其经常居住地为合同成立的地点。当事人另有约定的,按照其约定。

第三十五条 当事人采用合同书形式订立合同的,双方当事人签字或者盖章的地点为合同成立的地点。

第三十六条 法律、行政法规规定或者当事人约定采用书面形式订立合同,当事人未采用书面形式但一方已经履行主要义务,对方接受的,该合同成立。

第三十七条 采用合同书形式订立合同,在签字或者盖章之前,当事人一方已经履行主要义务,对方接受的,该合同成立。

第三十八条 国家根据需要下达指令性任务或者国家订货任务的,有关法人、其他组织之间应当依照有关法律、行政法规规定的权利和义务订立合同。

第三十九条 采用格式条款订立合同的,提供格式条款的一方应当遵循公平原则确定当事人之间的权利和义务,并采取合理的方式提请对方注意免除或者限制其责任的条款,按照对方的要求,对该条款予以说明。

格式条款是当事人为了重复使用而预先拟定,并在订立合同时未与对方协商的条款。

第四十条 格式条款具有本法第五十二条和第五十三条规定情形的,或者提供格式条款一方免除其责任、加重对方责任、排除对方主要权利的,该条款无效。

第四十一条　对格式条款的理解发生争议的,应当按照通常理解予以解释。对格式条款有两种以上解释的,应当作出不利于提供格式条款一方的解释。格式条款和非格式条款不一致的,应当采用非格式条款。

第四十二条　当事人在订立合同过程中有下列情形之一,给对方造成损失的,应当承担损害赔偿责任:

(一)假借订立合同,恶意进行磋商;

(二)故意隐瞒与订立合同有关的重要事实或者提供虚假情况;

(三)有其他违背诚实信用原则的行为。

第四十三条　当事人在订立合同过程中知悉的商业秘密,无论合同是否成立,不得泄露或者不正当地使用。泄露或者不正当地使用该商业秘密给对方造成损失的,应当承担损害赔偿责任。

第三章　合同的效力

第四十四条　依法成立的合同,自成立时生效。

法律、行政法规规定应当办理批准、登记等手续生效的,依照其规定。

第四十五条　当事人对合同的效力可以约定附条件。附生效条件的合同,自条件成就时生效。附解除条件的合同,自条件成就时失效。

当事人为自己的利益不正当地阻止条件成就的,视为条件已成就;不正当地促成条件成就的,视为条件不成就。

第四十六条　当事人对合同的效力可以约定附期限。附生效期限的合同,自期限届至时生效。附终止期限的合同,自期限届满时失效。

第四十七条　限制民事行为能力人订立的合同,经法定代理人追认后,该合同有效,但纯获利益的合同或者与其年龄、智力、精神健康状况相适应而订立的合同,不必经法定代理人追认。

相对人可以催告法定代理人在一个月内予以追认。法定代理人未作表示的,视为拒绝追认。合同被追认之前,善意相对人有撤销的权利。撤销应当以通知的方式作出。

第四十八条 行为人没有代理权、超越代理权或者代理权终止后以被代理人名义订立的合同,未经被代理人追认,对被代理人不发生效力,由行为人承担责任。

相对人可以催告被代理人在一个月内予以追认。被代理人未作表示的,视为拒绝追认。合同被追认之前,善意相对人有撤销的权利。撤销应当以通知的方式作出。

第四十九条 行为人没有代理权、超越代理权或者代理权终止后以被代理人名义订立合同,相对人有理由相信行为人有代理权的,该代理行为有效。

第五十条 法人或者其他组织的法定代表人、负责人超越权限订立的合同,除相对人知道或者应当知道其超越权限的以外,该代表行为有效。

第五十一条 无处分权的人处分他人财产,经权利人追认或者无处分权的人订立合同后取得处分权的,该合同有效。

第五十二条 有下列情形之一的,合同无效:

(一)一方以欺诈、胁迫的手段订立合同,损害国家利益;

(二)恶意串通,损害国家、集体或者第三人利益;

(三)以合法形式掩盖非法目的;

(四)损害社会公共利益;

(五)违反法律、行政法规的强制性规定。

第五十三条 合同中的下列免责条款无效:

(一)造成对方人身伤害的;

(二)因故意或者重大过失造成对方财产损失的。

第五十四条 下列合同,当事人一方有权请求人民法院或者仲裁机构变更或者撤销:

(一)因重大误解订立的;

(二)在订立合同时显失公平的。

一方以欺诈、胁迫的手段或者乘人之危,使对方在违背真实意思的情况下订立的合同,受损害方有权请求人民法院或者仲裁机构变更或者撤销。

当事人请求变更的,人民法院或者仲裁机构不得撤销。

第五十五条 有下列情形之一的,撤销权消灭:

(一)具有撤销权的当事人自知道或者应当知道撤销事由之日起一年内没有行使撤销权;

(二)具有撤销权的当事人知道撤销事由后明确表示或者以自己的行为放弃撤销权。

第五十六条 无效的合同或者被撤销的合同自始没有法律约束力。合同部分无效,不影响其他部分效力的,其他部分仍然有效。

第五十七条 合同无效、被撤销或者终止的,不影响合同中独立存在的有关解决争议方法的条款的效力。

第五十八条 合同无效或者被撤销后,因该合同取得的财产,应当予以返还;不能返还或者没有必要返还的,应当折价补偿。有过错的一方应当赔偿对方因此所受到的损失,双方都有过错的,应当各自承担相应的责任。

第五十九条 当事人恶意串通,损害国家、集体或者第三人利益的,因此取得的财产收归国家所有或者返还集体、第三人。

第四章　合同的履行

第六十条 当事人应当按照约定全面履行自己的义务。

当事人应当遵循诚实信用原则,根据合同的性质、目的和交易习惯履行通知、协助、保密等义务。

第六十一条 合同生效后,当事人就质量、价款或者报酬、履行地点等内容没有约定或者约定不明确的,可以协议补充;不能达成补充协议的,按照合同有关条款或者交易习惯确定。

第六十二条 当事人就有关合同内容约定不明确,依照本法第六十一条的规定仍不能确定的,适用下列规定:

(一)质量要求不明确的,按照国家标准、行业标准履行;没有国家标准、行业标准的,按照通常标准或者符合合同目的的特定标准履行。

（二）价款或者报酬不明确的,按照订立合同时履行地的市场价格履行;依法应当执行政府定价或者政府指导价的,按照规定履行。

（三）履行地点不明确,给付货币的,在接受货币一方所在地履行;交付不动产的,在不动产所在地履行;其他标的,在履行义务一方所在地履行。

（四）履行期限不明确的,债务人可以随时履行,债权人也可以随时要求履行,但应当给对方必要的准备时间。

（五）履行方式不明确的,按照有利于实现合同目的的方式履行。

（六）履行费用的负担不明确的,由履行义务一方负担。

第六十三条 执行政府定价或者政府指导价的,在合同约定的交付期限内政府价格调整时,按照交付时的价格计价。逾期交付标的物的,遇价格上涨时,按照原价格执行;价格下降时,按照新价格执行。逾期提取标的物或者逾期付款的,遇价格上涨时,按照新价格执行;价格下降时,按照原价格执行。

第六十四条 当事人约定由债务人向第三人履行债务的,债务人未向第三人履行债务或者履行债务不符合约定,应当向债权人承担违约责任。

第六十五条 当事人约定由第三人向债权人履行债务的,第三人不履行债务或者履行债务不符合约定,债务人应当向债权人承担违约责任。

第六十六条 当事人互负债务,没有先后履行顺序的,应当同时履行。一方在对方履行之前有权拒绝其履行要求。一方在对方履行债务不符合约定时,有权拒绝其相应的履行要求。

第六十七条 当事人互负债务,有先后履行顺序,先履行一方未履行的,后履行一方有权拒绝其履行要求。先履行一方履行债务不符合约定的,后履行一方有权拒绝其相应的履行要求。

第六十八条 应当先履行债务的当事人,有确切证据证明对方有下列情形之一的,可以中止履行:

（一）经营状况严重恶化;

（二）转移财产、抽逃资金,以逃避债务;

（三）丧失商业信誉；

（四）有丧失或者可能丧失履行债务能力的其他情形。

当事人没有确切证据中止履行的，应当承担违约责任。

第六十九条 当事人依照本法第六十八条的规定中止履行的，应当及时通知对方。对方提供适当担保时，应当恢复履行。中止履行后，对方在合理期限内未恢复履行能力并且未提供适当担保的，中止履行的一方可以解除合同。

第七十条 债权人分立、合并或者变更住所没有通知债务人，致使履行债务发生困难的，债务人可以中止履行或者将标的物提存。

第七十一条 债权人可以拒绝债务人提前履行债务，但提前履行不损害债权人利益的除外。

债务人提前履行债务给债权人增加的费用，由债务人负担。

第七十二条 债权人可以拒绝债务人部分履行债务，但部分履行不损害债权人利益的除外。

债务人部分履行债务给债权人增加的费用，由债务人负担。

第七十三条 因债务人怠于行使其到期债权，对债权人造成损害的，债权人可以向人民法院请求以自己的名义代位行使债务人的债权，但该债权专属于债务人自身的除外。

代位权的行使范围以债权人的债权为限。债权人行使代位权的必要费用，由债务人负担。

第七十四条 因债务人放弃其到期债权或者无偿转让财产，对债权人造成损害的，债权人可以请求人民法院撤销债务人的行为。债务人以明显不合理的低价转让财产，对债权人造成损害，并且受让人知道该情形的，债权人也可以请求人民法院撤销债务人的行为。

撤销权的行使范围以债权人的债权为限。债权人行使撤销权的必要费用，由债务人负担。

第七十五条 撤销权自债权人知道或者应当知道撤销事由之日起一年内

行使。自债务人的行为发生之日起五年内没有行使撤销权的,该撤销权消灭。

第七十六条 合同生效后,当事人不得因姓名、名称的变更或者法定代表人、负责人、承办人的变动而不履行合同义务。

第五章 合同的变更和转让

第七十七条 当事人协商一致,可以变更合同。

法律、行政法规规定变更合同应当办理批准、登记等手续的,依照其规定。

第七十八条 当事人对合同变更的内容约定不明确的,推定为未变更。

第七十九条 债权人可以将合同的权利全部或者部分转让给第三人,但有下列情形之一的除外:

(一)根据合同性质不得转让;

(二)按照当事人约定不得转让;

(三)依照法律规定不得转让。

第八十条 债权人转让权利的,应当通知债务人。未经通知,该转让对债务人不发生效力。

债权人转让权利的通知不得撤销,但经受让人同意的除外。

第八十一条 债权人转让权利的,受让人取得与债权有关的从权利,但该从权利专属于债权人自身的除外。

第八十二条 债务人接到债权转让通知后,债务人对让与人的抗辩,可以向受让人主张。

第八十三条 债务人接到债权转让通知时,债务人对让与人享有债权,并且债务人的债权先于转让的债权到期或者同时到期的,债务人可以向受让人主张抵销。

第八十四条 债务人将合同的义务全部或者部分转移给第三人的,应当经债权人同意。

第八十五条 债务人转移义务的,新债务人可以主张原债务人对债权人的抗辩。

第八十六条 债务人转移义务的,新债务人应当承担与主债务有关的从债务,但该从债务专属于原债务人自身的除外。

第八十七条 法律、行政法规规定转让权利或者转移义务应当办理批准、登记等手续的,依照其规定。

第八十八条 当事人一方经对方同意,可以将自己在合同中的权利和义务一并转让给第三人。

第八十九条 权利和义务一并转让的,适用本法第七十九条、第八十一条至第八十三条、第八十五条至第八十七条的规定。

第九十条 当事人订立合同后合并的,由合并后的法人或者其他组织行使合同权利,履行合同义务。当事人订立合同后分立的,除债权人和债务人另有约定的以外,由分立的法人或者其他组织对合同的权利和义务享有连带债权,承担连带债务。

第六章 合同的权利义务终止

第九十一条 有下列情形之一的,合同的权利义务终止:

(一)债务已经按照约定履行;

(二)合同解除;

(三)债务相互抵销;

(四)债务人依法将标的物提存;

(五)债权人免除债务;

(六)债权债务同归于一人;

(七)法律规定或者当事人约定终止的其他情形。

第九十二条 合同的权利义务终止后,当事人应当遵循诚实信用原则,根据交易习惯履行通知、协助、保密等义务。

第九十三条 当事人协商一致,可以解除合同。

当事人可以约定一方解除合同的条件。解除合同的条件成就时,解除权人可以解除合同。

第九十四条 有下列情形之一的,当事人可以解除合同:

(一)因不可抗力致使不能实现合同目的;

(二)在履行期限届满之前,当事人一方明确表示或者以自己的行为表明不履行主要债务;

(三)当事人一方迟延履行主要债务,经催告后在合理期限内仍未履行;

(四)当事人一方迟延履行债务或者有其他违约行为致使不能实现合同目的;

(五)法律规定的其他情形。

第九十五条 法律规定或者当事人约定解除权行使期限,期限届满当事人不行使的,该权利消灭。

法律没有规定或者当事人没有约定解除权行使期限,经对方催告后在合理期限内不行使的,该权利消灭。

第九十六条 当事人一方依照本法第九十三条第二款、第九十四条的规定主张解除合同的,应当通知对方。合同自通知到达对方时解除。对方有异议的,可以请求人民法院或者仲裁机构确认解除合同的效力。

法律、行政法规规定解除合同应当办理批准、登记等手续的,依照其规定。

第九十七条 合同解除后,尚未履行的,终止履行;已经履行的,根据履行情况和合同性质,当事人可以要求恢复原状、采取其他补救措施,并有权要求赔偿损失。

第九十八条 合同的权利义务终止,不影响合同中结算和清理条款的效力。

第九十九条 当事人互负到期债务,该债务的标的物种类、品质相同的,任何一方可以将自己的债务与对方的债务抵销,但依照法律规定或者按照合同性质不得抵销的除外。

当事人主张抵销的,应当通知对方。通知自到达对方时生效。抵销不得附条件或者附期限。

第一百条 当事人互负债务,标的物种类、品质不相同的,经双方协商一致,也可以抵销。

第一百零一条　有下列情形之一,难以履行债务的,债务人可以将标的物提存:

(一)债权人无正当理由拒绝受领;

(二)债权人下落不明;

(三)债权人死亡未确定继承人或者丧失民事行为能力未确定监护人;

(四)法律规定的其他情形。

标的物不适于提存或者提存费用过高的,债务人依法可以拍卖或者变卖标的物,提存所得的价款。

第一百零二条　标的物提存后,除债权人下落不明的以外,债务人应当及时通知债权人或者债权人的继承人、监护人。

第一百零三条　标的物提存后,毁损、灭失的风险由债权人承担。提存期间,标的物的孳息归债权人所有。提存费用由债权人负担。

第一百零四条　债权人可以随时领取提存物,但债权人对债务人负有到期债务的,在债权人未履行债务或者提供担保之前,提存部门根据债务人的要求应当拒绝其领取提存物。

债权人领取提存物的权利,自提存之日起五年内不行使而消灭,提存物扣除提存费用后归国家所有。

第一百零五条　债权人免除债务人部分或者全部债务的,合同的权利义务部分或者全部终止。

第一百零六条　债权和债务同归于一人的,合同的权利义务终止,但涉及第三人利益的除外。

第七章　违约责任

第一百零七条　当事人一方不履行合同义务或者履行合同义务不符合约定的,应当承担继续履行、采取补救措施或者赔偿损失等违约责任。

第一百零八条　当事人一方明确表示或者以自己的行为表明不履行合同

义务的,对方可以在履行期限届满之前要求其承担违约责任。

第一百零九条 当事人一方未支付价款或者报酬的,对方可以要求其支付价款或者报酬。

第一百一十条 当事人一方不履行非金钱债务或者履行非金钱债务不符合约定的,对方可以要求履行,但有下列情形之一的除外:

(一)法律上或者事实上不能履行;

(二)债务的标的不适于强制履行或者履行费用过高;

(三)债权人在合理期限内未要求履行。

第一百一十一条 质量不符合约定的,应当按照当事人的约定承担违约责任。对违约责任没有约定或者约定不明确,依照本法第六十一条的规定仍不能确定的,受损害方根据标的的性质以及损失的大小,可以合理选择要求对方承担修理、更换、重作、退货、减少价款或者报酬等违约责任。

第一百一十二条 当事人一方不履行合同义务或者履行合同义务不符合约定的,在履行义务或者采取补救措施后,对方还有其他损失的,应当赔偿损失。

第一百一十三条 当事人一方不履行合同义务或者履行合同义务不符合约定,给对方造成损失的,损失赔偿额应当相当于因违约所造成的损失,包括合同履行后可以获得的利益,但不得超过违反合同一方订立合同时预见到或者应当预见到的因违反合同可能造成的损失。

经营者对消费者提供商品或者服务有欺诈行为的,依照《中华人民共和国消费者权益保护法》的规定承担损害赔偿责任。

第一百一十四条 当事人可以约定一方违约时应当根据违约情况向对方支付一定数额的违约金,也可以约定因违约产生的损失赔偿额的计算方法。

约定的违约金低于造成的损失的,当事人可以请求人民法院或者仲裁机构予以增加;约定的违约金过分高于造成的损失的,当事人可以请求人民法院或者仲裁机构予以适当减少。

当事人就迟延履行约定违约金的,违约方支付违约金后,还应当履行债务。

第一百一十五条　当事人可以依照《中华人民共和国担保法》约定一方向对方给付定金作为债权的担保。债务人履行债务后,定金应当抵作价款或者收回。给付定金的一方不履行约定的债务的,无权要求返还定金;收受定金的一方不履行约定的债务的,应当双倍返还定金。

第一百一十六条　当事人既约定违约金,又约定定金的,一方违约时,对方可以选择适用违约金或者定金条款。

第一百一十七条　因不可抗力不能履行合同的,根据不可抗力的影响,部分或者全部免除责任,但法律另有规定的除外。当事人迟延履行后发生不可抗力的,不能免除责任。

本法所称不可抗力,是指不能预见、不能避免并不能克服的客观情况。

第一百一十八条　当事人一方因不可抗力不能履行合同的,应当及时通知对方,以减轻可能给对方造成的损失,并应当在合理期限内提供证明。

第一百一十九条　当事人一方违约后,对方应当采取适当措施防止损失的扩大;没有采取适当措施致使损失扩大的,不得就扩大的损失要求赔偿。

当事人因防止损失扩大而支出的合理费用,由违约方承担。

第一百二十条　当事人双方都违反合同的,应当各自承担相应的责任。

第一百二十一条　当事人一方因第三人的原因造成违约的,应当向对方承担违约责任。当事人一方和第三人之间的纠纷,依照法律规定或者按照约定解决。

第一百二十二条　因当事人一方的违约行为,侵害对方人身、财产权益的,受损害方有权选择依照本法要求其承担违约责任或者依照其他法律要求其承担侵权责任。

第八章　其他规定

第一百二十三条　其他法律对合同另有规定的,依照其规定。

第一百二十四条　本法分则或者其他法律没有明文规定的合同,适用本法总则的规定,并可以参照本法分则或者其他法律最相类似的规定。

第一百二十五条 当事人对合同条款的理解有争议的,应当按照合同所使用的词句、合同的有关条款、合同的目的、交易习惯以及诚实信用原则,确定该条款的真实意思。

合同文本采用两种以上文字订立并约定具有同等效力的,对各文本使用的词句推定具有相同含义。各文本使用的词句不一致的,应当根据合同的目的予以解释。

第一百二十六条 涉外合同的当事人可以选择处理合同争议所适用的法律,但法律另有规定的除外。涉外合同的当事人没有选择的,适用与合同有最密切联系的国家的法律。

在中华人民共和国境内履行的中外合资经营企业合同、中外合作经营企业合同、中外合作勘探开发自然资源合同,适用中华人民共和国法律。

第一百二十七条 工商行政管理部门和其他有关行政主管部门在各自的职权范围内,依照法律、行政法规的规定,对利用合同危害国家利益、社会公共利益的违法行为,负责监督处理;构成犯罪的,依法追究刑事责任。

第一百二十八条 当事人可以通过和解或者调解解决合同争议。

当事人不愿和解、调解或者和解、调解不成的,可以根据仲裁协议向仲裁机构申请仲裁。涉外合同的当事人可以根据仲裁协议向中国仲裁机构或者其他仲裁机构申请仲裁。当事人没有订立仲裁协议或者仲裁协议无效的,可以向人民法院起诉。当事人应当履行发生法律效力的判决、仲裁裁决、调解书;拒不履行的,对方可以请求人民法院执行。

第一百二十九条 因国际货物买卖合同和技术进出口合同争议提起诉讼或者申请仲裁的期限为四年,自当事人知道或者应当知道其权利受到侵害之日起计算。因其他合同争议提起诉讼或者申请仲裁的期限,依照有关法律的规定。

分　　则

第九章　买卖合同

第一百三十条　买卖合同是出卖人转移标的物的所有权于买受人,买受人支付价款的合同。

第一百三十一条　买卖合同的内容除依照本法第十二条的规定以外,还可以包括包装方式、检验标准和方法、结算方式、合同使用的文字及其效力等条款。

第一百三十二条　出卖的标的物,应当属于出卖人所有或者出卖人有权处分。

法律、行政法规禁止或者限制转让的标的物,依照其规定。

第一百三十三条　标的物的所有权自标的物交付时起转移,但法律另有规定或者当事人另有约定的除外。

第一百三十四条　当事人可以在买卖合同中约定买受人未履行支付价款或者其他义务的,标的物的所有权属于出卖人。

第一百三十五条　出卖人应当履行向买受人交付标的物或者交付提取标的物的单证,并转移标的物所有权的义务。

第一百三十六条　出卖人应当按照约定或者交易习惯向买受人交付提取标的物单证以外的有关单证和资料。

第一百三十七条　出卖具有知识产权的计算机软件等标的物的,除法律另有规定或者当事人另有约定的以外,该标的物的知识产权不属于买受人。

第一百三十八条　出卖人应当按照约定的期限交付标的物。约定交付期间的,出卖人可以在该交付期间内的任何时间交付。

第一百三十九条　当事人没有约定标的物的交付期限或者约定不明确的,适用本法第六十一条、第六十二条第四项的规定。

第一百四十条　标的物在订立合同之前已为买受人占有的,合同生效的时间为交付时间。

第一百四十一条 出卖人应当按照约定的地点交付标的物。

当事人没有约定交付地点或者约定不明确,依照本法第六十一条的规定仍不能确定的,适用下列规定:

(一)标的物需要运输的,出卖人应当将标的物交付给第一承运人以运交给买受人;

(二)标的物不需要运输,出卖人和买受人订立合同时知道标的物在某一地点的,出卖人应当在该地点交付标的物;不知道标的物在某一地点的,应当在出卖人订立合同时的营业地交付标的物。

第一百四十二条 标的物毁损、灭失的风险,在标的物交付之前由出卖人承担,交付之后由买受人承担,但法律另有规定或者当事人另有约定的除外。

第一百四十三条 因买受人的原因致使标的物不能按照约定的期限交付的,买受人应当自违反约定之日起承担标的物毁损、灭失的风险。

第一百四十四条 出卖人出卖交由承运人运输的在途标的物,除当事人另有约定的以外,毁损、灭失的风险自合同成立时起由买受人承担。

第一百四十五条 当事人没有约定交付地点或者约定不明确,依照本法第一百四十一条第二款第一项的规定标的物需要运输的,出卖人将标的物交付给第一承运人后,标的物毁损、灭失的风险由买受人承担。

第一百四十六条 出卖人按照约定或者依照本法第一百四十一条第二款第二项的规定将标的物置于交付地点,买受人违反约定没有收取的,标的物毁损、灭失的风险自违反约定之日起由买受人承担。

第一百四十七条 出卖人按照约定未交付有关标的物的单证和资料的,不影响标的物毁损、灭失风险的转移。

第一百四十八条 因标的物质量不符合质量要求,致使不能实现合同目的的,买受人可以拒绝接受标的物或者解除合同。买受人拒绝接受标的物或者解除合同的,标的物毁损、灭失的风险由出卖人承担。

第一百四十九条 标的物毁损、灭失的风险由买受人承担的,不影响因出卖人履行债务不符合约定,买受人要求其承担违约责任的权利。

第一百五十条　出卖人就交付的标的物,负有保证第三人不得向买受人主张任何权利的义务,但法律另有规定的除外。

第一百五十一条　买受人订立合同时知道或者应当知道第三人对买卖的标的物享有权利的,出卖人不承担本法第一百五十条规定的义务。

第一百五十二条　买受人有确切证据证明第三人可能就标的物主张权利的,可以中止支付相应的价款,但出卖人提供适当担保的除外。

第一百五十三条　出卖人应当按照约定的质量要求交付标的物。出卖人提供有关标的物质量说明的,交付的标的物应当符合该说明的质量要求。

第一百五十四条　当事人对标的物的质量要求没有约定或者约定不明确,依照本法第六十一条的规定仍不能确定的,适用本法第六十二条第一项的规定。

第一百五十五条　出卖人交付的标的物不符合质量要求的,买受人可以依照本法第一百一十一条的规定要求承担违约责任。

第一百五十六条　出卖人应当按照约定的包装方式交付标的物。对包装方式没有约定或者约定不明确,依照本法第六十一条的规定仍不能确定的,应当按照通用的方式包装,没有通用方式的,应当采取足以保护标的物的包装方式。

第一百五十七条　买受人收到标的物时应当在约定的检验期间内检验。没有约定检验期间的,应当及时检验。

第一百五十八条　当事人约定检验期间的,买受人应当在检验期间内将标的物的数量或者质量不符合约定的情形通知出卖人。买受人怠于通知的,视为标的物的数量或者质量符合约定。

当事人没有约定检验期间的,买受人应当在发现或者应当发现标的物的数量或者质量不符合约定的合理期间内通知出卖人。买受人在合理期间内未通知或者自标的物收到之日起两年内未通知出卖人的,视为标的物的数量或者质量符合约定,但对标的物有质量保证期的,适用质量保证期,不适用该两年的规定。

出卖人知道或者应当知道提供的标的物不符合约定的,买受人不受前两款规定的通知时间的限制。

第一百五十九条 买受人应当按照约定的数额支付价款。对价款没有约定或者约定不明确的,适用本法第六十一条、第六十二条第二项的规定。

第一百六十条 买受人应当按照约定的地点支付价款。对支付地点没有约定或者约定不明确,依照本法第六十一条的规定仍不能确定的,买受人应当在出卖人的营业地支付,但约定支付价款以交付标的物或者交付提取标的物单证为条件的,在交付标的物或者交付提取标的物单证的所在地支付。

第一百六十一条 买受人应当按照约定的时间支付价款。对支付时间没有约定或者约定不明确,依照本法第六十一条的规定仍不能确定的,买受人应当在收到标的物或者提取标的物单证的同时支付。

第一百六十二条 出卖人多交标的物的,买受人可以接收或者拒绝接收多交的部分。买受人接收多交部分的,按照合同的价格支付价款;买受人拒绝接收多交部分的,应当及时通知出卖人。

第一百六十三条 标的物在交付之前产生的孳息,归出卖人所有,交付之后产生的孳息,归买受人所有。

第一百六十四条 因标的物的主物不符合约定而解除合同的,解除合同的效力及于从物。因标的物的从物不符合约定被解除的,解除的效力不及于主物。

第一百六十五条 标的物为数物,其中一物不符合约定的,买受人可以就该物解除,但该物与他物分离使标的物的价值显受损害的,当事人可以就数物解除合同。

第一百六十六条 出卖人分批交付标的物的,出卖人对其中一批标的物不交付或者交付不符合约定,致使该批标的物不能实现合同目的的,买受人可以就该批标的物解除。

出卖人不交付其中一批标的物或者交付不符合约定,致使今后其他各批标的物的交付不能实现合同目的的,买受人可以就该批以及今后其他各批标的物解除。

买受人如果就其中一批标的物解除,该批标的物与其他各批标的物相互依存的,可以就已经交付和未交付的各批标的物解除。

第一百六十七条　分期付款的买受人未支付到期价款的金额达到全部价款的五分之一的,出卖人可以要求买受人支付全部价款或者解除合同。出卖人解除合同的,可以向买受人要求支付该标的物的使用费。

第一百六十八条　凭样品买卖的当事人应当封存样品,并可以对样品质量予以说明。出卖人交付的标的物应当与样品及其说明的质量相同。

第一百六十九条　凭样品买卖的买受人不知道样品有隐蔽瑕疵的,即使交付的标的物与样品相同,出卖人交付的标的物的质量仍然应当符合同种物的通常标准。

第一百七十条　试用买卖的当事人可以约定标的物的试用期间。对试用期间没有约定或者约定不明确,依照本法第六十一条的规定仍不能确定的,由出卖人确定。

第一百七十一条　试用买卖的买受人在试用期内可以购买标的物,也可以拒绝购买。试用期间届满,买受人对是否购买标的物未作表示的,视为购买。

第一百七十二条　招标投标买卖的当事人的权利和义务以及招标投标程序等,依照有关法律、行政法规的规定。

第一百七十三条　拍卖的当事人的权利和义务以及拍卖程序等,依照有关法律、行政法规的规定。

第一百七十四条　法律对其他有偿合同有规定的,依照其规定;没有规定的,参照买卖合同的有关规定。

第一百七十五条　当事人约定易货交易,转移标的物的所有权的,参照买卖合同的有关规定。

第十章　供用电、水、气、热力合同

第一百七十六条　供用电合同是供电人向用电人供电,用电人支付电费的合同。

第一百七十七条　供用电合同的内容包括供电的方式、质量、时间,用电容量、地址、性质,计量方式,电价、电费的结算方式,供用电设施的维护责任等条款。

第一百七十八条　供用电合同的履行地点,按照当事人约定;当事人没有约定或者约定不明确的,供电设施的产权分界处为履行地点。

第一百七十九条　供电人应当按照国家规定的供电质量标准和约定安全供电。供电人未按照国家规定的供电质量标准和约定安全供电,造成用电人损失的,应当承担损害赔偿责任。

第一百八十条　供电人因供电设施计划检修、临时检修、依法限电或者用电人违法用电等原因,需要中断供电时,应当按照国家有关规定事先通知用电人。未事先通知用电人中断供电,造成用电人损失的,应当承担损害赔偿责任。

第一百八十一条　因自然灾害等原因断电,供电人应当按照国家有关规定及时抢修。未及时抢修,造成用电人损失的,应当承担损害赔偿责任。

第一百八十二条　用电人应当按照国家有关规定和当事人的约定及时交付电费。用电人逾期不交付电费的,应当按照约定支付违约金。经催告用电人在合理期限内仍不交付电费和违约金的,供电人可以按照国家规定的程序中止供电。

第一百八十三条　用电人应当按照国家有关规定和当事人的约定安全用电。用电人未按照国家有关规定和当事人的约定安全用电,造成供电人损失的,应当承担损害赔偿责任。

第一百八十四条　供用水、供用气、供用热力合同,参照供用电合同的有关规定。

第十一章 赠 与 合 同

第一百八十五条 赠与合同是赠与人将自己的财产无偿给予受赠人,受赠人表示接受赠与的合同。

第一百八十六条 赠与人在赠与财产的权利转移之前可以撤销赠与。

具有救灾、扶贫等社会公益、道德义务性质的赠与合同或者经过公证的赠与合同,不适用前款规定。

第一百八十七条 赠与的财产依法需要办理登记等手续的,应当办理有关手续。

第一百八十八条 具有救灾、扶贫等社会公益、道德义务性质的赠与合同或者经过公证的赠与合同,赠与人不交付赠与的财产的,受赠人可以要求交付。

第一百八十九条 因赠与人故意或者重大过失致使赠与的财产毁损、灭失的,赠与人应当承担损害赔偿责任。

第一百九十条 赠与可以附义务。

赠与附义务的,受赠人应当按照约定履行义务。

第一百九十一条 赠与的财产有瑕疵的,赠与人不承担责任。附义务的赠与,赠与的财产有瑕疵的,赠与人在附义务的限度内承担与出卖人相同的责任。

赠与人故意不告知瑕疵或者保证无瑕疵,造成受赠人损失的,应当承担损害赔偿责任。

第一百九十二条 受赠人有下列情形之一的,赠与人可以撤销赠与:

(一) 严重侵害赠与人或者赠与人的近亲属;

(二) 对赠与人有扶养义务而不履行;

(三) 不履行赠与合同约定的义务。

赠与人的撤销权,自知道或者应当知道撤销原因之日起一年内行使。

第一百九十三条 因受赠人的违法行为致使赠与人死亡或者丧失民事行为能力的,赠与人的继承人或者法定代理人可以撤销赠与。

赠与人的继承人或者法定代理人的撤销权,自知道或者应当知道撤销原因之日起六个月内行使。

第一百九十四条 撤销权人撤销赠与的,可以向受赠人要求返还赠与的财产。

第一百九十五条 赠与人的经济状况显著恶化,严重影响其生产经营或者家庭生活的,可以不再履行赠与义务。

第十二章 借 款 合 同

第一百九十六条 借款合同是借款人向贷款人借款,到期返还借款并支付利息的合同。

第一百九十七条 借款合同采用书面形式,但自然人之间借款另有约定的除外。

借款合同的内容包括借款种类、币种、用途、数额、利率、期限和还款方式等条款。

第一百九十八条 订立借款合同,贷款人可以要求借款人提供担保。担保依照《中华人民共和国担保法》的规定。

第一百九十九条 订立借款合同,借款人应当按照贷款人的要求提供与借款有关的业务活动和财务状况的真实情况。

第二百条 借款的利息不得预先在本金中扣除。利息预先在本金中扣除的,应当按照实际借款数额返还借款并计算利息。

第二百零一条 贷款人未按照约定的日期、数额提供借款,造成借款人损失的,应当赔偿损失。

借款人未按照约定的日期、数额收取借款的,应当按照约定的日期、数额支付利息。

第二百零二条 贷款人按照约定可以检查、监督借款的使用情况。借款人应当按照约定向贷款人定期提供有关财务会计报表等资料。

第二百零三条 借款人未按照约定的借款用途使用借款的,贷款人可以停止发放借款、提前收回借款或者解除合同。

第二百零四条　办理贷款业务的金融机构贷款的利率,应当按照中国人民银行规定的贷款利率的上下限确定。

第二百零五条　借款人应当按照约定的期限支付利息。对支付利息的期限没有约定或者约定不明确,依照本法第六十一条的规定仍不能确定,借款期间不满一年的,应当在返还借款时一并支付;借款期间一年以上的,应当在每届满一年时支付,剩余期间不满一年的,应当在返还借款时一并支付。

第二百零六条　借款人应当按照约定的期限返还借款。对借款期限没有约定或者约定不明确,依照本法第六十一条的规定仍不能确定的,借款人可以随时返还;贷款人可以催告借款人在合理期限内返还。

第二百零七条　借款人未按照约定的期限返还借款的,应当按照约定或者国家有关规定支付逾期利息。

第二百零八条　借款人提前偿还借款的,除当事人另有约定的以外,应当按照实际借款的期间计算利息。

第二百零九条　借款人可以在还款期限届满之前向贷款人申请展期。贷款人同意的,可以展期。

第二百一十条　自然人之间的借款合同,自贷款人提供借款时生效。

第二百一十一条　自然人之间的借款合同对支付利息没有约定或者约定不明确的,视为不支付利息。

自然人之间的借款合同约定支付利息的,借款的利率不得违反国家有关限制借款利率的规定。

第十三章　租赁合同

第二百一十二条　租赁合同是出租人将租赁物交付承租人使用、收益,承租人支付租金的合同。

第二百一十三条　租赁合同的内容包括租赁物的名称、数量、用途、租赁期限、租金及其支付期限和方式、租赁物维修等条款。

第二百一十四条　租赁期限不得超过二十年。超过二十年的,超过部分无效。

租赁期间届满,当事人可以续订租赁合同,但约定的租赁期限自续订之日起不得超过二十年。

第二百一十五条 租赁期限六个月以上的,应当采用书面形式。当事人未采用书面形式的,视为不定期租赁。

第二百一十六条 出租人应当按照约定将租赁物交付承租人,并在租赁期间保持租赁物符合约定的用途。

第二百一十七条 承租人应当按照约定的方法使用租赁物。对租赁物的使用方法没有约定或者约定不明确,依照本法第六十一条的规定仍不能确定的,应当按照租赁物的性质使用。

第二百一十八条 承租人按照约定的方法或者租赁物的性质使用租赁物,致使租赁物受到损耗的,不承担损害赔偿责任。

第二百一十九条 承租人未按照约定的方法或者租赁物的性质使用租赁物,致使租赁物受到损失的,出租人可以解除合同并要求赔偿损失。

第二百二十条 出租人应当履行租赁物的维修义务,但当事人另有约定的除外。

第二百二十一条 承租人在租赁物需要维修时可以要求出租人在合理期限内维修。

出租人未履行维修义务的,承租人可以自行维修,维修费用由出租人负担。因维修租赁物影响承租人使用的,应当相应减少租金或者延长租期。

第二百二十二条 承租人应当妥善保管租赁物,因保管不善造成租赁物毁损、灭失的,应当承担损害赔偿责任。

第二百二十三条 承租人经出租人同意,可以对租赁物进行改善或者增设他物。

承租人未经出租人同意,对租赁物进行改善或者增设他物的,出租人可以要求承租人恢复原状或者赔偿损失。

第二百二十四条 承租人经出租人同意,可以将租赁物转租给第三人。承租人转租的,承租人与出租人之间的租赁合同继续有效,第三人对租赁物造成损失的,承租人应当赔偿损失。

承租人未经出租人同意转租的,出租人可以解除合同。

第二百二十五条　在租赁期间因占有、使用租赁物获得的收益,归承租人所有,但当事人另有约定的除外。

第二百二十六条　承租人应当按照约定的期限支付租金。对支付期限没有约定或者约定不明确,依照本法第六十一条的规定仍不能确定,租赁期间不满一年的,应当在租赁期间届满时支付;租赁期间一年以上的,应当在每届满一年时支付,剩余期间不满一年的,应当在租赁期间届满时支付。

第二百二十七条　承租人无正当理由未支付或者迟延支付租金的,出租人可以要求承租人在合理期限内支付。承租人逾期不支付的,出租人可以解除合同。

第二百二十八条　因第三人主张权利,致使承租人不能对租赁物使用、收益的,承租人可以要求减少租金或者不支付租金。

第三人主张权利的,承租人应当及时通知出租人。

第二百二十九条　租赁物在租赁期间发生所有权变动的,不影响租赁合同的效力。

第二百三十条　出租人出卖租赁房屋的,应当在出卖之前的合理期限内通知承租人,承租人享有以同等条件优先购买的权利。

第二百三十一条　因不可归责于承租人的事由,致使租赁物部分或者全部毁损、灭失的,承租人可以要求减少租金或者不支付租金;因租赁物部分或者全部毁损、灭失,致使不能实现合同目的的,承租人可以解除合同。

第二百三十二条　当事人对租赁期限没有约定或者约定不明确,依照本法第六十一条的规定仍不能确定的,视为不定期租赁。当事人可以随时解除合同,但出租人解除合同应当在合理期限之前通知承租人。

第二百三十三条　租赁物危及承租人的安全或者健康的,即使承租人订立合同时明知该租赁物质量不合格,承租人仍然可以随时解除合同。

第二百三十四条 承租人在房屋租赁期间死亡的,与其生前共同居住的人可以按照原租赁合同租赁该房屋。

第二百三十五条 租赁期间届满,承租人应当返还租赁物。返还的租赁物应当符合按照约定或者租赁物的性质使用后的状态。

第二百三十六条 租赁期间届满,承租人继续使用租赁物,出租人没有提出异议的,原租赁合同继续有效,但租赁期限为不定期。

第十四章　融资租赁合同

第二百三十七条 融资租赁合同是出租人根据承租人对出卖人、租赁物的选择,向出卖人购买租赁物,提供给承租人使用,承租人支付租金的合同。

第二百三十八条 融资租赁合同的内容包括租赁物名称、数量、规格、技术性能、检验方法、租赁期限、租金构成及其支付期限和方式、币种、租赁期间届满租赁物的归属等条款。

融资租赁合同应当采用书面形式。

第二百三十九条 出租人根据承租人对出卖人、租赁物的选择订立的买卖合同,出卖人应当按照约定向承租人交付标的物,承租人享有与受领标的物有关的买受人的权利。

第二百四十条 出租人、出卖人、承租人可以约定,出卖人不履行买卖合同义务的,由承租人行使索赔的权利。承租人行使索赔权利的,出租人应当协助。

第二百四十一条 出租人根据承租人对出卖人、租赁物的选择订立的买卖合同,未经承租人同意,出租人不得变更与承租人有关的合同内容。

第二百四十二条 出租人享有租赁物的所有权。承租人破产的,租赁物不属于破产财产。

第二百四十三条 融资租赁合同的租金,除当事人另有约定的以外,应当根据购买租赁物的大部分或者全部成本以及出租人的合理利润确定。

第二百四十四条 租赁物不符合约定或者不符合使用目的的,出租人不承担责任,但承租人依赖出租人的技能确定租赁物或者出租人干预选择租赁物的除外。

第二百四十五条 出租人应当保证承租人对租赁物的占有和使用。

第二百四十六条 承租人占有租赁物期间,租赁物造成第三人的人身伤害或者财产损害的,出租人不承担责任。

第二百四十七条 承租人应当妥善保管、使用租赁物。

承租人应当履行占有租赁物期间的维修义务。

第二百四十八条 承租人应当按照约定支付租金。承租人经催告后在合理期限内仍不支付租金的,出租人可以要求支付全部租金;也可以解除合同,收回租赁物。

第二百四十九条 当事人约定租赁期间届满租赁物归承租人所有,承租人已经支付大部分租金,但无力支付剩余租金,出租人因此解除合同收回租赁物的,收回的租赁物的价值超过承租人欠付的租金以及其他费用的,承租人可以要求部分返还。

第二百五十条 出租人和承租人可以约定租赁期间届满租赁物的归属。对租赁物的归属没有约定或者约定不明确,依照本法第六十一条的规定仍不能确定的,租赁物的所有权归出租人。

第十五章　承揽合同

第二百五十一条 承揽合同是承揽人按照定作人的要求完成工作,交付工作成果,定作人给付报酬的合同。

承揽包括加工、定作、修理、复制、测试、检验等工作。

第二百五十二条 承揽合同的内容包括承揽的标的、数量、质量、报酬、承揽方式、材料的提供、履行期限、验收标准和方法等条款。

第二百五十三条 承揽人应当以自己的设备、技术和劳力,完成主要工作,但当事人另有约定的除外。

承揽人将其承揽的主要工作交由第三人完成的,应当就该第三人完成的工作成果向定作人负责;未经定作人同意的,定作人也可以解除合同。

第二百五十四条 承揽人可以将其承揽的辅助工作交由第三人完成。承揽人将其承揽的辅助工作交由第三人完成的,应当就该第三人完成的工作成果向定作人负责。

第二百五十五条 承揽人提供材料的,承揽人应当按照约定选用材料,并接受定作人检验。

第二百五十六条 定作人提供材料的,定作人应当按照约定提供材料。承揽人对定作人提供的材料,应当及时检验,发现不符合约定时,应当及时通知定作人更换、补齐或者采取其他补救措施。

承揽人不得擅自更换定作人提供的材料,不得更换不需要修理的零部件。

第二百五十七条 承揽人发现定作人提供的图纸或者技术要求不合理的,应当及时通知定作人。因定作人怠于答复等原因造成承揽人损失的,应当赔偿损失。

第二百五十八条 定作人中途变更承揽工作的要求,造成承揽人损失的,应当赔偿损失。

第二百五十九条 承揽工作需要定作人协助的,定作人有协助的义务。定作人不履行协助义务致使承揽工作不能完成的,承揽人可以催告定作人在合理期限内履行义务,并可以顺延履行期限;定作人逾期不履行的,承揽人可以解除合同。

第二百六十条 承揽人在工作期间,应当接受定作人必要的监督检验。定作人不得因监督检验妨碍承揽人的正常工作。

第二百六十一条 承揽人完成工作的,应当向定作人交付工作成果,并提交必要的技术资料和有关质量证明。定作人应当验收该工作成果。

第二百六十二条 承揽人交付的工作成果不符合质量要求的,定作人可以要求承揽人承担修理、重作、减少报酬、赔偿损失等违约责任。

第二百六十三条 定作人应当按照约定的期限支付报酬。对支付报酬的期限没有约定或者约定不明确,依照本法第六十一条的规定仍不能确定的,定作人应当在承揽人交付工作成果时支付;工作成果部分交付的,定作人应当相应支付。

第二百六十四条 定作人未向承揽人支付报酬或者材料费等价款的,承揽人对完成的工作成果享有留置权,但当事人另有约定的除外。

第二百六十五条 承揽人应当妥善保管定作人提供的材料以及完成的工作成果,因保管不善造成毁损、灭失的,应当承担损害赔偿责任。

第二百六十六条 承揽人应当按照定作人的要求保守秘密,未经定作人许可,不得留存复制品或者技术资料。

第二百六十七条 共同承揽人对定作人承担连带责任,但当事人另有约定的除外。

第二百六十八条 定作人可以随时解除承揽合同,造成承揽人损失的,应当赔偿损失。

第十六章 建设工程合同

第二百六十九条 建设工程合同是承包人进行工程建设,发包人支付价款的合同。

建设工程合同包括工程勘察、设计、施工合同。

第二百七十条 建设工程合同应当采用书面形式。

第二百七十一条 建设工程的招标投标活动,应当依照有关法律的规定公开、公平、公正进行。

第二百七十二条 发包人可以与总承包人订立建设工程合同,也可以分别与勘察人、设计人、施工人订立勘察、设计、施工承包合同。发包人不得将应当由一个承包人完成的建设工程肢解成若干部分发包给几个承包人。

总承包人或者勘察、设计、施工承包人经发包人同意,可以将自己承包的部分工作交由第三人完成。第三人就其完成的工作成果与总承包人或者勘察、设计、施工承包人向发包人承担连带责任。承包人不得将其承包的全部建设工程转包给第三人或者将其承包的全部建设工程肢解以后以分包的名义分别转包给第三人。

禁止承包人将工程分包给不具备相应资质条件的单位。禁止分包单位将其承包的工程再分包。建设工程主体结构的施工必须由承包人自行完成。

第二百七十三条 国家重大建设工程合同,应当按照国家规定的程序和国家批准的投资计划、可行性研究报告等文件订立。

第二百七十四条 勘察、设计合同的内容包括提交有关基础资料和文件(包括概预算)的期限、质量要求、费用以及其他协作条件等条款。

第二百七十五条 施工合同的内容包括工程范围、建设工期、中间交工工程的开工和竣工时间、工程质量、工程造价、技术资料交付时间、材料和设备供应责任、拨款和结算、竣工验收、质量保修范围和质量保证期、双方相互协作等条款。

第二百七十六条 建设工程实行监理的,发包人应当与监理人采用书面形式订立委托监理合同。发包人与监理人的权利和义务以及法律责任,应当依照本法委托合同以及其他有关法律、行政法规的规定。

第二百七十七条 发包人在不妨碍承包人正常作业的情况下,可以随时对作业进度、质量进行检查。

第二百七十八条 隐蔽工程在隐蔽以前,承包人应当通知发包人检查。发包人没有及时检查的,承包人可以顺延工程日期,并有权要求赔偿停工、窝工等损失。

第二百七十九条 建设工程竣工后,发包人应当根据施工图纸及说明书、国家颁发的施工验收规范和质量检验标准及时进行验收。验收合格的,发包人应当按照约定支付价款,并接收该建设工程。

建设工程竣工经验收合格后,方可交付使用;未经验收或者验收不合格的,不得交付使用。

第二百八十条 勘察、设计的质量不符合要求或者未按照期限提交勘察、设计文件拖延工期,造成发包人损失的,勘察人、设计人应当继续完善勘察、设计,减收或者免收勘察、设计费并赔偿损失。

第二百八十一条 因施工人的原因致使建设工程质量不符合约定的,发包人有权要求施工人在合理期限内无偿修理或者返工、改建。经过修理或者返工、改建后,造成逾期交付的,施工人应当承担违约责任。

第二百八十二条 因承包人的原因致使建设工程在合理使用期限内造成人身和财产损害的,承包人应当承担损害赔偿责任。

第二百八十三条 发包人未按照约定的时间和要求提供原材料、设备、场地、资金、技术资料的,承包人可以顺延工程日期,并有权要求赔偿停工、窝工等损失。

第二百八十四条 因发包人的原因致使工程中途停建、缓建的,发包人应当采取措施弥补或者减少损失,赔偿承包人因此造成的停工、窝工、倒运、机械设备调迁、材料和构件积压等损失和实际费用。

第二百八十五条 因发包人变更计划,提供的资料不准确,或者未按照期限提供必需的勘察、设计工作条件而造成勘察、设计的返工、停工或者修改设计,发包人应当按照勘察人、设计人实际消耗的工作量增付费用。

第二百八十六条 发包人未按照约定支付价款的,承包人可以催告发包人在合理期限内支付价款。发包人逾期不支付的,除按照建设工程的性质不宜折价、拍卖的以外,承包人可以与发包人协议将该工程折价,也可以申请人民法院将该工程依法拍卖。

建设工程的价款就该工程折价或者拍卖的价款优先受偿。

第二百八十七条 本章没有规定的,适用承揽合同的有关规定。

第十七章 运输合同

第一节 一般规定

第二百八十八条 运输合同是承运人将旅客或者货物从起运地点运输到约定地点,旅客、托运人或者收货人支付票款或者运输费用的合同。

第二百八十九条 从事公共运输的承运人不得拒绝旅客、托运人通常、合理的运输要求。

第二百九十条 承运人应当在约定期间或者合理期间内将旅客、货物安全运输到约定地点。

第二百九十一条 承运人应当按照约定的或者通常的运输路线将旅客、货物运输到约定地点。

第二百九十二条 旅客、托运人或者收货人应当支付票款或者运输费用。承运人未按照约定路线或者通常路线运输增加票款或者运输费用的,旅客、托运人或者收货人可以拒绝支付增加部分的票款或者运输费用。

第二节 客运合同

第二百九十三条 客运合同自承运人向旅客交付客票时成立,但当事人另有约定或者另有交易习惯的除外。

第二百九十四条 旅客应当持有效客票乘运。旅客无票乘运、超程乘运、越级乘运或者持失效客票乘运的,应当补交票款,承运人可以按照规定加收票款。旅客不交付票款的,承运人可以拒绝运输。

第二百九十五条 旅客因自己的原因不能按照客票记载的时间乘坐的,应当在约定的时间内办理退票或者变更手续。逾期办理的,承运人可以不退票款,并不再承担运输义务。

第二百九十六条 旅客在运输中应当按照约定的限量携带行李。超过限量携带行李的,应当办理托运手续。

第二百九十七条 旅客不得随身携带或者在行李中夹带易燃、易爆、有毒、有腐蚀性、有放射性以及有可能危及运输工具上人身和财产安全的危险物品或者其他违禁物品。

旅客违反前款规定的,承运人可以将违禁物品卸下、销毁或者送交有关部门。旅客坚持携带或者夹带违禁物品的,承运人应当拒绝运输。

第二百九十八条 承运人应当向旅客及时告知有关不能正常运输的重要事由和安全运输应当注意的事项。

第二百九十九条 承运人应当按照客票载明的时间和班次运输旅客。承运人迟延运输的,应当根据旅客的要求安排改乘其他班次或者退票。

第三百条 承运人擅自变更运输工具而降低服务标准的,应当根据旅客的要求退票或者减收票款;提高服务标准的,不应当加收票款。

第三百零一条 承运人在运输过程中,应当尽力救助患有急病、分娩、遇险的旅客。

第三百零二条 承运人应当对运输过程中旅客的伤亡承担损害赔偿责任,但伤亡是旅客自身健康原因造成的或者承运人证明伤亡是旅客故意、重大过失造成的除外。

前款规定适用于按照规定免票、持优待票或者经承运人许可搭乘的无票旅客。

第三百零三条 在运输过程中旅客自带物品毁损、灭失,承运人有过错的,应当承担损害赔偿责任。

旅客托运的行李毁损、灭失的,适用货物运输的有关规定。

第三节 货运合同

第三百零四条 托运人办理货物运输,应当向承运人准确表明收货人的名称或者姓名或者凭指示的收货人,货物的名称、性质、重量、数量,收货地点等有关货物运输的必要情况。

因托运人申报不实或者遗漏重要情况,造成承运人损失的,托运人应当承担损害赔偿责任。

第三百零五条 货物运输需要办理审批、检验等手续的,托运人应当将办理完有关手续的文件提交承运人。

第三百零六条 托运人应当按照约定的方式包装货物。对包装方式没有约定或者约定不明确的,适用本法第一百五十六条的规定。

托运人违反前款规定的,承运人可以拒绝运输。

第三百零七条 托运人托运易燃、易爆、有毒、有腐蚀性、有放射性等危险物品的,应当按照国家有关危险物品运输的规定对危险物品妥善包装,作出危险物标志和标签,并将有关危险物品的名称、性质和防范措施的书面材料提交承运人。

托运人违反前款规定的,承运人可以拒绝运输,也可以采取相应措施以避免损失的发生,因此产生的费用由托运人承担。

第三百零八条 在承运人将货物交付收货人之前,托运人可以要求承运人中止运输、返还货物、变更到达地或者将货物交给其他收货人,但应当赔偿承运人因此受到的损失。

第三百零九条 货物运输到达后,承运人知道收货人的,应当及时通知收货人,收货人应当及时提货。收货人逾期提货的,应当向承运人支付保管费等费用。

第三百一十条 收货人提货时应当按照约定的期限检验货物。对检验货物的期限没有约定或者约定不明确,依照本法第六十一条的规定仍不能确定的,应当在合理期限内检验货物。收货人在约定的期限或者合理期限内对货物的数量、毁损等未提出异议的,视为承运人已经按照运输单证的记载交付的初步证据。

第三百一十一条 承运人对运输过程中货物的毁损、灭失承担损害赔偿责任,但承运人证明货物的毁损、灭失是因不可抗力、货物本身的自然性质或者合理损耗以及托运人、收货人的过错造成的,不承担损害赔偿责任。

第三百一十二条 货物的毁损、灭失的赔偿额,当事人有约定的,按照其约定;没有约定或者约定不明确,依照本法第六十一条的规定仍不能确定的,按照交付或者应当交付时货物到达地的市场价格计算。法律、行政法规对赔偿额的计算方法和赔偿限额另有规定的,依照其规定。

第三百一十三条 两个以上承运人以同一运输方式联运的,与托运人订立合同的承运人应当对全程运输承担责任。损失发生在某一运输区段的,与托运人订立合同的承运人和该区段的承运人承担连带责任。

第三百一十四条 货物在运输过程中因不可抗力灭失,未收取运费的,承运人不得要求支付运费;已收取运费的,托运人可以要求返还。

第三百一十五条 托运人或者收货人不支付运费、保管费以及其他运输费用的,承运人对相应的运输货物享有留置权,但当事人另有约定的除外。

第三百一十六条 收货人不明或者收货人无正当理由拒绝受领货物的,依照本法第一百零一条的规定,承运人可以提存货物。

第四节　多式联运合同

第三百一十七条　多式联运经营人负责履行或者组织履行多式联运合同,对全程运输享有承运人的权利,承担承运人的义务。

第三百一十八条　多式联运经营人可以与参加多式联运的各区段承运人就多式联运合同的各区段运输约定相互之间的责任,但该约定不影响多式联运经营人对全程运输承担的义务。

第三百一十九条　多式联运经营人收到托运人交付的货物时,应当签发多式联运单据。按照托运人的要求,多式联运单据可以是可转让单据,也可以是不可转让单据。

第三百二十条　因托运人托运货物时的过错造成多式联运经营人损失的,即使托运人已经转让多式联运单据,托运人仍然应当承担损害赔偿责任。

第三百二十一条　货物的毁损、灭失发生于多式联运的某一运输区段的,多式联运经营人的赔偿责任和责任限额,适用调整该区段运输方式的有关法律规定。货物毁损、灭失发生的运输区段不能确定的,依照本章规定承担损害赔偿责任。

第十八章　技　术　合　同

第一节　一　般　规　定

第三百二十二条　技术合同是当事人就技术开发、转让、咨询或者服务订立的确立相互之间权利和义务的合同。

第三百二十三条　订立技术合同,应当有利于科学技术的进步,加速科学技术成果的转化、应用和推广。

第三百二十四条　技术合同的内容由当事人约定,一般包括以下条款:

(一)项目名称;

(二)标的的内容、范围和要求;

(三)履行的计划、进度、期限、地点、地域和方式;

（四）技术情报和资料的保密；

（五）风险责任的承担；

（六）技术成果的归属和收益的分成办法；

（七）验收标准和方法；

（八）价款、报酬或者使用费及其支付方式；

（九）违约金或者损失赔偿的计算方法；

（十）解决争议的方法；

（十一）名词和术语的解释。

与履行合同有关的技术背景资料、可行性论证和技术评价报告、项目任务书和计划书、技术标准、技术规范、原始设计和工艺文件，以及其他技术文档，按照当事人的约定可以作为合同的组成部分。

技术合同涉及专利的，应当注明发明创造的名称、专利申请人和专利权人、申请日期、申请号、专利号以及专利权的有效期限。

第三百二十五条 技术合同价款、报酬或者使用费的支付方式由当事人约定，可以采取一次总算、一次总付或者一次总算、分期支付，也可以采取提成支付或者提成支付附加预付入门费的方式。

约定提成支付的，可以按照产品价格、实施专利和使用技术秘密后新增的产值、利润或者产品销售额的一定比例提成，也可以按照约定的其他方式计算。提成支付的比例可以采取固定比例、逐年递增比例或者逐年递减比例。

约定提成支付的，当事人应当在合同中约定查阅有关会计账目的办法。

第三百二十六条 职务技术成果的使用权、转让权属于法人或者其他组织的，法人或者其他组织可以就该项职务技术成果订立技术合同。法人或者其他组织应当从使用和转让该项职务技术成果所取得的收益中提取一定比例，对完成该项职务技术成果的个人给予奖励或者报酬。法人或者其他组织订立技术合同转让职务技术成果时，职务技术成果的完成人享有以同等条件优先受让的权利。

职务技术成果是执行法人或者其他组织的工作任务，或者主要是利用法人或者其他组织的物质技术条件所完成的技术成果。

第三百二十七条　非职务技术成果的使用权、转让权属于完成技术成果的个人,完成技术成果的个人可以就该项非职务技术成果订立技术合同。

第三百二十八条　完成技术成果的个人有在有关技术成果文件上写明自己是技术成果完成者的权利和取得荣誉证书、奖励的权利。

第三百二十九条　非法垄断技术、妨碍技术进步或者侵害他人技术成果的技术合同无效。

第二节　技术开发合同

第三百三十条　技术开发合同是指当事人之间就新技术、新产品、新工艺或者新材料及其系统的研究开发所订立的合同。

技术开发合同包括委托开发合同和合作开发合同。

技术开发合同应当采用书面形式。

当事人之间就具有产业应用价值的科技成果实施转化订立的合同,参照技术开发合同的规定。

第三百三十一条　委托开发合同的委托人应当按照约定支付研究开发经费和报酬;

提供技术资料、原始数据;完成协作事项;接受研究开发成果。

第三百三十二条　委托开发合同的研究开发人应当按照约定制定和实施研究开发计划;合理使用研究开发经费;按期完成研究开发工作,交付研究开发成果,提供有关的技术资料和必要的技术指导,帮助委托人掌握研究开发成果。

第三百三十三条　委托人违反约定造成研究开发工作停滞、延误或者失败的,应当承担违约责任。

第三百三十四条　研究开发人违反约定造成研究开发工作停滞、延误或者失败的,应当承担违约责任。

第三百三十五条　合作开发合同的当事人应当按照约定进行投资,包括以技术进行投资;分工参与研究开发工作;协作配合研究开发工作。

第三百三十六条　合作开发合同的当事人违反约定造成研究开发工作停

滞、延误或者失败的,应当承担违约责任。

第三百三十七条 因作为技术开发合同标的的技术已经由他人公开,致使技术开发合同的履行没有意义的,当事人可以解除合同。

第三百三十八条 在技术开发合同履行过程中,因出现无法克服的技术困难,致使研究开发失败或者部分失败的,该风险责任由当事人约定。没有约定或者约定不明确,依照本法第六十一条的规定仍不能确定的,风险责任由当事人合理分担。

当事人一方发现前款规定的可能致使研究开发失败或者部分失败的情形时,应当及时通知另一方并采取适当措施减少损失。没有及时通知并采取适当措施,致使损失扩大的,应当就扩大的损失承担责任。

第三百三十九条 委托开发完成的发明创造,除当事人另有约定的以外,申请专利的权利属于研究开发人。研究开发人取得专利权的,委托人可以免费实施该专利。

研究开发人转让专利申请权的,委托人享有以同等条件优先受让的权利。

第三百四十条 合作开发完成的发明创造,除当事人另有约定的以外,申请专利的权利属于合作开发的当事人共有。当事人一方转让其共有的专利申请权的,其他各方享有以同等条件优先受让的权利。

合作开发的当事人一方声明放弃其共有的专利申请权的,可以由另一方单独申请或者由其他各方共同申请。申请人取得专利权的,放弃专利申请权的一方可以免费实施该专利。

合作开发的当事人一方不同意申请专利的,另一方或者其他各方不得申请专利。

第三百四十一条 委托开发或者合作开发完成的技术秘密成果的使用权、转让权以及利益的分配办法,由当事人约定。没有约定或者约定不明确,依照本法第六十一条的规定仍不能确定的,当事人均有使用和转让的权利,但委托开发的研究开发人不得在向委托人交付研究开发成果之前,将研究开发成果转让给第三人。

第三节　技术转让合同

第三百四十二条　技术转让合同包括专利权转让、专利申请权转让、技术秘密转让、专利实施许可合同。

技术转让合同应当采用书面形式。

第三百四十三条　技术转让合同可以约定让与人和受让人实施专利或者使用技术秘密的范围,但不得限制技术竞争和技术发展。

第三百四十四条　专利实施许可合同只在该专利权的存续期间内有效。专利权有效期限届满或者专利权被宣布无效的,专利权人不得就该专利与他人订立专利实施许可合同。

第三百四十五条　专利实施许可合同的让与人应当按照约定许可受让人实施专利,交付实施专利有关的技术资料,提供必要的技术指导。

第三百四十六条　专利实施许可合同的受让人应当按照约定实施专利,不得许可约定以外的第三人实施该专利;并按照约定支付使用费。

第三百四十七条　技术秘密转让合同的让与人应当按照约定提供技术资料,进行技术指导,保证技术的实用性、可靠性,承担保密义务。

第三百四十八条　技术秘密转让合同的受让人应当按照约定使用技术,支付使用费,承担保密义务。

第三百四十九条　技术转让合同的让与人应当保证自己是所提供的技术的合法拥有者,并保证所提供的技术完整、无误、有效,能够达到约定的目标。

第三百五十条　技术转让合同的受让人应当按照约定的范围和期限,对让与人提供的技术中尚未公开的秘密部分,承担保密义务。

第三百五十一条　让与人未按照约定转让技术的,应当返还部分或者全部使用费,并应当承担违约责任;实施专利或者使用技术秘密超越约定的范围的,违反约定擅自许可第三人实施该项专利或者使用该项技术秘密的,应当停止违约行为,承担违约责任;违反约定的保密义务的,应当承担违约责任。

第三百五十二条　受让人未按照约定支付使用费的,应当补交使用费并按照约定支付违约金;不补交使用费或者支付违约金的,应当停止实施专利或者使用技术秘密,交还技术资料,承担违约责任;实施专利或者使用技术秘密超越约定的范围的,未经让与人同意擅自许可第三人实施该专利或者使用该技术秘密的,应当停止违约行为,承担违约责任;违反约定的保密义务的,应当承担违约责任。

第三百五十三条　受让人按照约定实施专利、使用技术秘密侵害他人合法权益的,由让与人承担责任,但当事人另有约定的除外。

第三百五十四条　当事人可以按照互利的原则,在技术转让合同中约定实施专利、使用技术秘密后续改进的技术成果的分享办法。没有约定或者约定不明确,依照本法第六十一条的规定仍不能确定的,一方后续改进的技术成果,其他各方无权分享。

第三百五十五条　法律、行政法规对技术进出口合同或者专利、专利申请合同另有规定的,依照其规定。

第四节　技术咨询合同和技术服务合同

第三百五十六条　技术咨询合同包括就特定技术项目提供可行性论证、技术预测、专题技术调查、分析评价报告等合同。

技术服务合同是指当事人一方以技术知识为另一方解决特定技术问题所订立的合同,不包括建设工程合同和承揽合同。

第三百五十七条　技术咨询合同的委托人应当按照约定阐明咨询的问题,提供技术背景材料及有关技术资料、数据;接受受托人的工作成果,支付报酬。

第三百五十八条　技术咨询合同的受托人应当按照约定的期限完成咨询报告或者解答问题;提出的咨询报告应当达到约定的要求。

第三百五十九条　技术咨询合同的委托人未按照约定提供必要的资料和数据,影响工作进度和质量,不接受或者逾期接受工作成果的,支付的报酬不得追回,未支付的报酬应当支付。

技术咨询合同的受托人未按期提出咨询报告或者提出的咨询报告不符合约定的,应当承担减收或者免收报酬等违约责任。

技术咨询合同的委托人按照受托人符合约定要求的咨询报告和意见作出

决策所造成的损失,由委托人承担,但当事人另有约定的除外。

第三百六十条　技术服务合同的委托人应当按照约定提供工作条件,完成配合事项;接受工作成果并支付报酬。

第三百六十一条　技术服务合同的受托人应当按照约定完成服务项目,解决技术问题,保证工作质量,并传授解决技术问题的知识。

第三百六十二条　技术服务合同的委托人不履行合同义务或者履行合同义务不符合约定,影响工作进度和质量,不接受或者逾期接受工作成果的,支付的报酬不得追回,未支付的报酬应当支付。

技术服务合同的受托人未按照合同约定完成服务工作的,应当承担免收报酬等违约责任。

第三百六十三条　在技术咨询合同、技术服务合同履行过程中,受托人利用委托人提供的技术资料和工作条件完成的新的技术成果,属于受托人。委托人利用受托人的工作成果完成的新的技术成果,属于委托人。当事人另有约定的,按照其约定。

第三百六十四条　法律、行政法规对技术中介合同、技术培训合同另有规定的,依照其规定。

第十九章　保管合同

第三百六十五条　保管合同是保管人保管寄存人交付的保管物,并返还该物的合同。

第三百六十六条　寄存人应当按照约定向保管人支付保管费。

当事人对保管费没有约定或者约定不明确,依照本法第六十一条的规定仍不能确定的,保管是无偿的。

第三百六十七条　保管合同自保管物交付时成立,但当事人另有约定的除外。

第三百六十八条　寄存人向保管人交付保管物的,保管人应当给付保管凭证,但另有交易习惯的除外。

第三百六十九条 保管人应当妥善保管保管物。

当事人可以约定保管场所或者方法。除紧急情况或者为了维护寄存人利益的以外,不得擅自改变保管场所或者方法。

第三百七十条 寄存人交付的保管物有瑕疵或者按照保管物的性质需要采取特殊保管措施的,寄存人应当将有关情况告知保管人。寄存人未告知,致使保管物受损失的,保管人不承担损害赔偿责任;保管人因此受损失的,除保管人知道或者应当知道并且未采取补救措施的以外,寄存人应当承担损害赔偿责任。

第三百七十一条 保管人不得将保管物转交第三人保管,但当事人另有约定的除外。

保管人违反前款规定,将保管物转交第三人保管,对保管物造成损失的,应当承担损害赔偿责任。

第三百七十二条 保管人不得使用或者许可第三人使用保管物,但当事人另有约定的除外。

第三百七十三条 第三人对保管物主张权利的,除依法对保管物采取保全或者执行的以外,保管人应当履行向寄存人返还保管物的义务。

第三人对保管人提起诉讼或者对保管物申请扣押的,保管人应当及时通知寄存人。

第三百七十四条 保管期间,因保管人保管不善造成保管物毁损、灭失的,保管人应当承担损害赔偿责任,但保管是无偿的,保管人证明自己没有重大过失的,不承担损害赔偿责任。

第三百七十五条 寄存人寄存货币、有价证券或者其他贵重物品的,应当向保管人声明,由保管人验收或者封存。寄存人未声明的,该物品毁损、灭失后,保管人可以按照一般物品予以赔偿。

第三百七十六条 寄存人可以随时领取保管物。

当事人对保管期间没有约定或者约定不明确的,保管人可以随时要求寄存人领取保管物;约定保管期间的,保管人无特别事由,不得要求寄存人提前领取保管物。

第三百七十七条　保管期间届满或者寄存人提前领取保管物的,保管人应当将原物及其孳息归还寄存人。

第三百七十八条　保管人保管货币的,可以返还相同种类、数量的货币。保管其他可替代物的,可以按照约定返还相同种类、品质、数量的物品。

第三百七十九条　有偿的保管合同,寄存人应当按照约定的期限向保管人支付保管费。

当事人对支付期限没有约定或者约定不明确,依照本法第六十一条的规定仍不能确定的,应当在领取保管物的同时支付。

第三百八十条　寄存人未按照约定支付保管费以及其他费用的,保管人对保管物享有留置权,但当事人另有约定的除外。

第二十章　仓储合同

第三百八十一条　仓储合同是保管人储存存货人交付的仓储物,存货人支付仓储费的合同。

第三百八十二条　仓储合同自成立时生效。

第三百八十三条　储存易燃、易爆、有毒、有腐蚀性、有放射性等危险物品或者易变质物品,存货人应当说明该物品的性质,提供有关资料。

存货人违反前款规定的,保管人可以拒收仓储物,也可以采取相应措施以避免损失的发生,因此产生的费用由存货人承担。

保管人储存易燃、易爆、有毒、有腐蚀性、有放射性等危险物品的,应当具备相应的保管条件。

第三百八十四条　保管人应当按照约定对入库仓储物进行验收。保管人验收时发现入库仓储物与约定不符合的,应当及时通知存货人。保管人验收后,发生仓储物的品种、数量、质量不符合约定的,保管人应当承担损害赔偿责任。

第三百八十五条　存货人交付仓储物的,保管人应当给付仓单。

第三百八十六条 保管人应当在仓单上签字或者盖章。仓单包括下列事项：

（一）存货人的名称或者姓名和住所；

（二）仓储物的品种、数量、质量、包装、件数和标记；

（三）仓储物的损耗标准；

（四）储存场所；

（五）储存期间；

（六）仓储费；

（七）仓储物已经办理保险的，其保险金额、期间以及保险人的名称；

（八）填发人、填发地和填发日期。

第三百八十七条 仓单是提取仓储物的凭证。存货人或者仓单持有人在仓单上背书并经保管人签字或者盖章的，可以转让提取仓储物的权利。

第三百八十八条 保管人根据存货人或者仓单持有人的要求，应当同意其检查仓储物或者提取样品。

第三百八十九条 保管人对入库仓储物发现有变质或者其他损坏的，应当及时通知存货人或者仓单持有人。

第三百九十条 保管人对入库仓储物发现有变质或者其他损坏，危及其他仓储物的安全和正常保管的，应当催告存货人或者仓单持有人作出必要的处置。因情况紧急，保管人可以作出必要的处置，但事后应当将该情况及时通知存货人或者仓单持有人。

第三百九十一条 当事人对储存期间没有约定或者约定不明确的，存货人或者仓单持有人可以随时提取仓储物，保管人也可以随时要求存货人或者仓单持有人提取仓储物，但应当给予必要的准备时间。

第三百九十二条 储存期间届满，存货人或者仓单持有人应当凭仓单提取仓储物。存货人或者仓单持有人逾期提取的，应当加收仓储费；提前提取的，不减收仓储费。

第三百九十三条 储存期间届满，存货人或者仓单持有人不提取仓储物的,保管人可以催告其在合理期限内提取,逾期不提取的,保管人可以提存仓储物。

第三百九十四条 储存期间,因保管人保管不善造成仓储物毁损、灭失的,保管人应当承担损害赔偿责任。

因仓储物的性质、包装不符合约定或者超过有效储存期造成仓储物变质、损坏的,保管人不承担损害赔偿责任。

第三百九十五条 本章没有规定的,适用保管合同的有关规定。

第二十一章　委　托　合　同

第三百九十六条 委托合同是委托人和受托人约定,由受托人处理委托人事务的合同。

第三百九十七条 委托人可以特别委托受托人处理一项或者数项事务,也可以概括委托受托人处理一切事务。

第三百九十八条 委托人应当预付处理委托事务的费用。受托人为处理委托事务垫付的必要费用,委托人应当偿还该费用及其利息。

第三百九十九条 受托人应当按照委托人的指示处理委托事务。需要变更委托人指示的,应当经委托人同意;因情况紧急,难以和委托人取得联系的,受托人应当妥善处理委托事务,但事后应当将该情况及时报告委托人。

第四百条 受托人应当亲自处理委托事务。经委托人同意,受托人可以转委托。转委托经同意的,委托人可以就委托事务直接指示转委托的第三人,受托人仅就第三人的选任及其对第三人的指示承担责任。转委托未经同意的,受托人应当对转委托的第三人的行为承担责任,但在紧急情况下受托人为维护委托人的利益需要转委托的除外。

第四百零一条 受托人应当按照委托人的要求,报告委托事务的处理情况。委托合同终止时,受托人应当报告委托事务的结果。

第四百零二条 受托人以自己的名义,在委托人的授权范围内与第三人订立的合同,第三人在订立合同时知道受托人与委托人之间的代理关系的,该合同直接约束委托人和第三人,但有确切证据证明该合同只约束受托人和第三人的除外。

第四百零三条 受托人以自己的名义与第三人订立合同时,第三人不知道受托人与委托人之间的代理关系的,受托人因第三人的原因对委托人不履行义务,受托人应当向委托人披露第三人,委托人因此可以行使受托人对第三人的权利,但第三人与受托人订立合同时如果知道该委托人就不会订立合同的除外。

受托人因委托人的原因对第三人不履行义务,受托人应当向第三人披露委托人,第三人因此可以选择受托人或者委托人作为相对人主张其权利,但第三人不得变更选定的相对人。

委托人行使受托人对第三人的权利的,第三人可以向委托人主张其对受托人的抗辩。第三人选定委托人作为其相对人的,委托人可以向第三人主张其对受托人的抗辩以及受托人对第三人的抗辩。

第四百零四条 受托人处理委托事务取得的财产,应当转交给委托人。

第四百零五条 受托人完成委托事务的,委托人应当向其支付报酬。因不可归责于受托人的事由,委托合同解除或者委托事务不能完成的,委托人应当向受托人支付相应的报酬。当事人另有约定的,按照其约定。

第四百零六条 有偿的委托合同,因受托人的过错给委托人造成损失的,委托人可以要求赔偿损失。无偿的委托合同,因受托人的故意或者重大过失给委托人造成损失的,委托人可以要求赔偿损失。

受托人超越权限给委托人造成损失的,应当赔偿损失。

第四百零七条 受托人处理委托事务时,因不可归责于自己的事由受到损失的,可以向委托人要求赔偿损失。

第四百零八条 委托人经受托人同意,可以在受托人之外委托第三人处理委托事务。因此给受托人造成损失的,受托人可以向委托人要求赔偿损失。

第四百零九条 两个以上的受托人共同处理委托事务的,对委托人承担连带责任。

第四百一十条 委托人或者受托人可以随时解除委托合同。因解除合同给对方造成损失的,除不可归责于该当事人的事由以外,应当赔偿损失。

第四百一十一条 委托人或者受托人死亡、丧失民事行为能力或者破产的,委托合同终止,但当事人另有约定或者根据委托事务的性质不宜终止的除外。

第四百一十二条 因委托人死亡、丧失民事行为能力或者破产,致使委托合同终止将损害委托人利益的,在委托人的继承人、法定代理人或者清算组织承受委托事务之前,受托人应当继续处理委托事务。

第四百一十三条 因受托人死亡、丧失民事行为能力或者破产,致使委托合同终止的,受托人的继承人、法定代理人或者清算组织应当及时通知委托人。因委托合同终止将损害委托人利益的,在委托人作出善后处理之前,受托人的继承人、法定代理人或者清算组织应当采取必要措施。

第二十二章 行 纪 合 同

第四百一十四条 行纪合同是行纪人以自己的名义为委托人从事贸易活动,委托人支付报酬的合同。

第四百一十五条 行纪人处理委托事务支出的费用,由行纪人负担,但当事人另有约定的除外。

第四百一十六条 行纪人占有委托物的,应当妥善保管委托物。

第四百一十七条 委托物交付给行纪人时有瑕疵或者容易腐烂、变质的,经委托人同意,行纪人可以处分该物;和委托人不能及时取得联系的,行纪人可以合理处分。

第四百一十八条 行纪人低于委托人指定的价格卖出或者高于委托人指定的价格买入的,应当经委托人同意。未经委托人同意,行纪人补偿其差额的,该买卖对委托人发生效力。

行纪人高于委托人指定的价格卖出或者低于委托人指定的价格买入的,可以按照约定增加报酬。没有约定或者约定不明确,依照本法第六十一条的规定仍不能确定的,该利益属于委托人。

委托人对价格有特别指示的,行纪人不得违背该指示卖出或者买入。

第四百一十九条　行纪人卖出或者买入具有市场定价的商品,除委托人有相反的意思表示的以外,行纪人自己可以作为买受人或者出卖人。

行纪人有前款规定情形的,仍然可以要求委托人支付报酬。

第四百二十条　行纪人按照约定买入委托物,委托人应当及时受领。经行纪人催告,委托人无正当理由拒绝受领的,行纪人依照本法第一百零一条的规定可以提存委托物。

委托物不能卖出或者委托人撤回出卖,经行纪人催告,委托人不取回或者不处分该物的,行纪人依照本法第一百零一条的规定可以提存委托物。

第四百二十一条　行纪人与第三人订立合同的,行纪人对该合同直接享有权利、承担义务。

第三人不履行义务致使委托人受到损害的,行纪人应当承担损害赔偿责任,但行纪人与委托人另有约定的除外。

第四百二十二条　行纪人完成或者部分完成委托事务的,委托人应当向其支付相应的报酬。委托人逾期不支付报酬的,行纪人对委托物享有留置权,但当事人另有约定的除外。

第四百二十三条　本章没有规定的,适用委托合同的有关规定。

第二十三章　居间合同

第四百二十四条　居间合同是居间人向委托人报告订立合同的机会或者提供订立合同的媒介服务,委托人支付报酬的合同。

第四百二十五条　居间人应当就有关订立合同的事项向委托人如实报告。

居间人故意隐瞒与订立合同有关的重要事实或者提供虚假情况,损害委托人利益的,不得要求支付报酬并应当承担损害赔偿责任。

第四百二十六条　居间人促成合同成立的,委托人应当按照约定支付报酬。对居间人的报酬没有约定或者约定不明确,依照本法第六十一条的规定仍不能确定的,根据居间人的劳务合理确定。因居间人提供订立合同的媒介服务而促成合同成立的,由该合同的当事人平均负担居间人的报酬。

居间人促成合同成立的,居间活动的费用,由居间人负担。

第四百二十七条 居间人未促成合同成立的,不得要求支付报酬,但可以要求委托人支付从事居间活动支出的必要费用。

附　　则

第四百二十八条 本法自一九九九年十月一日起施行,《中华人民共和国经济合同法》、《中华人民共和国涉外经济合同法》、《中华人民共和国技术合同法》同时废止。

主要参考书目

1. 陈小君主编:《合同法学》(第 3 版),中国政法大学出版社 2007 年版。

2. 胡康生主编:《中华人民共和国合同法释义》,法律出版社 1999 年版。

3. 王利明主编:《合同法要义与案例析解(总则)》,中国人民大学出版社 2001 年版。

4. 崔建远主编:《合同法》(第 5 版),法律出版社 2010 年版。

5. 隋彭生:《合同法要义》(第 2 版),中国政法大学出版社 2005 年版。

6. 李永军:《合同法》(第 2 版),法律出版社 2005 年版。

7. 史尚宽:《债法总论》、《债法各论》,中国政法大学出版社 2000 年版。

8. 〔德〕梅迪库斯:《德国债法总论》、《德国债法分论》,杜景林等译,法律出版社 2004 年版。

9. 尹田:《法国现代合同法——契约自由与社会公正的冲突与平衡》,法律出版社 2009 年版。

10. 王利明主编:《合同法研究》(第 1、2 卷),中国人民大学出版社 2003 年版。

11. 江平等:《合同法难点、疑点、热点理论研究》,人民公安出版社 2000 年版。

12. 何志:《合同法分则判解研究与适用》,人民法院出版社 2002 年版。

13. 王全兴等:《新合同法原理与案例评析》,暨南大学出版社 2002 年版。

14. 韩世远:《合同法总论》,法律出版社 2004 年版。